GIAN ANTONIO STELLA

SERGIO RIZZO

LA DERIVA

PERCHÉ L'ITALIA RISCHIA IL NAUFRAGIO

Rizzoli

Proprietà letteraria riservata
© *2008 RCS Libri S.p.A., Milano*

ISBN 978-88-17-02562-1

Prima edizione: maggio 2008

Realizzazione editoriale: Studio Editoriale Littera, Rescaldina (MI)

LA DERIVA

A Emanuela e Francesca.
E a tutti quelli che in questo Paese
vogliono credere ancora.

Un Paese di poeti, santi e scodellatrici

E siamo arrivati al bivio: o una svolta o la sindrome Argentina

C'erano una volta le impiraresse che perdevano gli occhi a infilar perline, le filandine che passavano la vita con le mani nell'acqua bollente e le lavandere che battevano i panni curve sui ruscelli sospirando sul bel molinaro. Ma all'alba del Terzo Millennio, al passo col resto del mondo che produceva ingegneri elettronici e fisici nucleari e scienziati delle fibre ottiche, nacquero finalmente anche in Italia delle nuove figure professionali femminili: le scodellatrici.

Cosa fanno? Scodellano. E basta? E basta. Il moderno mestiere, per lo più ancora precario, è nato per riempire un vuoto. Quello lasciato dalle bidelle che, ai sensi del comma 4 dell'art. 8 della legge 3 maggio 1999, n. 124, assolutamente non possono dare da mangiare ai bambini delle materne. Detta alla romana: «Nun je spetta».

C'è scritto nel protocollo d'intesa coi sindacati. Non toccano a loro le seguenti mansioni: a) ricevimento dei pasti; b) predisposizione del refettorio; c) preparazione dei tavoli per i pasti; d) scodellamento e distribuzione dei pasti; e) pulizia e riordino dei tavoli dopo i pasti; f) lavaggio e riordino delle stoviglie. Scopare il pavimento sì, se proprio quel pidocchioso del direttore didattico non ha preso una ditta di pulizie esterna. Ma scodellare no.

Ed ecco che le scuole materne e primarie, dove le bidelle (*pardon*: «collaboratrici scolastiche») sono passate allo Stato, hanno dovuto inventarsi questo nuovo ruolo. Svolto da persone che, pagate a parte e spesso riunite in cooperative, arrivano nelle scuole alle undici, preparano la tavola ai bambini, scoperchiano i contenitori del cibo, mescolano gli spaghetti già cotti con il ragù e scodellano il tutto nei piatti, assistono gli scolaretti, mettono tutto a posto e se ne vanno. Costo del servizio, Iva compresa, quasi un euro e mezzo a piatto. Mille bambini, 1500 euro. Costo annuale del servizio in un Comune di media grandezza con duemila scolaretti: 300.000 euro. Una botta micidiale ai bilanci, per i Municipi: ci compreresti, per fare un esempio, 300 computer. Sulla Riviera del Brenta, tra Padova e Venezia, hanno provato a offrire dei soldi alle bidelle perché si facessero loro carico della cosa. Ottocento euro in più l'anno? «Ah, no, no me toca...» Mille? «Ah, no, no me toca...» Millecinque? «Ah, no, no me toca...»

Ma ve lo immaginate qualcosa di simile in America, in Francia, in Gran Bretagna o in Germania? Sono 50.000 più che i carabinieri, i 167.000 bidelli italiani. Uno ogni 2,2 classi, denuncia un dossier di «Tuttoscuola» di Giovanni Vinciguerra ricordando che in altri Paesi come il Giappone, la Finlandia o la Spagna la figura «non esiste e il compito di tenere puliti i banchi, le aule e i corridoi delle scuole fa parte dei normali doveri degli stessi allievi» che così imparano subito ad aver rispetto per la proprietà collettiva. Il loro costo? Sfiora i 4 miliardi di euro l'anno. E il bello è che, nonostante pesino mediamente per «367.000 euro l'anno a istituto», hanno costretto le scuole ad assumere part-time non solo le scodellatrici, le quali, umiliate dal precariato, hanno dato vita a Milano a manifestazioni di piazza per chiedere l'assunzione definitiva, ma anche, qua e là, a una società esterna di pulizie.

Tema: come può una scuola che concentra le sue attenzioni, i suoi soldi, le sue energie su sconcertanti impuntature sindacali come queste, essere all'altezza di un mondo che corre a una velocità doppia, tripla, quadrupla? Cosa ci avevano promesso tutti, da destra e da sinistra? Un computer su ogni banco. Bene, se è vero quanto denuncia la rivista di Vinciguerra, abbiamo oggi nelle scuole superiori una media da 30 a 70 computer per istituto. E in quelle del primo ciclo abbiamo più bidelli (15 e mezzo «distribuiti sulla sede principale e sulle sezioni o sedi distaccate») che computer: 13. Un numero che nelle primarie di Parma può scendere a 9 e in quelle di La Spezia a 8.

Mentre noi assumevamo scodellatrici, gli altri Paesi stendevano i cavi delle reti a banda larga per mettere on-line il sistema scolastico e l'intera società. Certo, a parole ci abbiamo provato anche noi. Ricordate lo slogan berlusconiano delle «tre I: inglese, internet, impresa»? Nel giugno 2001 il Cavaliere fece addirittura un ministro, Lucio Stanca, perché se ne occupasse. A settembre, tornati tutti dalle ferie, decisero di metter su una commissione. Due anni dopo (due anni!) il Cipe (Comitato interministeriale per la programmazione economica) approvò una delibera per affidare un grande programma nel Mezzogiorno a Sviluppo Italia che a sua volta istituì una società apposita, l'Infratel. Altri due anni (due anni!) e alla fine del 2005, senza che fosse ancora stato posato un metro, manco uno, dei 1800 chilometri di cavi a fibre ottiche, veniva firmato un contratto di programma che ratificava la decisione presa nel 2003. Finché, alla fine del 2006, la Corte dei Conti denunciava lo spreco di tempo, l'esagerazione di soldi dati ai manager e l'abisso che si era ingoiato 1.283.799 euro di consulenze: «Nulla è stato riferito in merito alle procedure di scelta dei consulenti, avvalorando l'ipotesi che dette consulenze siano state tutte conferite *intuitu personae*». Cioè a capocchia.

Ma quali computer in classe!, denunciava scandalizzato Mario Fierli, coordinatore nazionale del Programma sviluppo tecnologie didattiche del ministero. E spiegava che non solo la materia era stata data in gestione ai docenti di matematica, che al classico fanno soltanto due ore la settimana, ma che gli elaboratori a disposizione nelle scuole italiane tre anni dopo le grandi promesse appartenevano per il 53% alla generazione dei Pentium II, Pentium I o addirittura 486, sigle che non dicono nulla ai non esperti ma riassumibili in due parole: roba antidiluviana. Da giurassico elettronico.

Nel frattempo, le classifiche internazionali ci vedevano affondare. E se nel 2004 eravamo ancora più o meno alla pari con l'Irlanda, la Francia e la Spagna per numero di computer utilizzati in famiglia, nel 2007 siamo sprofondati dietro tutti, comprese l'Estonia, la Slovacchia, la Lettonia, la Lituania... Quanto agli sportelli elettronici che consentono un collegamento diretto tra il cittadino e la pubblica amministrazione, siamo penultimi: peggio di noi in Europa c'è solo la Grecia. E intanto, come scrive ne *La speranza indiana* Federico Rampini, fin nei quartieri più fangosi di Mumbai nascono scuole di computer technology da cui escono dodicenni in divisa blu pronti a conquistare il mondo. E il Politecnico di Bangalore «opera all'ingresso una selezione meritocratica così severa che gli "scarti" riescono facilmente a essere ammessi ad Harvard». Loro sono tutti proiettati in avanti, da noi si aprono pensosissimi dibattiti: tenere o no la fiamma tricolore, tenere o no la falce e il martello...

Come raddrizzi la rotta, a un Paese come il nostro? Come, se non tornando a governare sul serio, con un senso condiviso del bene comune, smettendola con gli scontri inutili e di bottega ma anche coi compromessi a ogni costo?

Siamo un Paese di poeti che hanno rinnegato la poesia e la scuola. Di santi senza più morale se è vero, come ricorda Michele Ainis, che «il Sistema bibliotecario nazionale censisce 4915 volumi con la parola "etica" nel titolo, ma un terzo della ricchezza nazionale sfugge alle tasse». Di navigatori senza più porti, visto che secondo il centro studi di quello di Amburgo i nostri sette maggiori scali non arrivano a movimentare tutti insieme quanti container entreranno nel 2012 nel solo porto marocchino di Tangeri.

Nel 1991, dice l'ultimo rapporto dell'Istituto per il commercio estero, l'Italia arrivò a sfiorare una quota del commercio mondiale pari al 5%. Un dollaro su 20 di merci scambiate era nostro. Da allora, fatta eccezione per una lieve ripresa nel 2007, è stata una lenta, progressiva, inesorabile discesa. Nel 2001 era nostro un dollaro su 25, nel 2006 uno su 29. Mentre i cinesi, che nel 1991 detenevano una quota trascurabile, salivano al 3,3% nel 1997 fino a uno strabiliante 8,1% nel 2006.

«Il Pil pro capite italiano è calato rispetto alla media dell'area euro da 105 nel 1988 a 94 nel 2007», ha denunciato più volte Luca Cordero di Montezemolo. «Se avessimo avuto la stessa crescita dei partner europei ogni lavoratore oggi potrebbe avere 3400 euro in più in busta paga.» Buste paga che sono diventate sempre più leggere. Tanto che a metà 2007 l'Eurispes fotografava un Paese in grande difficoltà. Con oltre 5 milioni di nuclei familiari, per un totale di 15 milioni di persone, pari a un italiano su 4, che vive l'incubo della povertà. Sette milioni sono già sotto la soglia, altri 8 sono ad alto rischio: «Non solo faticano ad arrivare a fine mese, ma anche a superare la terza settimana». La Spagna gongola: sulla ricchezza pro capite dice di averci già superato. Dietro, avvertono i pessimisti, si avvicina già la Grecia.

«Nuovi ricchi che spuntano ovunque e ostentano la loro opulenza, improvvise povertà anche tra i lavoratori (in genere quelli privi di specializzazione) e i pensionati, progressivo assottigliamento dei ceti medi che perdono reddito e sicurezze: la società italiana è nella tempesta», denunciano Massimo Gaggi e Edoardo Narduzzi ne *La fine del ceto medio*. In Italia gli stipendi sono i più bassi d'Europa, spiega il governatore della Banca d'Italia Mario Draghi: «A parità di caratteristiche individuali le retribuzioni mensili nette italiane risultano in media inferiori di circa il 10% a quelle tedesche, del 20 a quelle britanniche e del 25 a quelle francesi».

Quanto ai piccoli imprenditori e alle attività commerciali, la Cgia di Mestre dice che nel 2007 hanno chiuso per fallimento in 245.843. Pari al 4,8% di tutte le aziende italiane. Una su 20: «E la situazione peggiora di anno in anno. Dal 2000 al 2007 la crescita delle procedure fallimentari è stata del 9,3%».

Certo, il presidente della Fiat ha ragione quando ricorda ad Alberto Statera della «Repubblica» che ci sono magnifiche eccezioni e «il capitalismo delle imprese è sano e ha posizioni di eccellenza nel mondo. La Luxottica ha comprato la Ray-Ban in America, la Brembo fa i freni per l'Harley-Davidson, la Ferrari ha battuto la Toyota, la Bmw e anche la Ford». Il Paese nel suo insieme, però, arranca. Ed è insensato cercare motivi di consolazione anziché affrontare la realtà.

Il riassunto degli ultimi decenni fatto dagli economisti Tito Boeri e Vincenzo Galasso nel saggio *Contro i giovani* dice tutto: negli anni Cinquanta il reddito medio pro capite cresceva tra il 5 e il 6% all'anno, negli anni Sessanta tra il 4 e il 5%, negli an-

La deriva

ni Settanta intorno al 3%. «Ma il vero rallentamento è arrivato dopo: dal 1980 al 1995 siamo scesi sotto il 2%, per frenare all'1% del decennio successivo (1995-2005), con il primo lustro del Nuovo Millennio praticamente a tasso zero. Calma piatta, stagnazione.»

Uno studio della Banca d'Italia del 2007 dice che la nostra perdita di competitività è stata, soprattutto negli ultimi dieci anni, traumatica. Colpa dei cinesi? Anche. Ma se la quota italiana di mercato mondiale «valutata a prezzi costanti» è precipitata del 40%, la Francia ha contenuto il suo smottamento entro il 15% e la Germania ha tenuto botta. Come mai? Il dossier risponde che è colpa dell'«aumento del costo del lavoro per unità di prodotto», salito fra il 1996 e il 2005 del 20% contro un calo del 10% in Francia e Germania. Al punto che la classifica della competitività globale, stilata dal World Economic Forum, è diventata per noi sempre più sconfortante, fino a retrocederci al 46° posto. Appena davanti al Botswana.

Secondo l'Ocse, nei cinque anni dal 2001 al 2006 il nostro è stato il Paese nel quale la produttività del lavoro è cresciuta di meno: appena l'1%, contro il 3,3 del Portogallo, il 5,2 della Spagna, il 7,7 della Germania, il 12,1 della Gran Bretagna, il 17 dell'Irlanda, il 22,2 della Grecia e addirittura il 40,2% dell'Estonia. Per carità, come tutti sanno è più facile aumentare la velocità partendo da zero che dare una grande accelerata quando sei già a cento all'ora. Ciò non toglie che la produttività del Paese baltico che nella nostra immaginazione leghiamo ancora ai cappottoni di lana ruvida e alle vetrine vuote dell'epoca sovietica, è aumentata quaranta volte più della nostra. In cinque anni.

«Anni berlusconiani!», dirà qualcuno. Verissimo. Ma quando un Paese slitta per decenni, con governi democristiani e socialisti, forzisti e ulivisti, che senso ha additare questo o quel colpevole? Chiunque vincerà, ha scritto sul «Corriere della Sera» la mattina delle ultime Politiche Sergio Romano, «erediterà un Paese esangue, stagnante, privo di infrastrutture moderne, oberato da un'enorme spesa pubblica e da un'alta pressione fiscale, condannato a essere il ventre molle delle molte crisi (da quella dei mutui a quella dell'inflazione agroalimentare) che si stanno abbattendo sull'economia mondiale. Spero che il prossimo governo non perderà il suo tempo, come è accaduto in questi ultimi anni, raccontando ai suoi connazionali che la colpa è dei governi precedenti. Non è vero». La responsabilità, proseguiva, «è di tutti noi: governo, partiti, sindacati, società civile. Molti dei problemi che ci affliggono sono importati dall'esterno e molte leve del potere economico sono state trasferite a Bruxelles o a Francoforte. Ma esistono problemi, dalla costruzione delle infrastrutture alla riduzione della spesa pubblica, che soltanto noi possiamo affrontare e risolvere. Anche questo è un campo in cui ogni governo, senza eccezioni, si è dimostrato inferiore alle esigenze della nazione».

Eppure, le rare volte che vogliamo, sappiamo davvero essere i migliori. Prendete Venezia. Un anno e mezzo per fare il termovalorizzatore di Fusina, senza un solo cartello di protesta. Meno di quattro dalla prima pietra all'apertura per fare il nuovo e avveniristico ospedale di Mestre. Meno di due, e potete scommettere che ce la faranno, per costruire a Marghera la più grande centrale a idrogeno del mondo il cui cantiere è stato aperto nell'aprile 2008. Senza che i due galli dei pollai contrapposti, Giancarlo Galan e Massimo Cacciari, si facessero mai la guerra per intralciarsi a vicenda a danno delle infrastrutture.

E Venaria Reale? Santa Politica, lì, ha fatto davvero un miracolo: in una manciata di anni, meno di quelli spesso insufficienti a costruire un cavalcavia, ha riscoperto, recuperato e regalato all'Italia e al mondo intero una delle più grandi, belle, sfarzose regge di caccia del pianeta. Era un rudere, La Venaria alle porte di Torino costruita dai Savoia a partire dalla metà del Seicento. Un rudere con gli alberi che crescevano sui tetti. E oggi è una meraviglia. Grazie a Romano Prodi e Silvio Berlusconi, Enzo Ghigo e Mercedes Bresso e Walter Veltroni e Giuliano Urbani e Carlo Azeglio Ciampi e Sergio Chiamparino e i sindaci Giuseppe Catania e Nicola Pollari e insomma la destra e la sinistra.

Ti prende una felicità furente, a guardare cosa hanno fatto, insieme. Un misto di fierezza e di rabbia. Fierezza perché mai si era visto negli ultimi decenni, in Italia, uno sforzo corale di queste dimensioni in cui sono stati messi soldi e intelligenza, cultura e saggezza, abilità artigianale e agilità burocratica. Rabbia perché il risultato di questa collaborazione è così stupefacente che ti domandi cosa sarebbe, questo nostro Paese, se la stessa generosità istituzionale dimostrata a Venaria, senza gli insopportabili distinguo e gelosie, dispetti e odi tra partiti e coalizioni, venisse dispiegata sui mille fronti che irritano e angosciano gli italiani.

In una decina di anni hanno abbattuto le caserme e i magazzini costruiti là dove un tempo c'erano i giardini. Demolito le pareti che li tappavano spalancando alla luce gli enormi finestroni della spettacolare Citroniera dove venivano ricoverati d'inverno gli alberi di agrumi e le piante più delicate. Messo mano alla ricostruzione di 80 ettari di giardini. Recuperato 8000 metri quadrati di scuderie, destinandone gran parte al Centro conservazione e restauro che, in mano a Carlo Callieri, si è subito imposto come uno dei poli d'eccellenza al mondo. Restaurati 5000 metri quadri di stucchi e di affreschi. Fino alla rinascita del gioiello più luminoso, la Galleria Grande ideata da Filippo Juvarra. C'era da piangere di disperazione, a vederla anni fa ingombra di travi e calcinacci. Adesso è un gioiello di sfolgorante bellezza.

L'avessero gli altri una reggia così, più grande di Versailles, farebbero pazzie. Noi rischiamo di tenerla lì, bella e malinconica, mentre il Paese perde colpi. Un delitto, perché il turismo valeva per noi quasi un dodicesimo del Pil, 2 milioni e mezzo di occupati e un valore aggiunto di 150 miliardi di euro. Eravamo i primi al mondo, nel 1970, vivendo ancora di rendita sulla commossa meraviglia dei grandi viaggiatori di un tempo come Wolfgang Goethe: «Conosci la terra dei limoni in fiore, dove le arance d'oro splendono tra le foglie scure, dal cielo azzurro spira un mite vento, quieto sta il mirto e l'alloro è eccelso, la conosci forse? Laggiù, laggiù io andare vorrei con te, o amato mio!».

Eravamo i primi. Ma già nel 2004, a forza di rapinare gli stranieri sparando conti astronomici nei ristoranti e di devastare i limoneti e gli aranceti per tirar su quelle mostruose palazzine abusive che infestano le nostre coste meridionali, eravamo scivolati al quinto posto, con il 4,9% di quota di mercato mondiale. Al primo ora c'è la Francia con il 9,9%, poi la Spagna con il 7,1%, quindi gli Stati Uniti con il 6,1% e la Cina con il 5,5%. Non bastasse, l'Italia è l'unico Paese Ocse che ha visto calare dal 1994 al 2004 la quota del turismo sul prodotto interno lordo, passata dal 6,13% al 5,68%.

Per molti anni ci siamo ripetuti che no, per carità, figurarsi, quando mai avremmo corso il rischio di andare indietro? La storia, però, dice qualcosa di diverso. Dice che sì, un Paese può arretrare. Anche pesantemente. È successo al Venezuela, che negli anni di *bonanza* del secondo dopoguerra era così ricco da essere chiamato «Venezuela Saudita» e da riempire di sogni milioni di immigrati, tra i quali Filippo Gagliardi, un contadino salernitano che partito povero in canna da Montesano, fece tanti di quei soldi da regalare al suo paesello l'acquedotto, la cattedrale, la caserma dei carabinieri, l'asilo, il convento dei cappuccini e 105 case ai meno abbienti chiedendo solo che dedicassero una via a Mariannina Gagliardi, l'onorata madre.

È successo all'Argentina. La quale, come ha spiegato l'economista Vito Tanzi nel saggio *Questione di tasse, la lezione dell'Argentina*, è stata a lungo, a partire dagli anni Dieci del secolo scorso, la decima potenza economica mondiale. Un Paese così ricco che il suo prodotto interno lordo era pari a quello di tutto il resto dell'America Latina messo insieme. Il reddito pro capite era allora superiore a quello francese e valeva il doppio di quello italiano. Buenos Aires era la meta agognata di centinaia di migliaia di immigrati, il Teatro Colón ospitava Enrico Caruso e i grandi divi della lirica e gli argentini erano così pieni di sé da avere la puzza sotto il naso verso noi italiani, che pure avevamo donato loro uomini come il ligure Manuel Belgrano, padre della bandiera nazionale.

Come abbia fatto un Paese ricchissimo di terra, risorse minerarie, capacità di lavoro, energie intellettuali, a precipitare di demagogo in demagogo in una serie di crisi, a partire dagli anni Quaranta del Novecento fino al baratro della seconda metà degli anni Novanta e alla drammatica dichiarazione di insolvenza del 2001, è una materia sulla quale gli studiosi si dividono. Certo è che nel primo trimestre del 2002 il Pil dell'Argentina diminuì del 16,3%. Il blocco del pagamento dei bond, per un sesto nelle mani di risparmiatori italiani, scatenò il panico e i giornali pubblicavano strazianti reportage sui bambini morti di fame nella provincia di Tucumán e su un'industria di Rosario che riceveva ogni giorno la visita di decine di persone disposte a offrire i propri capelli, come facevano le povere «fantine» dei secoli passati, in cambio di un po' di pesos.

Il grande scrittore peruviano Mario Vargas Llosa, nel rivedere Buenos Aires nel marzo 2008, quando già alcuni anni di ripresa avevano riportato un po' di ottimismo, non si capacitava: «Un'intera nazione che, a poco a poco, rinuncia a tutto ciò che di essa ha fatto un Paese del Primo Mondo – la democrazia, l'economia di mercato, l'integrazione con il resto del pianeta, le istituzioni civili, la cultura dell'accoglienza – per impoverirsi, dividersi, insanguinarsi, provincializzarsi, obnubilata dal populismo, dalla demagogia, dall'autoritarismo, dalla dittatura e dal delirio messianico».

Può capitare che un Paese, per eccesso di sicurezza, per cecità, per la scelta ripetuta e scellerata di offrirsi ai maghi delle emozioni che più promettono, possa rallentare, fermarsi, arretrare. È questo il rischio che corre l'Italia se rifiuta di vedere le cose come stanno. Se racconta a se stessa di avere solo una febbriciattola passeggera. Se non accetta di prendere atto che sta andando alla deriva. E che, senza una svolta, uno scatto di orgoglio, una consapevolezza condivisa di alcune scelte da fare, rischia il naufragio.

Ernesto Galli della Loggia alla vigilia delle elezioni del 13 aprile l'ha spiegato come meglio non si può. «L'Italia ha soprattutto bisogno di verità. Ha un gran bisogno che finalmente si squarci il velo di silenzi, di reticenze, spesso di vere e proprie bugie, che per troppo tempo il Paese ha steso sulla sua effettiva realtà.» Sulla scuola, sulla pubblica amministrazione, sulla giustizia, sulla magistratura, sulle Regioni, sulla criminalità, sull'impunità dei reati economici «e così via, così via, in un vortice di conformismo pubblico che è ormai diventato una cappa insopportabile. Per rimettersi in moto l'Italia ha bisogno, prima di qualunque programma, di rompere questa cappa. Ha bisogno di una grande operazione verità».

Il presidente della Bocconi Mario Monti sorrideva ironico della campagna elettorale: «Ho l'impressione di essere in Finlandia. Questo mi rallegra e mi preoccupa. Mi rallegra molto notare, nel dibattito tra le parti contrapposte, almeno per ora, tonalità più pacate di quelle cui eravamo abituati. Ma mi preoccupa vedere, da una parte e dall'altra, un atteggiamento piuttosto rassicurante in materia di politica economica, quasi un senso di "business as usual". Gli uni e gli altri sono alla ricerca di modi in cui lo Stato possa chiedere di meno e dare di più ai cittadini. Perfetto, se fossimo in Finlandia: un Paese, e ce ne sono altri in Europa, ad alta crescita, con un bilancio pubblico in rilevante avanzo, un debito pubblico basso e in rapida diminuzione, un'inflazione sotto controllo malgrado la forte crescita. Un Paese ossigenato dalle foreste, non soffocato dai corporativismi. In Italia, senza drammatizzare, un robusto senso dell'emergenza mi parrebbe appropriato».

Certo non è finlandese la Campania. Dove un rapporto della Corte dei Conti di fine 2007 ha rifatto i calcoli. Scoprendo che non solo il bubbone dell'immenso patrimonio pubblico partenopeo (59.927 immobili comunali sui quali il Municipio è riuscito incredibilmente a perdere 16 milioni di euro l'anno) non è stato toccato per non scontentare i *clientes*, ma che gli occupanti abusivi in tutta la regione sono molti di più di quelli che erano stati censiti. Ammontano, tenetevi forte, a 17.900.

Di più, il dossier dei giudici contabili spiega che nella stragrande maggioranza questi occupanti denunciano di non aver alcun reddito. Neanche mille euro l'anno: zero. Dichiarano di vivere d'aria il 59,91% degli abusivi Iacp e addirittura il 78,01% di quelli comunali. Ma gli altri, i regolari? Quelli pagano ogni tanto. Quando gli garba: su 42 euro di affitto medio mensile la morosità è di 28 euro e 50 centesimi. Risultato: l'Istituto autonomo case popolari, a Napoli, incassa mediamente da ogni casa 13 euro e 58 centesimi al mese.

Una vergogna. Tollerata per anni per motivi umanitari, certo. Ma anche elettorali: perdi, a toccare gli abusivi. E se Antonio Bassolino e Rosa Russo Iervolino portano una responsabilità pesantissima di questo andazzo, certo non può scagliare la prima pietra la destra. Che con la firma del presidente regionale nazional-alleato Antonio Rastrelli, nel 2000, concesse una sanatoria che riguardava addirittura 25.368 abitazioni pubbliche occupate abusivamente. E sapete che giorno era? Il venerdì prima delle elezioni regionali in programma la domenica.

Anche l'Amat, la municipalizzata dei trasporti palermitana, non è finlandese. Né si può dire che i suoi amministratori siano dotati di quel «robusto senso dell'emergenza» invocato da Monti. Non c'è al mondo un'azienda più sgangherata. Ricordate l'assunzione clientelare alla vigilia delle Comunali di Palermo del maggio 2007 di 110 autisti d'autobus tutti 110 senza la patente per guidare l'autobus? «Impareranno», rispose l'assessore a chi si scandalizzava: «Perché dovremmo assumere nuovo personale quando abbiamo ancora gli Lsu da stabilizzare? Bandiremo una gara per dare a un'autoscuola il compito di far prendere loro la patente. Dov'è il problema?».

A un anno di distanza, quelli finiti davvero al volante dopo essersi fatti la patente per proprio conto, erano una ventina. La decisione di pagare a tutti gli altri l'autoscuola è stata annullata perché fatto il bando sarebbe costata 800.000 euro (ottocentomila!) cioè quasi 10.000 per ogni patentato. E nella scia delle polemiche, grazie agli esposti alla Corte dei Conti di un consigliere comunale democratico, Maurizio Pellegrino, è venuto fuori di tutto.

E cioè che l'Amat ha 598 autobus in dotazione ma nella stragrande maggioranza sono guasti, tanto che quelli utilizzati davvero sono molto meno della metà: 235. Che su 1990 dipendenti addirittura il 37% se ne sta negli uffici o in officina, dove bivaccano oltre 200 meccanici i quali, tolti i mezzi guasti e abbandonati, devono occuparsi mediamente di poco più di un pullman a testa. Che i palermitani sono così schifati del servizio che usano il trasporto urbano meno della metà dei genovesi. Che negli ultimi cinque anni, analizzati i chilometri percorsi complessivamente, i viaggiatori sono calati da 24 a 19 milioni. Che in un solo anno sono stati persi 200.000 passeggeri. Che grazie a una certa interpretazione di un regio decreto del 1931 gli autisti più anziani hanno trovato il sistema di lasciare il posto ai figli. Che i soldi incassati coi biglietti e gli abbonamenti sono 21 milioni e 674.000 euro e le spese 100 milioni e 380.000 con una perdita secca di gestione intorno all'80%. Ripianata dal Comune. Cioè, date le rimesse da Roma a Palermo, da tutti i cittadini italiani.

Un amministratore serio, davanti a numeri così, ha tre strade: a) Si spara. b) Si dimette e si rifugia per la vergogna tra i boschi delle Madonie. c) Va dal magistrato a denunciare tutti quelli che gli impediscono di risanare. Sergio Rodi, presidente in quota An, ha invece deciso col suo vice, con i 5 consiglieri di amministrazione, il direttore generale e 10 dirigenti di autoregalarsi un «premio incentivante»: 14.160 euro a testa i capi più importanti, 11.500 quelli minori. Dicono che sì, è vero che l'utile prefissato non è stato raggiunto, ma solo perché l'indebitatissimo Comune non ha trovato i soldi per ripianare tutto.

Quanto a lungo può andare alla deriva prima di affondare un Paese, con aziende così? Dove i sindacati se ne infischiano dei conti e badano solo a far assumere più persone possibili, dove i sindaci sbuffano ma poi tirano fuori i soldi perché i voti sono voti, dove i dirigenti non solo non pagano neppure davanti a disastri contabili come questo ma addirittura si premiano? Ce la possiamo permettere, una classe dirigente così? Che considera i propri stipendi, benefit, privilegi una variabile indipendente dai risultati? Vale per le società pubbliche, semipubbliche, private.

Quando il frugale Enrico Cuccia morì, nel 2000, dopo essere stato per una vita alla guida di quella Mediobanca che aveva fondato e che gli aveva permesso di pilotare per decenni la grande finanza italiana, lasciò ai figli circa un milione di euro di patrimonio e 156.653 euro in conto corrente alla Comit. Quando morì Donato Menichella, storico direttore dell'Iri, governatore della Banca d'Italia e membro di quella pattuglia di uomini straordinari protagonisti della ricostruzione e della rinascita italiana dopo la guerra, lasciò agli eredi un opuscolo: *Come è che non sono diventato ricco.*

«Mio padre era uno "specialista dell'autoriduzione"», raccontò il figlio Vincenzo a un convegno commemorativo. «Autoridusse il suo stipendio nell'anteguerra a meno della metà. Non ritirò, quando fu reintegrato all'Iri, due anni e mezzo di emolumenti; al presidente Paratore rispose: "Dall'ottobre 1943 al febbraio 1946 non ho lavorato!". Fissò il suo stipendio nel dopoguerra a meno della metà di quanto gli veniva proposto e lo mantenne sempre basso. E il 23 gennaio 1966, al compimento del settantesimo anno, chiese e ottenne che gli riducessero il trattamento di quiescenza, praticamente alla metà, giustificandosi così: "Ho verificato che da pensionato mi servono molti meno danari!". Mia madre ogni tanto faceva un gesto toccandosi la testa, come a dire: "Quest'uomo non è onesto, è da interdire" poi sorrideva e si capiva che era orgogliosa di lui.» Sintesi finale: «Se il decoro del grado si misura dallo stipendio, agì in modo spudoratamente indecoroso!».

Certo, un opuscolo come quello di Menichella non lo potranno lasciare ai figli i grandi manager di oggi. Loro sì, sono diventati ricchi. Ricchissimi. Negli ultimi dieci anni, mentre la classe media veniva schiacciata verso il basso dall'introduzione dell'euro e dalla sostanziale stagnazione dei redditi si è assistito a una crescita vertiginosa degli appannaggi ai «capi». Quando arrivò alle Poste nel 1998 Corrado Passera prendeva l'equivalente attuale di 361.000 euro e il suo successore Massimo Sarmi nel 2006 ne ha presi 1.528.000: quattro volte di più. Fabiano Fabiani alla Finmeccanica stava nel '95, secondo «Milano Finanza», appena sotto i 300.000 euro, il suo successore Pier Francesco Guarguaglini, dice «Il Sole 24 Ore», si è assestato nel 2007 a 4.230.000: 14 volte di più. All'Eni nel '96 Franco Bernabé guadagnava quanto 13 dipendenti medi messi insieme, nel 2007 Paolo Scaroni (che per traslocare dall'Enel aveva avuto una buonuscita di 10 milioni) quanto 58.

Si dirà: ma Eni e Finmeccanica sono società quotate in Borsa quindi hanno una loro autonomia che dipende dal mercato. Non è così. Al Poligrafico dello Stato, che quotato non è, il presidente Michele Tedeschi aveva nel 1998 una busta paga pari a 194.000 euro: otto anni dopo quella dell'amministratore delegato Massimo Ponzellini era di 600.000. Alla Fiat Cesare Romiti prendeva nel 1993, stando alle dichiarazioni dei redditi pubblicate dall'Ansa, 772.000 euro di oggi: nel 2007 Sergio Marchionne ne avrebbe presi 6.906.100. E se lo stipendio del primo era allora pari a 21,2 volte il costo medio di un dipendente della Fiat (oneri sociali compresi), quello del suo successore è pari a 178 volte. Di più: se la retribuzione lorda media di un dipendente del gruppo di Torino è cresciuta in termini reali del 6,4%, quella dell'amministratore delegato è cresciuta, sempre in termini reali, del 791%.

E lo stipendio di Marchionne non è affatto il più alto percepito dai manager italiani nel 2007. In testa c'è l'ex amministratore delegato di Capitalia Matteo Arpe (classe 1964), che fra stipendio e buonuscita ha incassato oltre 37 milioni di euro ai quali andrebbero aggiunti gli incassi dalle stock option (premi aggiunti allo stipendio in azioni della società), tanto da far ipotizzare a Enrico Cisnetto, sul «Mondo», che l'uscita dalla banca potrebbe aver fruttato al non attempato dirigente 71 milioni. Pari, nell'acido commento di Francesco Rutelli, a «un anno di retribuzioni di tutti i senatori della Repubblica». Sbagliato: un anno e mezzo.

Al secondo posto, con 24 milioni, c'è l'ex presidente di Capitalia e presidente di Mediobanca Cesare Geronzi, prosciolto per il crac Federconsorzi, condannato in primo grado per quello di Italcase-Bagaglino, processato a margine per i casi Cirio e Parmalat. Al terzo, l'ex amministratore delegato di Telecom Italia Riccardo Ruggiero (figlio di Renato, l'ex ministro degli Esteri), che nel marzo 2006 fu pizzicato da un autovelox mentre sfrecciava a 311 chilometri l'ora in autostrada a bordo di una Porsche Carrera ma va forte anche a retribuzioni: 17 milioni. A seguire il vicepresidente di Telecom Carlo Buora con 12, il presidente di Banca Intesa Giovanni Bazoli con 11 e mezzo, il presidente di Mediobanca Gabriele Galateri di Genola, l'amministratore delegato di Unicredit Alessandro Profumo con quasi 10 milioni e così via.

«E le stock option?», si è chiesta Rifondazione comunista. E ha compilato un dossier: «Nel 2006 i supermanager delle società quotate hanno intascato oltre 500 milioni di euro. In pole position c'è Rosario Bifulco, presidente e amministratore delegato di Lottomatica, che si è guadagnato una gratifica da quasi 38 milioni. Le stock option su Ferrari hanno regalato a Luca Cordero di Montezemolo oltre 10 milioni». Al secondo posto in classifica c'era il direttore centrale di Mediobanca Francesco Saverio Vinci, con 17 milioni e mezzo: cento volte e passa quel che aveva Cuccia nel conto in banca. Meritati? Opinioni. Ma di certo molto «disallineati», per usare un verbo di moda, rispetto all'andamento del Paese. Come nel caso di Giancarlo Cimoli, che dopo essere venuto via dalle Ferrovie con una buonuscita di 6 milioni e 700.000 euro è andato a guadagnarne 2,7 l'anno all'Alitalia (7393 euro al giorno) per lasciarla in stato di coma profondo. Non è solo colpa sua se la compagnia di bandiera si è avviata al disastro? Sicuramente. Ma certo non si è fatto gli scrupoli romantici di Menichella.

Così come è difficile non avvertire il contrasto tra lo stipendio di certi manager di seconda fila e la loro statura culturale. Un esempio? Luca Luciani, il direttore generale di Telecom che nel marzo 2008, ignaro che sarebbe stato sputtanato su YouTube, incitava i suoi quadri così: «Perché ho la faccia incazzata? Ho la faccia incazzata perché respiro sfiducia, respiro aria da aspettativa, respiro quelle facce da senso critico. (...) Oggi non parlo di Alessandro, parlo di Napoleone. Napoleone a Waterloo, una pianura in Belgio, fece il suo capolavoro, tutti lo davano per fatto, per cotto, per la supremazia degli avversari. C'aveva cinque grandissime nazioni contro, delle forze in campo. Però strategia, chiarezza delle idee, determinazione, forza, Napoleone fece il suo capolavoro a Waterloo».

Com'è possibile che un Paese affondi e gli stipendi della sua classe dirigente, anche se mediocre, si impennino? Ottocentoquarantaquattromila euro l'anno incassa, quel Tito Livio laureato con 110 e lode che prende per esempio di vittoria la più disastrosa delle sconfitte di Bonaparte: 844.000 euro. E quando «La Stampa» gliene ha chiesto conto ricordando l'indignazione di tanta gente che scriveva scandalizzata, ha risposto: «Questo passaggio riflette le difficoltà che sta attraversando il Paese». Manco a dirlo, è sbocciato in internet un manifesto elettorale taroccato in cui Luciani, con tanto di cappello napoleonico, si candidava per il partito Kultura critica. Slogan: «L'Italia ha bisogno di una nuova Waterloo!». No grazie, rischiamo già di nostro. Spiega Mario Monti che c'è il pericolo di «una duplice grave emergenza, nella crescita e nella distribuzione. Molti italiani fanno sempre più fatica ad arrivare alla fine del mese perché l'Italia fa sempre più fatica a essere competitiva nel mondo. La scarsa produttività riduce la quota di mercato di ciò che l'Italia produce e restringe il prodotto totale che essa è in grado di distribuire. E quegli stessi fattori che frenano la produttività – privilegi, rendite, poteri di blocco di cui godono tante categorie – fanno sì che a pagare il conto della mancata crescita e della maggiore inflazione siano soprattutto le poche categorie non protette».

Le donne: sono loro che più ci mancano. Basta scorrere l'elenco dei manager più pagati pubblicato dal «Sole 24 Ore» alla fine del marzo 2008: Matteo, Cesare, Riccardo, Giovanni, Gabriele, Luciano... Per trovare una donna bisogna scendere all'ottantesimo posto: Luisa Torchia, consigliera di amministrazione di Atlantia (Gruppo Autostrade), Cassa depositi prestiti e Acea. Tra le prime cento in realtà, avrebbero rivelato i bilanci successivi, ce ne sono altre tre: Jonella Ligresti, Giulia Ligresti e Marina Berlusconi. Rispettivamente figlie di Salvatore Ligresti e Silvio Berlusconi. Ma donne non «figlie di»? Zero.

A parte Emma Marcegaglia, eletta ai vertici di Confindustria con una formidabile innovazione che umilia la politica e i sindacati che mai avevano avuto nella loro storia il coraggio, la fantasia, la volontà di darsi una guida in rosa, l'Italia è rimasta un Paese che in larga parte concede alle donne solo lo spazio per fare le impiraresse, le lavandere, le scodellatrici.

Poco spazio, si capisce. Il tasso di occupazione femminile, un dato che spesso coincide con quello dei Paesi più ricchi, ci vedeva nel 1996 nelle posizioni di coda. Adesso siamo, col 46%, ultimissimi. Dopo la Grecia, la Polonia, l'Ungheria... Ultimissimi. Dieci punti sotto la Repubblica Ceca. Quindici sotto la Slovenia. Venti sotto gli Stati Uniti e la Finlandia. Quasi trenta sotto la Danimarca. Abbiamo una sola donna ai vertici dei grandi giornali italiani, Daniela Hamaui all'«Espresso». Tre (Maria Chiara Carrozza, Rita Franceschi e Stefania Giannini) su 80 rettori, alcuni dei quali stanno lì da un'eternità come Augusto Preti, che si installò a Brescia nel 1983, quando a Mosca comandava ancora Jurij Andropov. Neppure una in vetta alle principali società italiane. Spiega il Rapporto 2008 «Generare classe dirigente» della Luiss che in Spagna e Portogallo le donne leader, intese come persone che hanno un potere vero nella società, sono il 18,5%, in Polonia il 21,7, in Germania il 23,2, in Francia il 36,4, in Gran Bretagna e Irlanda il 43,3, in Italia il 17,2. È la percentuale più bassa d'Europa. Umiliante. Perfino nei Paesi dell'area balcanica sono più che da noi: 24,8%. Stiamo 12 punti (dodici!) sotto la media europea, che vede la quota di potere rosa al 29%.

Nel mondo politico-istituzionale, stando allo studio della Luiss, va peggio ancora: il peso delle donne in Parlamento e al governo è in Italia dell'11%, contro il 31 e mezzo della Gran Bretagna, il 34 dei Paesi scandinavi, il 29 della Francia, il 34 della Germania, il 18 e mezzo di Spagna e Portogallo. Dietro di noi c'è solo la Polonia, con il 10,4%. Quanto agli esecutivi, il nostro record è detenuto da Prodi: 6 donne su 26 ministri (meno di un quarto) nella scia di una storia maschilista che aveva visto negli ultimi vent'anni 375 ministri maschi e solo 38 dell'«altra metà del cielo». Contro 9 donne su 19 nel governo di Luis Zapatero in Spagna, 7 su 14 con François Fillon in Francia, 6 su 19 ma con Angela Merkel alla guida in Germania. E poi 8 su 20 in Finlandia, 9 su 19 in Norvegia...

Esagerati, pensa Silvio Berlusconi. Il quale, subito dopo le elezioni del 13 aprile, si è premurato di rassicurare gli amici: «Ho sgridato molto simpaticamente ieri sera Zapatero per aver fatto un governo secondo me troppo rosa. Noi ci atterremo a quanto annunciato, anche perché in Italia abbiamo una prevalenza degli uomini nella politica e quindi non è così facile avere delle protagoniste pronte per un'attività di governo». Sarà. Ma ci rimettiamo. Perché un punto è fuori discussione: tutti i Paesi più competitivi dell'Occidente (tutti!) hanno una forte presenza di ministre. Che a certe galanterie del Cavaliere («ma che belle gambe che vedo in prima fila!») risponderebbero con un calcio negli stinchi: «Non si consenta».

E sempre lì torniamo: chi, se non la politica, quella buona, può guidare al riscatto un Paese ricco di energie, intelligenze, talenti straordinari ma in declino? Chi, se non il Parlamento, può cambiare le regole che per un verso ingessano l'economia sul fronte delle scodellatrici e per un altro permettono invece agli avventurieri del capitalismo di rapina di muoversi impunemente con la libertà ribalda dei corsari? Chi, se non un governo eletto con una maggioranza larga, può marcare una svolta?

I ritagli d'archivio, certo, non fanno ben sperare. E dicono che con 89 seggi in più alla Camera e 49 in più al Senato sull'opposizione, uno strapotere non dissimile da quello uscito dalle urne il 14 aprile, il presidente del consiglio Silvio Berlusconi assicurava nel 2001 sul sito www.forzaitalia.it: «Al termine della legislatura il Paese sarà cambiato e modernizzato e sarà cambiata in meglio la vita di tutti». Prometteva entro cinque anni l'«abbattimento della pressione fiscale sino al 33% del Pil» e la riduzione delle tasse «da oltre 100 a solo 8». E poi «una nuova scuola, una nuova Università», la «riforma e velocizzazione del processo civile», la «radicale riorganizzazione, via informatizzazione e digitalizzazione, di tutto l'apparato pubblico»... Il «Secolo d'Italia» sparava titoli così: *Ottantenne colpito da infarto si rianima per la vittoria di Berlusconi*. E Umberto Bossi assicurava: «Dite a D'Alema che la sua sconfitta durerà mezzo secolo». Due anni dopo, un amico del Cavaliere come Giuliano Ferrara scriveva già l'epitaffio del governo: «Una noia profonda, abissale, che presto diverrà terminale. Peccato». Il resto è storia nota.

«Riuscirà stavolta a farci cambiare idea?», si son chiesti all'«Economist» mettendo il Cavaliere in copertina dopo la nuova vittoria berlusconiana col titolo *Mamma mia, ci risiamo*.

Risposta: «Per lui è il test più cruciale: per il bene dell'Italia c'è da sperare che lo superi». Parole d'oro. Ma è tutto il mondo della politica, di destra e di sinistra, che per marcare una svolta deve recuperare la fiducia dei cittadini. E certo non aiutano tante cose successe perfino «dopo» l'esplosione dell'insofferenza popolare per i costi della politica.

Come la scoperta della curiosa vicenda di un palazzetto a cento metri dal Senato, in largo Toniolo 10, comprato a un'asta fallimentare a metà dicembre 2002, per 4 milioni e 750.000 euro, da una società romana: la Agropoli Srl, di una certa Giuseppina Malerba, socia in affari di un senatore, Franco Righetti, che da anni gironzola tra i neodemocristiani, dal Ccd alla Margherita all'Udeur. Sei giorni dopo, la donna vende il tutto alla Immobiliare Goldoni posseduta al 99% dal parlamentare. Mentre comincia a girar voce che il Senato sta acquistando il palazzetto, Righetti torna dal notaio e vende l'edificio, metà a un certo Massimiliano Piacentini e metà all'impiegato (Riccardo Lucarini) che era già suo socio con l'1% della Goldoni. Altri quattro mesi e l'operazione va in porto: il Senato compra l'edificio. Prezzo? Nove milioni tondi: il doppio di quanto l'aveva pagato la socia di Righetti. Il quale, quattro giorni dopo, torna a riprendersi un pezzo della società. La facciamo corta: costretto a occuparsi della storia per una serie di denunce e di protesti del senatore (addirittura 95!) il giudice mette sotto sequestro tutti i beni del parlamentare, incluse le quote della Immobiliare Goldoni scrivendo che in base ai redditi dichiarati i due che avevano comprato da Righetti per vendere al Senato non potevano avere tutti quei soldi. Insomma, dice il magistrato, pare proprio una vendita fittizia. Come andrà a finire si vedrà. Certo è che cinque anni dopo essere costato 9 milioni di euro ai cittadini italiani, il palazzetto è ancora vuoto.

Giorgio Napolitano ha ragione: «Coloro che fanno politica concretamente, a qualsiasi schieramento appartengano, devono compiere uno sforzo per comprendere le ragioni della disaffezione, del disincanto verso la politica e per gettare un ponte di comunicazione e di dialogo con le nuove generazioni».

Ma certo questa ricucitura tra il Palazzo e i cittadini, necessaria come l'ossigeno per interrompere la deriva, sarebbe più facile se i partiti avessero tutti insieme cambiato quell'emendamento indecente infilato nell'ultimo decreto «milleproroghe» varato il 23 febbraio 2006 dalla destra berlusconiana ma apprezzato dalla sinistra. Emendamento in base al quale «in caso di scioglimento anticipato del Senato della Repubblica o della Camera dei Deputati il versamento delle quote annuali dei relativi rimborsi è comunque effettuato». Col risultato che nel 2008, 2009 e 2010 i soldi del finanziamento pubblico ai partiti per la legislatura defunta si sommeranno ai soldi del finanziamento pubblico del 2008, 2009 e 2010 previsto per la legislatura entrante. Così che l'Udeur di Clemente Mastella incasserà complessivamente 2 milioni e 699.701 euro anche se non si è neppure ripresentata alle elezioni. E con l'Udeur continueranno a batter cassa, come se fossero ancora in Parlamento, Rifondazione comunista (20 milioni e 731.171 euro), i Comunisti italiani (3 milioni e 565.470), i Verdi (3 milioni e 164.920).

E sarebbe più facile, questo «ponte verso il Paese», se fosse stato cambiato un dettaglio del primo decreto economico del Prodi bis, che aggiungeva altri soldi ai partiti per gli elettori all'estero, decreto contestatissimo dal centrodestra salvo appunto quel dettaglio, che distribuiva 3 milioni e 691.960 euro all'Unione, a Forza Italia, all'Italia dei valori, al movimento Per l'Italia nel mondo di Mirko Tremaglia...

E sarebbe più facile se i 300 milioni di euro incassati nel 2008 dai partiti sulla base della legge indecorosa che distribuisce ogni anno 50 milioni di rimborsi elettorali per le Regionali (anche quando non ci sono), più 50 per le Europee (anche quando non ci sono), più 50 per le Politiche alla Camera (anche quando non ci sono: quest'anno doppia razione) e più 50 per le Politiche al Senato (doppia razione) non fossero un'enormità in confronto ai contributi dati ai partiti negli altri Paesi occidentali.

Contributi che, spiega uno studio del 2007 della Camera, ammontano a 61 milioni in Spagna, 133 in Germania e 73 milioni in Francia. Per non parlare degli Stati Uniti, dove «il finanziamento pubblico della politica è limitato alla campagna presidenziale». O del Regno Unito dove l'accredito, «se si escludono alcuni servizi messi a disposizione dallo Stato nel corso delle campagne elettorali, è limitato ai contributi concessi ai partiti di opposizione in Parlamento». Totale britannico nel 2006: 7 milioni e 374.000 euro. Poco più di quello che incasserà da noi La Destra di Francesco Storace e Daniela Santanché, che avranno diritto a una quota annuale di rimborsi di un milione e 100.000 euro l'anno anche se non sono riusciti a entrare né alla Camera né al Senato.

Adesso vi tocca lavorare, ha titolato a tutta pagina «Il Giornale» dedicando un servizione ai trombati di sinistra del 14 aprile, dal socialista Enrico Boselli al no-global Francesco Caruso. Non tutti. Grazie agli strascichi della legge vecchia, Boselli ha già diritto in base alle legislature fatte a una pensione di 8455 euro lordi al mese, Alfonso Pecoraro Scanio a una di 9387 e così Pietro Folena e giù giù, pur essendo intorno alla cinquantina, possono già incassare il vitalizio per due o tre legislature, Franco Giordano e Oliviero Diliberto, Ramon Mantovani e Francesco Storace.

Certo che ha ragione Napolitano, a mettere in guardia dai rischi dell'antipolitica. Ma cosa dicono i numeri? Che la legge attuale, che nessuno ha voluto cambiare, spinge i partiti a spendere sempre di più, di più, di più. Per la campagna elettorale del '96 An investì un milione di euro e fu rimborsata con 4, in quella del 2006 ne investì 8 e ne ricevette 64. E così tutti gli altri, dai diessini ai forzisti. Con qualche caso limite come quello di Rifondazione: 2 milioni di spese dichiarate, 34 incassati. Rimborsi per il 2008? C'è da toccar ferro.

Ecco, sarebbe tutto più facile se il mondo della politica, quella più nobile, riguadagnasse la fiducia dei cittadini facendo dei Palazzi una casa di vetro. Con bilanci chiari, pubblici, dettagliati, trasparenti. A partire, si capisce, da chi più sta in alto. Quel Quirinale che, dopo essersi lagnato dei paragoni con Buckingham Palace, che costa un quarto, non ha aperto che una fessura nella segretezza dei propri conti.

La regina Elisabetta ha preso così sul serio l'impegno di tagliare che, dopo aver ridotto del 61% in quindici anni le sue spese in termini reali, tiene a stecchetto i dipendenti pagando perfino Sir Alan Reid, il custode del Tesoro, 252.000 euro e cioè meno di quanto prende uno stenografo del Senato. Forse il Colle, chiamato a dare il buon esempio a tutti, poteva tagliare un po' di più del 3 per mille.

Per carità, forse Elisabetta II esagera se è vero che, come ha raccontato divertito il banchiere Mario D'Urso, «usa nelle cene con gli amici personali i tovaglioli di carta». Però... Però oggi, se chiedesse al Paese di fare dei sacrifici per compiere tutti insieme uno scatto di orgoglio per interrompere il declino, sarebbe presa sul serio. Molto più sul serio di quanto possano aspettarsi di esserlo sia il Colle, sia la sinistra che per due anni ha promesso tagli durissimi finiti in sforbiciatine, sia la destra che nella legislatura precedente aveva fatto esplodere le spese di Palazzo Chigi, Camera e Senato a livelli mai visti prima. Una correzione di rotta, se il mare è piatto e soffiano gli alisei, va benissimo. Non se il mare è in tempesta e la nave va alla deriva.

Che Dio ce la mandi buona. O almeno ce la mandino buona San Bruno e San Francesco di Paola. I due santi protettori, loro malgrado, della litigiosissima politica italiana. Conoscete la storia? È successa in Calabria ed è il surreale cesello a quell'incapacità di decidere che sta paralizzando l'Italia dal centro alla periferia, dalla Tav in Val di Susa agli inceneritori in Campania.

Nata nel 1992 senza uno straccio di protezione divina, la provincia vibonese a un certo punto si decise: ci serve un santo patrono. Detto fatto, la maggioranza stese una delibera, invocando la Chiesa a delegare all'uopo San Bruno, grande monaco tedesco morto in Calabria nel 1201 dopo aver fondato una splendida certosa nell'area che adesso porta il suo nome, Serra San Bruno. Santo europeo, calabrese, vibonese, nemico della simonia e cioè del mercato delle cariche: dove trovare di meglio?

Macché. Il grande certosino non aveva fatto i conti con la rottura nella Margherita calabra. Di qua i rutelliani e di là i fedelissimi del governatore Agazio Loiero, tra i quali svettava il presidente della giunta Ottavio Bruni. Che a dispetto del cognome non era «bruniano» per niente. Così che a un certo punto, indifferente alla scelta già fatta, dopo aver cambiato partito decise di cambiare anche santo di riferimento. E fece approvare una nuova delibera con la quale si proponeva di «rivolgere richiesta ai competenti organi ecclesiastici per l'elevazione di San Francesco di Paola a patrono della provincia di Vibo». Figura luminosissima della religiosità calabrese, per carità. Lui pure eremita e fondatore di un altro ordine religioso, quello dei Minimi. Ma la nomina precedente di San Bruno? Roba vecchia. San Francesco «il Subentrante», fosse ancora fra noi, si sarebbe irritato assai. Dotato di un carattere fumantino non raro tra i calabresi, bastava niente perché si infiammasse. Anzi, narra la leggenda che uno dei suoi primi miracoli fu che, essendosi «dimenticato di accendere il fuoco sotto la pentola dei legumi per il pranzo dei frati» poiché era troppo «assorto in preghiera in chiesa», corse «tutto confuso in cucina, dove con un segno di croce accese il fuoco di legna e dopo pochi istanti i legumi furono subito cotti».

Certo è che l'aspro confronto sui santi, sistemati uno in quota Rutelli e l'altro in quota Loiero, finì per aprire la strada a un compromesso. Sancito da una terza delibera nella quale la giunta provinciale di centrosinistra, «richiamata la propria deliberazione n. 135 del 13-4-2007 (...) considerato che sono pervenute alla presidenza dell'Ente proposte volte al riesame della suddetta deliberazione volte a promuovere anche la figura di San Bruno (...) vista la proposta del consigliere provinciale...», decideva di «riesaminare la propria deliberazione».

Risultato? La scelta di «elevare San Bruno a protettore e San Francesco a patrono». Un momento, ha chiesto Pino Brosio sulla «Gazzetta del Sud» facendo sgocciolare nuovi veleni, «viene prima il santo patrono o il santo protettore?». Ma no, ma no, si è affrettato a spiegare un prete noto in città, monsignor Giuseppe Fiorillo: «Il messaggio dei santi è universale. È l'uomo che, cadendo nel ridicolo, tende a frazionarlo. La soluzione giusta potrebbe essere di nominare i due santi com-patroni».

Una soluzione strabiliante. Di doroteismo celeste. Un inciucio ultraterreno! Che magari ci lascerebbe in fondo a tutte le classifiche internazionali. Ma ci spalancherebbe davvero a nuovi orizzonti.

1

Quando i cinesi eravamo noi

Solo 270 giorni per fare la Costituzione, 8 anni per l'Autosole

«Ero rimasto senza benzina! Avevo una gomma a terra! Non avevo i soldi per il taxi! La tintoria non mi aveva portato il tight! C'era il funerale di mia madre! Era crollata la casa! C'è stato un terremoto! Una tremenda inondazione! Le cavallette!» La scena di John Belushi che nei *Blues Brothers* si avvita in una serie crescente di catastrofi per spiegare alla fidanzata, tradita e armata di mitragliatore, come mai le ha dato buca il giorno delle nozze è uno dei capolavori del cinema mondiale.

Anche i padri della nostra Costituzione, se avessero voluto, avrebbero potuto invocare una quantità di intoppi per farsi perdonare eventuali ritardi se non addirittura il fallimento di quell'opera corale che vedeva insieme comunisti e democristiani, monarchici e repubblicani, liberali e socialisti. Problemi veri, seri, gravi. Mica le cavallette di Belushi. Dal momento in cui si riunì l'Assemblea costituente, il 25 giugno del 1946, fino al giorno dell'approvazione, il 22 dicembre del 1947, ne successero di tutti i colori.

Il rifiuto di Umberto II di abdicare e riconoscere la vittoria della Repubblica al referendum. Le sommosse dell'agosto '46 di gruppi partigiani che non volevano saperne di deporre le armi. La nascita del Cominform, il Communist information bureau costituito da Stalin per un costante scambio di informazioni tra i partiti comunisti, Pci compreso. La scissione socialista di Palazzo Barberini, con la fondazione del Psli e le conseguenti dimissioni di Giuseppe Saragat, diventato leader di un partito troppo piccolo per guidare l'Assemblea costituente e sostituito alla presidenza da Umberto Terracini. La strage di Portella delle Ginestre con tutto lo strascico di polemiche sul ruolo e i mandanti di Salvatore Giuliano. Due svalutazioni della lira, la prima del 55 e la seconda addirittura del 68%, che portarono il nostro reddito pro capite a essere inferiore perfino a quello della Jugoslavia titina. Le proteste contro la sostituzione del prefetto milanese Ettore Troilo sfociate nella conquista della prefettura da parte di un gruppo di comunisti comandati da Giancarlo Pajetta che secondo la leggenda chiamò Palmiro Togliatti: «Abbiamo preso la prefettura di Milano» «Bravi. Adesso cosa ne fate?».

E non era tutto. Caddero in quei mesi il secondo e poi ancora il terzo degli esecutivi di Alcide De Gasperi, i comunisti e i socialisti furono buttati fuori dal governo, il Territorio libero di Trieste venne diviso in due zone spaccando il cuore stesso del Paese. E come se non bastasse gli italiani assistettero sbigottiti ai veti dell'Urss all'ingresso dell'Italia tra le Nazioni Unite, al trionfo del Blocco del Popolo in Polonia (80% dei voti con sospetti di brogli giganteschi), alla vittoria elettorale dei comunisti in Ungheria, ai disordini in Romania che avrebbero portato alla cacciata di re Michele e alla nascita della Repubblica popolare.

Insomma: ce n'era d'avanzo perché la Dc e il Pci, coi rispettivi satelliti, mandassero tutto all'aria scaricando l'uno sull'altro la responsabilità del fallimento. E la tentazione, soprattutto da parte comunista e socialista, fu forte. Di fronte alla rottura operata da De Gasperi, ha scritto lo storico Enzo Roggi, «le sinistre potevano sia accentuare lo scontro politico fino a provocare una crisi ingovernabile, sia spezzare la convergenza costituente e battersi per un cambiamento del carattere della Carta. Una scelta questa che nel dibattito a sinistra era stata qualificata come "prospettiva greca", in sostanza guerra civile». Ma Togliatti fu netto: «Le rivoluzioni non le fanno i partiti. I partiti, se ne sono capaci, le dirigono e niente più».

Erano tempi di scontri durissimi. I comunisti non erano mica Fausto Bertinotti o Oliviero Diliberto che sulla Piazza Rossa propone, se i russi non la vogliono più, di portare la salma di Lenin in Italia. Erano uomini come Pietro Secchia, che aveva un rapporto diretto con Stalin e rese spesso un inferno la vita del Migliore con Nilde Iotti. Antonio Roasio, che dopo essere fuggito in Urss, negli anni delle purghe staliniane era stato l'italiano più importante della Sezione quadri del Komintern, incaricato di schedare i connazionali rifugiatisi in Russia. Paolo Robotti, il cognato di Togliatti che nonostante fosse stato imprigionato nel carcere Taganka di Mosca era rimasto stalinista e arrivò a denunciare un'alleanza antisovietica tra «banchieri ebrei e finanza cattolica, molti rabbini e muftì». Edo D'Onofrio, «er più comunista de li romani, er più romano dei comunisti», fondatore della Scuola delle Frattocchie dove i giovani che «prendevano i voti» dedicandosi al partito venivano sottoposti al rito sovietico della Kista, la pubblica confessione di deviazionismo borghese. O lo stesso Palmiro Togliatti che nei suoi anni moscoviti aveva mostrato un cinismo nei confronti dei nostri alpini dispersi in Russia da togliere il fiato e definiva chi diffidava dello stalinismo, come Valdo Magnani, segretario della federazione comunista reggiana e cugino della Iotti, «pidocchio sulla criniera di un cavallo».

Tempi in cui la Dc preparava per il '48 manifesti terrificanti. Uno scheletro orrendo con la divisa dell'Armata rossa: «Vota o sarà il tuo padrone». L'Altare della Patria schiacciato da un immenso scimmione con la stella rossa. Una bimbetta in fuga disperata davanti ai cingoli di un carro armato sovietico: «Salva i tuoi figli!». Messaggi ai quali i comunisti rispondevano affiggendo locandine con l'immagine di «Stalin, gigante del pensiero e dell'azione rivoluzionaria» e gridavano nelle piazze contro De Gasperi: «Vattene, vattene, schifoso cancelliere / se non ti squagli subito / son calci nel sedere!».

Insomma, nel Paese tirava un'aria pesante. Molto più pesante di quella che, per motivi che oggi ci appaiono in confronto stucchevoli o addirittura futili pignolerie, ha fatto via via fallire non una ma tre Bicamerali. Quelle presiedute dal liberale Aldo Bozzi nell'83-'85, da Ciriaco De Mita nel '93-'94 e infine da Massimo D'Alema nel 1997.

«Io quando entro lì, in Bicamerale, sento una vocina che mi chiama "papà". Mi sento veramente un padre costituente» scherzava Silvio Berlusconi. Poi si sa come finì: tutto a monte. Per dissensi in-sor-mon-ta-bi-li. «Questa Bicamerale è come una macchina con le ruote quadrate» rise Francesco Cossiga. «Finché è ferma può anche essere bella ma quando si mette in movimento...» Commento amaro di D'Alema: «Rifare le istituzioni è come rimettere a posto i giochi dei miei figli: ogni volta tornano in disordine».

I contrasti sulle questioni di principio tra Rino Formica e Alessandro Natta oppure tra Arnaldo Forlani e Achille Occhetto o ancora tra Rocco Buttiglione e Pietro Folena erano forse più insanabili di quelli che dividevano nel '47 il socialdemocratico Ivanoe Bonomi dal comunista Arrigo Boldrini o il democristiano Oscar Luigi Scalfaro dal socialista Lelio Basso in un'Italia uscita distrutta, insanguinata, dilaniata dalla guerra di liberazione partigiana contro i repubblichini alleati dei nazisti? Non diciamo stupidaggini. Lo spirito: quello era diverso. La generosità istituzionale. La volontà (al contrario della sinistra e della destra di oggi che hanno tentato ciascuna di imporre, senza il consenso altrui, modifiche alla Costituzione) di trovare una sintesi tra le diverse posizioni. Il rifiuto di farsi influenzare dagli interessi di bottega.

Un anno e mezzo scarso bastò, ai 556 uomini e donne dell'Assemblea costituente (meno di quanti siedono oggi nella sola Camera) a varare una Costituzione a lungo considerata, sia pure con qualche critica qua e là, un modello. Un anno e mezzo. Cioè sette mesi in meno di quelli che sarebbero stati impiegati dal Parlamento tra il 1999 e il 2001 per il «decreto sicurezza» annunciato in «tempi brevi». E meno del tempo sprecato durante l'ultima legislatura nel tentativo fallito di varare lo «sportello unico».

Eppure non fu mica un minuetto. Anche allora, sia pure non come oggi, c'erano un po' di partitini che volendo essere rappresentati pretesero che la «Commissione per la Costituzione» fosse composta non di 45 ma di 75 membri, a loro volta divisi in tre sottocommissioni ciascuna con un obiettivo diverso, così da procedere più velocemente. Il dibattito in aula vide complessivamente 1090 interventi. Sul progetto vennero presentati 1663 emendamenti. L'articolo sulla potestà legislativa delle Regioni spaccò le forze politiche fino a far sfiorare la rissa. E, dal di fuori, la Chiesa non perdeva occasione per dire la sua.

«Dall'una e dall'altra parte ci si batté con il randello, non con il fioretto» ha scritto Indro Montanelli. Basti ricordare l'invettiva di Pio XII in piazza San Pietro alla vigilia di Natale del 1946, nel pieno dei lavori della Costituente: «Dal suolo romano il primo Pietro, circondato dalle minacce di un pervertito potere imperiale, lanciò il fiero grido di allarme: resistete forti nella fede. Su questo medesimo suolo noi ripetiamo oggi con rinnovata energia: o con Cristo o contro Cristo; o per la sua Chiesa o contro la sua Chiesa».

Eppure, andarono avanti. Insieme. Cercando sempre, sempre, sempre un punto di accordo. Senza pretendere di averla vinta. E mentre nelle piazze litigavano preti e mangiapreti, beghine e anticlericali, ha scritto il costituzionalista Michele Ainis, l'Assemblea «rimase come un'isola, lontana e per l'appunto distaccata dalla terraferma in cui infuriava la buriana».

Per guadagnare tempo il «Comitato dei 18», l'agile pattuglia che pilotava i lavori, «si riuniva anche più volte al giorno e alle ore più impensate», notti comprese, talvolta. E di quelle loro fatiche non restano documenti, spiegò un giorno il presidente Meuccio Ruini, a causa di una scelta oggi impensabile: «Perché le intese fossero rapide non si tennero verbali». E il bello è che le critiche alla lentezza dei lavori, al numero dei componenti della Commissione e alla loro incompetenza furono tali che Ruini rispose in aula sbuffando: «Sì, è vero, la Dichiarazione dei diritti dell'uomo del 1789 fu stesa in dieci giorni; ma era un altro clima!». Duecentosettanta giorni di lavori, chiusi col cesello finale di una revisione «letteraria» del testo affidata a un terzetto di intellettuali finissimi guidato da Concetto Marchesi per il «bello stile», e ancora c'era chi si lamentava.

Era un'Italia che correva, quella. Che guardava avanti. All'ultimo istante Giorgio La Pira, che aveva una fede religiosa inversamente proporzionale all'attaccamento al potere, fu folgorato da un dubbio: la legge suprema della Repubblica, nella sua introduzione, aveva dimenticato Dio! Quel Dio che c'era nello Statuto albertino: «Per la grazia di Dio, re di Sardegna, di Cipro e di Gerusalemme, duca di Savoia, di Genova, di Monferrato, d'Aosta...». E perfino nella Costituzione mazziniana

La deriva

della Repubblica romana del 1849. Inaccettabile. Chiese dunque che l'esordio fosse: «In nome di Dio, il popolo italiano si dà la presente Costituzione».

Ah no, risposero i comunisti: abbiamo già votato il Concordato! La cosa rischiava di inceppare tutto, racconta Mario Cervi. Ma nessuno voleva la paralisi: «Il comunista Terracini esortò La Pira a ritirare la sua proposta "con la stessa nobiltà di cuore che l'aveva spinto a farla" e a Terracini si associò Francesco Saverio Nitti. (...) Soggetto a pressioni affettuose ma insistenti, La Pira finalmente rinunciò, allargando mestamente le braccia. Apparve così sconfortato, per la mancata accettazione d'una formula che gli pareva tanto necessaria quanto ovvia, che le sinistre applaudirono la sua rassegnazione, Nitti salì pesantemente alcuni gradini dell'emiciclo per stringergli affettuosamente la mano, e poi anche Togliatti gli si avvicinò con aria consolatoria».

E se quel Parlamento fu all'altezza del compito, altrettanto si può dire del Paese. La guerra, spiega *Cento anni di economia italiana* edito nel '62 dalla presidenza del Consiglio, aveva ridotto il patrimonio nazionale di oltre un terzo. Gli edifici distrutti erano più di tre milioni, gli impianti industriali per un quinto demoliti, la flotta mercantile annientata: da tre milioni e mezzo di tonnellate di stazza lorda a poco più di 400.000. Il reddito e i consumi erano scesi a meno della metà del '39. Eppure Milano era ancora impolverata dalle macerie dei bombardamenti che avevano ispirato Salvatore Quasimodo («Non toccate i morti, così rossi, così gonfi: / lasciateli nella terra delle loro case: / la città è morta, è morta») e già l'Italia ripartiva.

Un paio di dettagli sul mondo della politica dicono tutto. Nel 1946 il Paese era così povero che il primo bilancio di Montecitorio stanziava dei soldi per fornire ai deputati una tessera per viaggiare gratis sugli autobus e per i dipendenti un'«indennità di caro-pane». Poco più di tre lustri dopo, nel 1963, la stessa Camera spendeva 2.230.453 euro, in valuta attuale, per il circolo ricreativo, di cui oltre 500.000 euro per i soli arredi.

Un'accelerazione mai vista. E parallela a quella di una società che, dopo secoli di miseria, dava uno strappo alla storia

14

arrivando in una manciata di anni al benessere. Nell'immediato dopoguerra Tommaso Besozzi descriveva la calabrese Africo come fosse ancora immersa nel Medioevo: «Non hanno vino, né formaggio, né olio, né ortaggi. La terra non dà frutto. L'anno scorso ci fu uno che dissodò un campo nuovo e provò ancora una volta a seminarci grano: ne seminò 32 chili, ne raccolse 34».

E il fotografo Tino Petrelli, per tener buoni i bambini che mai avevano visto una Nikon, tirò fuori di tasca una caramella che Fortunata Bruzzaniti mezzo secolo dopo si ricorda ancora: «Ce la passammo, di bocca in bocca, tutti i bambini del paese. E chi l'aveva mai vista, una caramella? Per noi fu un giorno così speciale che quando sfollammo a Bova dopo l'alluvione ce ne vantammo coi bambini del posto: "Noi abbiamo assaggiato una caramella"».

All'isola di Batteria nel delta del Po, dice una lettera al «Gazzettino» del parroco di Pila, don Sante Gobbi, la gente viveva in casoni di canna e paglia impastata col fango e c'era «un caso di 15 persone costrette in una sola stanza: 8 adulti e 7 bambini» e nelle 29 casupole di Pila che avevano in tutto 105 camere abitavano 556 persone. Appena più a nord, in quella provincia di Treviso destinata a diventare di lì a poco ricchissima, i paesi continuavano a svuotarsi al punto che lo stesso giornale veneziano riferiva: «A Cison, Refrontolo, Follina, l'attuale popolazione residente è addirittura inferiore a quella esistente nel 1871».

Quella era l'Italia appena uscita dalla guerra. Un Paese dove fino al 1961, come ricorda la scena della retata di emigranti alla stazione Termini di Roma nel film *Il cammino della speranza* di Pietro Germi, era ancora in vigore una legge fascista del 1931 che vietava di spostarsi anche all'interno dei confini nazionali a meno di poter dimostrare «di esservi obbligato dalla carica, dall'impiego, dalla professione o di essersi assicurata una proficua occupazione stabile nel comune di immigrazione», pena il reimpatrio «d'autorità ai luoghi di provenienza».

Meno di quindici anni più tardi, «Oggi» pubblicava un articolo dal titolo strepitoso: *Andremo nella luna in tre ore e ventisette minuti*. Niente sembrava più impossibile. Proprio perché tutto ciò che era già successo pareva impossibile. Pochi numeri presi

La deriva

da una ricostruzione di Valentino Necco su «Storia illustrata» dicono più di mille analisi sociologiche: «Nel 1947 la Candy produceva una lavatrice al giorno, nel 1967 una ogni quindici secondi. Nel 1951 furono prodotti 18.500 frigoriferi, nel 1957 la cifra era di 370.000 e nel 1967 di ben 3.200.000. L'Italia era diventata il primo produttore europeo di elettrodomestici».

Quanto all'apertura ai mercati esteri, nel 1946 addirittura il 96 e mezzo per cento delle importazioni Oece (Organizzazione europea per la cooperazione economica) era soggetto a licenza. Nel '49 la percentuale era già scesa al 76, nel '54 a un residuo 1%.

La produzione industriale, che nel '47 era ferma al 70% rispetto a prima della guerra, ricostruirà sul «Corriere della Sera» Guido Vergani, «sale all'89% nel 1948, al 104 nel 1950, al 127 nel 1951. Le riserve valutarie saltano dai 70 milioni di dollari del '47 ai 440 del '48, agli 885 del '49, ai 921 del '51. La produttività torna ai livelli di prima del conflitto e in molti settori questo traguardo viene superato. Sta calando il febbrone. La lira si stabilizza. Il baratro è quasi alle spalle».

In quel 1951 in cui viene varata l'Inchiesta parlamentare sulla miseria, Guglielmo Tagliacarne, che darà vita all'omonimo istituto di studi economici, delinea un quadro dei principali Paesi europei impressionante: nonostante l'accelerazione, i 47 milioni di italiani hanno un reddito complessivo di 12,393 miliardi di dollari. La Germania Ovest, con una popolazione più o meno analoga, sta a 21,450. La Francia, con 5 milioni di cittadini in meno, svetta a 25,952. Per non dire della Gran Bretagna, che con 3 milioni di persone in più ha il triplo (34,080) del reddito nostro.

È lì che comincia la grande rimonta italiana. Negli anni Cinquanta. Con un'accelerata nei primi anni Sessanta. Un decennio e mezzo in cui il prodotto interno lordo sale a una media del 6% l'anno, senza mai scendere sotto il +4,5 e toccando il 7.

L'aumento di produttività oraria nei settori tessile e alimentare, spiega Necco, è del 4-5% ma «in quello chimico, automobilistico e siderurgico varia tra 8,5% e 11%. Tra il 1953 e il 1962 il margine di profitto nel settore tessile-alimentare aumenta dello 0-10%, nel settore dinamico del 28-55%». Nel

1958 gli italiani con un televisore sono 1 su 6, sette anni dopo quasi 5 su 10.

Una corsa a perdifiato. Che *Cento anni di economia italiana* riassume in pochi dati. Gli investimenti crescono alla media annuale del 9,2%. L'attività industriale del 9,5. Il mercato delle auto private di uno stratosferico 17,8. E i grandi cronisti corrono dietro a quelli che corrono di più. Come Giorgio Bocca, che nella Vigevano capitale delle scarpe inventa un incipit strepitoso: «Fare soldi, per fare soldi, per fare soldi: se esistono altre prospettive, chiedo scusa, non le ho viste. Di abitanti cinquantasettemila, di operai venticinquemila, di milionari a battaglioni affiancati, di librerie neanche una. (...) Tribù fameliche giungono dalle province venete e dalla Calabria; sui prati che videro galoppare i falconieri di Francesco Sforza sorgono, nel consueto disordine, baracche, villette e condomini; negli invasi delle risaie crescono i pioppi di pelle bianca e va spegnendosi il grido del sorvegliante "pianté ben tosann". Ora anche i braccianti della Lomellina si inurbano in questa Vigevano dove i contadini possono diventare ciabattini e i ciabattini industriali nel volgere di poche settimane...».

«È la rata che traccia il solco, ma la cambiale che lo difende!» spiegano i lanieri di Biella a Camilla Cederna. E lei, che lascerà agli storici altre immagini straordinarie di quell'Italia dei miracoli (come la veronese Cerea dei mobilifici: «Una moltitudine di castori che lavorano senza tregua in mezzo ai trucioli») descrive eccitata e ironica un mondo in vorticosa crescita: «Potevo vedere un vello? Ma come! In magazzino ce n'erano per due o tre milioni di chili!».

Una dozzina d'anni dopo la fine della guerra, nel settembre del 1957, mentre migliaia di veneti, calabresi, friulani e siciliani sono accampati nelle baracche alla periferia di Torino che saranno descritte da Goffredo Fofi, «l'Espresso» pubblica già un'inchiesta sui miliardari curata da Gianni Corbi, Mino Guerrini e la stessa Cederna: «Una donna ricca che tiene alla sua bellezza deve disporre di almeno due milioni l'anno. Ecco quello che spende in un solo mese: 8 massaggi al corpo, 12.000 lire; 4 sedute dal parrucchiere, 9000; 2 trattamenti al viso, 5000; 4 sedute di manicure, 2 di pedicure, 4000; un bagno di paraffina, 2000; una tintura ai capelli, 6000; tintura ciglia e sopracciglia, 2000; depilazione delle gambe e delle braccia, 4800; depilazione delle ascelle, 1400; creme, cosmetici e cipria, 25.000; profumi francesi, almeno 15.000; lavanda e colonia, saponi, talco, sali da bagno, 5000. In più, la sauna, i fanghi, il peeling vegetale, le piccole operazioni di estetica. La stessa signora spende dai 6 ai 10 milioni l'anno, se si veste in Italia, più del doppio se si veste a Parigi: escluse, naturalmente, le pellicce e i gioielli».

Certo, nel boom s'infilano un po' di corsari. Alcuni fanno il vino coi fichi. Altri inventano «l'olio di asino spremuto». Altri ancora allevano polli enormi gonfiandoli fino a ispirare una canzone a Fausto Amodei: «Ma i pollastri son più grassi se li castri, / e i capponi son castrati con gli ormoni, / che son cose sempre un po' pericolose, / tant'è vero che io, adesso, sono lì per cambiar sesso / e una femmina tra un po' diventerò».

Per non dire degli inventori della Volpe, una macchinetta microscopica per due persone (preferibilmente nane) lanciata da un fantastico filmino dei cinegiornali: «Oro! Oro ci vuole per saziare queste implacabili bevitrici di benzina!» tuona la voce fuori campo mostrando le altre auto che ingollano al distributore litri su litri di carburante. «Qui invece bastano gli spiccioli, il fondo di un innaffiatoio. Ci sono ragazze che fanno pazzie per le volpi azzurre. Più sagge, queste ragazze si sono accontentate della Volpe senza aggettivi. Così si chiama infatti la loro auto infinitesimale.»

Infinitesimale e inesistente: la Volpe non esiste. È solo un prototipo inventato per truffare alcune migliaia di persone.

È un'ossessione, farsi la macchina. Muoversi. Girare. Sulle strade, anche grazie alla benzina a buon mercato che incredibilmente nel 1960 cala di prezzo da 152 a 106 lire, circolano un milione di auto nel 1960, 4 milioni tre anni dopo. E la Fiat passa da 50.000 vetture prodotte nel 1950 a un milione e 750.000 nel 1966, l'anno in cui Vittorio Valletta, il genio «cit e gram» (piccolo e cattivo) che ha fatto grande la casa torinese, lascia il passo al giovane Gianni Agnelli. Come scrive ne *I ragazzi di via Po* Aldo Cazzullo, «la Fiat negli anni Cinquanta è tutto: dà senza contrattazioni ai suoi operai l'80% in più del minimo contrattuale, assiste con la sua mutua aziendale 182.000 persone tra iscritti e familiari (1 torinese su 5), paga 700 medici perché vigilino sulla salute degli operai, costruisce alloggi, manda un regalo a chi si sposa e a chi diventa papà». È un mito la Fiat, che arriverà a dominare un settimo del mercato europeo, è un mito la velocità. Su strada e in generale. Lo dimostra la costruzione di quello che è stato uno dei gioielli della rete stradale planetaria: l'Autostrada del Sole. Le date, rilette oggi, fanno girar la testa: la prima pietra viene posata il 19 maggio del 1956; il primo tronco da Milano a Parma è aperto il 7 dicembre del 1958; quello da Bologna a Firenze il 3 dicembre del 1960; quello da Roma a Napoli il 22 settembre del 1962. E il 4 ottobre del 1964, completati certi tratti qua e là, l'Autosole è finita. A questo punto, facciamo un passo indietro. E rileggiamo cosa aveva scritto il «Corriere della Sera» il giorno dopo l'apertura dei cantieri: «L'atto di nascita dell'Autostrada del Sole ha avuto ieri nelle campagne di San Donato Milanese una consacrazione solenne. Quella che in meno di 8 anni sarà l'arteria modernissima di grande e celere comunicazione fra Nord e Sud, attraverso l'Appennino».

L'inaugurazione in realtà, spiega nel libro *L'Autostrada del Sole* Enrico Menduni, fu una bufala propagandistica. Il 27 maggio erano fissate le elezioni amministrative, il governo di Antonio Segni voleva far bella figura e visto che il capo dello Stato, Giovanni Gronchi, era di passaggio a Milano per far visita a sua sorella, presero un terreno di proprietà dell'Eni, gli diedero una passata d'asfalto e fecero scolpire un «cippo marmoreo sistemato in mezzo allo spartitraffico dell'autostrada-fantasma, adorna dei gonfaloni delle città che avrebbe in futuro attraversato». Dedica, si capisce, in latino: «Quam desiderium populi atque amor – iter soli obvium – vulgo cognominavit...».

Otto anni avevano previsto, però, e otto anni ci misero. Per 755 chilometri. Novantaquattro chilometri l'anno. Con le tecnologie di allora. Con 15 milioni di giornate lavorative, 54 milioni di metri cubi scavati, 16 milioni di metri quadrati di asfalto, 113 ponti e viadotti di gran luce, 740 opere minori, 572 ca-

La deriva

valcavia, 38 gallerie, 57 raccordi alla viabilità ordinaria e perfino 5 «cappelle per servizio religioso». Con una spesa complessiva di 272 miliardi dell'epoca. Pari a 4 milioni di euro di oggi a chilometro. Nonostante le risse tra i notabili di Arezzo, Siena e Perugia assolutamente tutti sicuri che il tracciato migliore fosse quello che passava per la città loro. Nonostante le manifestazioni di piazza di comitati quali quello dei medici e degli infermieri di Fidenza che non volevano assolutamente che l'autostrada attraversasse i terreni espropriati all'ospedale. Nonostante le rivolte popolari come a Ponticelli, alla periferia di Napoli, dove per opporsi all'abbattimento di una baraccopoli vennero organizzati blocchi stradali, a leggere le cronache di allora, con donne incinte e perfino vacche incinte (pensa te...) messe di traverso.

L'impegno era di consegnare la Milano-Firenze entro il 1960. E per rispettarlo fecero di tutto. Divisero il percorso in 27 lotti, assegnati a 27 diverse imprese che misero al lavoro 27 progettisti, col risultato che ponti e viadotti furono costruiti uno diverso dall'altro. Ma ce la fecero, quei dannati. Arrivando al punto, spiega Menduni, che per fare certi ponti ad arco, utilizzarono talvolta, «senza smontarla, l'impalcatura servita per costruire il ponte di una carreggiata anche per costruire la seconda, spostandola in una sola giornata di lavoro». Una giornata!

Per fare più presto, prosegue lo storico, «si lavorava a turni, senza interruzione, ventiquattr'ore su ventiquattro. Gli operai, quasi tutti montanari dei paesi più poveri dell'Appennino, vivevano nelle baracche costruite di fianco ai cantieri, in condizioni estreme e arcaiche. Il cappellano del cantiere di Barberino di Mugello era don Renzo Forconi, priore della chiesa di Santa Lucia alla Futa, non lontana da Barbiana dov'era priore don Milani. Nel maggio del 1959 il cappellano portò 400 lavoratori in udienza dal papa, che era Giovanni XXIII. Il pontefice ebbe parole di apprezzamento per l'impresa: "Voglia Iddio che questa ardimentosa e nobile fatica segni il congiungimento felice dei punti più lontani della Penisola"».

Fu l'unica pausa, probabilmente, di un periodo di lavoro infernale. Fatto sta che ci riuscirono: nel dicembre del 1960 il

20

tratto più difficile dell'Autosole era pronto. Era costato «tanto denaro (71 miliardi, contro i 44 dell'intera Milano-Bologna) molti sacrifici, e anche molte vite: 15 morti e più di 3000 infortuni sul lavoro». Ma ci riuscirono. E il successo dell'impresa fu tale che perfino «l'Unità» e l'«Avanti!» resero omaggio all'opera. Anche se, non avendo idea di cosa sarebbe successo in futuro, criticarono le tariffe eccessive, gli infortuni, le speculazioni sui terreni e, addirittura, i ritardi. Otto anni. Per collegare Milano a Napoli. Contro i 22 anni già impiegati a partire dal 1986 per fare 23 chilometri della Pordenone-Conegliano, quasi inutilizzabili finché non sarà costruito l'ultimo lotto di 3 chilometri e 717 metri, al costo folle di oltre 22 milioni di euro al chilometro. Il quintuplo abbondante di quanto costò l'Autosole. E parliamo di una delle aree di punta di quel Nordest che ama dipingersi come una terra di efficienza e spacciarsi per «la locomotiva d'Italia».

Al Sud va ancora peggio. Basti dire che l'autostrada Siracusa-Gela di 140 chilometri, progettata nel 1974, è stata inaugurata a metà marzo del 2008, dopo 34 anni e solo per un tratto di 14 chilometri.

In un Paese serio, paonazzi dalla vergogna, i protagonisti dello scandalo avrebbero fatto tutto alla chetichella. Macché, ha scritto Felice Cavallaro: se ne sono vantati. Con tanto di «notabili, taglio di tricolore, benedizione vescovile, fanfara e dolcini».

2

Sempre più ai padri, sempre meno ai figli

E ogni neonato ha 250.000 euro di debito pensionistico

«Siete vecchi! Vecchi! Vecchi!», ride quel monello sessantaseienne di Oliviero Toscani, al quale Fiorello ha dedicato un tormentone: «Vecchi! Vecchi! Vecchi!». Il nonno di Luigi Pirandello ne avrebbe sorriso facendo spallucce: prima di morire a soli 46 anni, come racconta Andrea Camilleri nella *Biografia del figlio cambiato*, aveva già fatto con la moglie la bellezza di 24 figli. E ne avrebbero sorriso le fertili mamme fasciste che il Duce convocò un giorno a Roma per additarle a modello di tutte le italiane: erano 93 e avevano tutte insieme 1310 figli: 14 a testa. Noi no, non possiamo fare spallucce. Basti dire che dal 1961 a oggi, se non contiamo gli immigrati, siamo cresciuti di circa 6 milioni di persone mentre il mondo raddoppiava da 3 a 6 miliardi di abitanti. Eravamo allora, noi italiani, un 58° dell'umanità: oggi siamo un 115°. Dimezzati. Per ognuno di noi c'erano, da Tangeri a Città del Capo, 4 africani e mezzo scarsi: oggi ce ne sono 14.

Stando ai dati dell'Assemblea mondiale sull'invecchiamento di Madrid, l'età media della popolazione mondiale è di 26 anni. Con due estremi: da una parte lo Yemen (15 anni di età media) e dall'altra il Giappone e l'Italia: 41. Ma sono dati del 2002. E se i numeri del mondo sono rimasti più o meno quelli, i nostri sono diventati ancora più preoccupanti. Spiega una tabella della Population Division delle Nazioni Unite rielaborata da Gianpiero Dalla Zuanna, docente di Demografia a Padova, che nel 1950 la nostra età media era esattamente in linea con gli altri Paesi industrializzati: 29 anni da noi, 29 nel resto dell'Occidente e in Giappone. Da allora, però, noi abbiamo accelerato. Col risultato che nel 2010 i Paesi industrializzati staranno un po' sotto ai 40 anni e noi svetteremo a 42,8. Attenzione: solo grazie agli immigrati. Se non fosse per loro, saremmo già a 43 anni e mezzo. Come i giapponesi che, ostili all'arrivo di stranieri, cominciano a essere preoccupati. Logico: che futuro puoi avere, se hai il doppio dell'età media dell'umanità? Si vive di più e si resta in gamba più a lungo. A prendere come base il censimento del 1961, centenario dell'Unità d'Italia, la speranza di vita è aumentata in Italia di 2 anni e mezzo a decennio. Nessuno, spiega lo studioso di demografia Massimo Livi Bacci, avrebbe immaginato allora una cosa simile: «Così come non sarei così ottimista oggi sull'idea che la speranza di vita continuerà meccanicamente a salire. Per esempio non è detto che possiamo continuare a permetterci questo sistema sanitario. In Russia, quando saltò tutto, la speranza di vita si abbassò. Quindi, cautela...».

Guai a prendere i numeri per oro colato. Sottovalutarli, però, può essere fatale. Tanto più se da un lato confortano, dall'altro mettono spavento. Secondo i calcoli dell'Istat nel 2016 gli ultrasessantenni saranno 17.459.984, pari a tutti gli abitanti della Liguria, della Lombardia, del Veneto, del Friuli-Venezia Giulia e del Trentino-Alto Adige messi insieme. Gli ultrasettantenni saranno 9.549.242, come tutti gli abitanti della Lombardia. Gli ultraottantenni 4.080.881, come tutti gli abitanti dell'Emilia Romagna. Gli ultranovantenni 769.914, come tutti gli abitanti dell'Umbria. Evviva. Però...

Silvio Berlusconi, in una conferenza stampa alla vigilia delle elezioni del 2006, disse che era merito suo. Si astenne, per l'innata modestia, dal rivendicare anche il parallelo innalzamento dell'aspettativa di vita di tutti gli occidentali, ma quello italiano, glielo dovevano riconoscere: «Ho l'orgoglio di dire che il mio governo ha incrementato l'aspettativa di vita degli italiani da 78 a 80 anni, e per le donne da 81 a 83 anni. Ma siccome puntiamo tutti, io ne sono convinto, a 100 anni, chiedo di quanto sarà ridotta la mortalità per cancro con le novità che stiamo introducendo nel campo della ricerca e terapia oncologica».

Al di là delle vanità, una classe dirigente seria deve o non deve porsi un problema enorme come questo? Spiega Philip Longman nel libro *The Empty Cradle* (La culla vuota) che negli Stati Uniti

sono preoccupati perché nel 2050, nonostante gli alti tassi di immigrazione, l'età media sarà di 39,7 anni e un quinto della popolazione avrà più di 65 anni. Preoccupazione giusta: «L'Ufficio di Bilancio del Congresso stima che i costi per i programmi "Medicare" e "Medicaid" aumenteranno vertiginosamente dall'attuale 4,3% del prodotto economico nazionale al 21%».
Noi siamo già oltre: un quarto degli italiani ha più di 60 anni. Eppure sembra d'essere rimasti al dibattito parlamentare del marzo '68 sull'abolizione delle pensioni di anzianità introdotte tre anni prima anche per il comparto privato dal governo di Aldo Moro. Un dibattito incredibile. Dominato da un cieco e corale populismo. «Non è lecito al governo trincerarsi dietro le difficoltà finanziarie del sistema previdenziale», disse il segretario del Pci Luigi Longo. «Anziché realizzare economie sarebbe più opportuno migliorare il sistema per venire incontro ai lavoratori dipendenti» tuonò il missino Achille Cruciani. «Purtroppo resta inalterato il carattere fondamentalmente contributivo della pensione mentre solo l'elaborazione d'una pensione-base finanziata dall'intera collettività mediante il prelievo fiscale potrà consentire la realizzazione dell'obiettivo finale di una pensione pari all'80% dell'ultima retribuzione» si lagnò il democristiano Carlo Borra.
Deliri. L'aspettativa di vita era allora di poco più di 68 anni per l'uomo e 73 per la donna e si dirà che non era chiaro quanto sarebbe successo. Quell'Italia era talmente giovane che l'età media di certi quartieri operai come le Casermette di Altessano, alla periferia di Torino, era intorno ai 15 anni: come oggi nello Yemen. E Camilla Cederna sbuffava: «I giovani d'oggi. I giovani e l'amore. I giovani e la scuola. I giovani e la pillola. La parola ai giovani. I giovanissimi come gruppo di pressione. I giovanissimi e i beni di consumo. Interroghiamo i giovani. Il problema dei genitori visto dai giovani. I giovani e la guerra. L'angolo dei giovani. I giovani e la vita di clan. Comodo esser giovani oggi! La casa giovane. La moda giovane. Pubblico giovane. Maquillage giovane. È un formaggio giovane. Un paese giovane, i giovani del boom...». Uffa, i giovani!
Quattro decenni dopo, i giovani di allora si rifiutano di ve-

dere ciò che è sotto i loro occhi. Basta rileggere i giornali del settembre 2006. Quando, impallinato sull'ipotesi d'innalzare la soglia della pensione a 62 anni, l'allora ministro del Lavoro Cesare Damiano si precipitò a precisare che, per carità, l'intenzione del governo era «di abbassare sotto i 60 anni il limite minimo di età pensionabile».

Al che il suo collega Paolo Ferrero, convinto che «disturbare il manovratore» è il «miglior modo di far vivere il governo» (si è visto, si è visto...) spiegò: «Ma quanto vogliamo farli restare in fabbrica? Trentacinque o trentasei anni di lavoro, a seconda di quando si arriva all'età della pensione, mi sembrano sufficienti». Tesi rafforzata da Guglielmo Epifani della Cgil il quale, nella scia degli scriteriati di un tempo, arrivò a sostenere: «Non si tratta con la calcolatrice». Per non dire del suo collega Raffaele Bonanni, della Cisl: «Non vivo su Marte. So benissimo che la vita media si allunga e si dovrà necessariamente alzare l'età, ma...». Ma? «Intanto vorrei che s'affermasse il principio della libertà di andare in pensione quando si vuole.» Fino alle sentenze del segretario neo-comunista Franco Giordano: «Occorre abbattere lo scalone e abbassare l'età pensionabile». Davvero? «Il tempo delle lacrime e del sangue per noi è tramontato definitivamente.» E poi chi glielo spiega alle agenzie di rating internazionale? «Non dobbiamo farci condizionare da queste cose.»

La verità, ha scritto Francesco Giavazzi dando ragione a Tito Boeri ed Emma Bonino che per primi avevano polemizzato sul tema, «è che sindacati e sinistra radicale non vogliono alcun innalzamento dell'età: preferiscono un gigantesco scalone, dai 57 ai 70 anni, purché non si applichi a noi ma solo ai nostri figli». Figli che, dice il saggio *Contro i giovani* dello stesso Boeri e di Vincenzo Galasso, hanno oggi sul gobbo «80.000 euro di debito pubblico e 250.000 di debito pensionistico» a testa. Debito accumulato «non tanto per costruire infrastrutture, migliorare la qualità dell'istruzione o della vita nelle grandi città, ma per pagare pensioni di invalidità a volte di dubbia assegnazione, creare posti pubblici spesso inefficienti, concedere pensioni baby e generose pensioni di anzianità, cedere a pressioni di rappresentanze di interessi molto specifici e di breve respiro».

Voragini di follia. Riassumibili nel caso della bidella friulana Ermanna Cossio, andata in pensione a 29 anni col 94% (avete letto bene: novantaquattro per cento) dell'ultimo stipendio. O quello della sua collega milanese Francesca Zarcone. La quale, accumulando un po' di contributi come operaia in una tappezzeria e poi facendo un po' di supplenze come «ausiliaria», riuscì a mettere insieme abbastanza versamenti per andare in pensione (era sposata e aveva figli quindi le bastavano 14 anni, 6 mesi e un giorno) meno di un anno dopo l'assunzione definitiva. Entrata in ruolo nel settembre '82, presentò la domanda di pensione (col ricongiungimento degli anni nell'artigianato) quattro mesi dopo. E smise di lavorare il 1° agosto successivo. In totale aveva pagato di contributi l'equivalente attuale di poco meno di 16.700 euro. E ne ha ricevuti, da allora, 250.000. Un po' di casi come il suo e andrebbe in fallimento anche il sultano del Brunei. Eppure, guai a parlarne: diritti acquisiti. Sacri. Eterni. E i giovani destinati a prendere una pipa di tabacco? Amen. Diritti acquisiti.

La solita sinistra? No: la solita classe politica italiana. Tanto è vero che a destra, nei giorni caldi dello scontro tra unionisti e rifondaroli del settembre del 2006, si levò incredibile la voce di Giulio Tremonti, che pure aveva avuto a lungo in mano i cordoni della borsa: «Vogliono mettere i pensionati nel tritacarne. Chi può andare in pensione ci vada subito».

Una tesi bizzarra ed estranea non solo alla moderna destra europea ma perfino alla moderna sinistra continentale, che ha portato a compimento riforme del welfare molto più coraggiose che da noi. E in linea, piuttosto, con la furbata di varare sì lo «scalone» ma di farlo scattare nella legislatura successiva così che la sua effettiva applicazione sarebbe stata una rogna del governo subentrante. E col populismo che nel '95 aveva spinto Berlusconi a fare un appello elettorale per rassicurare gli anziani spaventati dalla riforma ipotizzata da Dini e abortita dopo le proteste di piazza: «Una delle mie zie mi aveva promesso la torta di compleanno con le candeline se avessi mantenuto la promessa di non toccare i diritti acquisiti. Avrò la torta». Sottinteso: dopo la torta, datemi anche i voti.

Che le case di riposo siano elettoralmente da preferire agli asili e alle scuole, agli occhi di chi vive di politica, è fuori discussione. Anzi, diciamolo: dopo Hugh Hefner, l'editore miliardario di «Playboy» che a 82 anni suonati è stato rimorchiato da tre esuberanti coniglette, Kendra, Holly e Bridget che insieme non arrivano a farne ottanta, nessun nonnetto è stato corteggiato (sotto elezioni) quanto gli italiani d'una certa età. L'elettore medio ha 47 anni. I ragazzi dai 18 ai 24 anni che votano sono circa 4 milioni. I loro genitori o nonni sopra i 60 più o meno il triplo. Conclusione: i pensionati sono il terreno sul quale si vince o si perde.

Ma è giusto per motivi di bottega elettorale caricare tutto sulle spalle dei nostri figli? L'economista americano Lester Thurow non ha dubbi: i conflitti di classe del futuro potrebbero opporre «non più ricchi e poveri ma vecchi e giovani». E cita come esempio Kalkaska, nel Michigan, dove la maggioranza degli elettori, anziani, è arrivata, per comprare degli spazzaneve, a votare una delibera che tagliava i fondi alle scuole costringendole a chiudere con molte settimane di anticipo. Che futuro ha, un Paese dove i nonni rubano risorse ai nipotini?

È giusto, ha chiesto Francesco Giavazzi nel mezzo delle risse sullo «scalone», «che oggi si vada in pensione a 57 anni, sapendo che i nostri figli dovranno lavorare fino ai 70? In Spagna e Olanda il limite è 65 anni; in Svezia 65 con 40 di contributi; in Germania 63 e 35 di contributi; in Francia, dal 1° gennaio del 2009, si dovrà aver versato 40 anni di contributi; in Svizzera 65 e 44 di contributi».

L'attore George Burns, premio Oscar per *I ragazzi irresistibili*, ci rideva su: «Andare in pensione a 65 anni è ridicolo. A 65 anni avevo ancora i brufoli».

Ma il commentatore del «Corriere» spiegava in quell'editoriale che c'era poco da sorridere: «Oggi in Italia vi sono 3 anziani, persone dai 65 anni in su, ogni 10 persone in età di lavoro». Peggio: «Fra quindici anni ve ne saranno 4; nel 2050, quando i nostri figli vorranno andare in pensione, 7. Cioè 10 persone in età di lavoro dovranno produrre abbastanza per sostenerne oltre 17». Impossibile.

La tabella dei calcoli è sotto gli occhi di tutti. L'ha composta la Commissione Brambilla e dice che chi va oggi in pensione a 58 anni con 35 di contributi, può aspettarsi di viverne mediamente, con l'allungarsi della speranza di vita, altri 25. Abbondanti. Solo in parte coperti dai versamenti fatti nei decenni di lavoro. Dopo aver incassato quanto aveva accantonato, l'ex impiegato pubblico verrà mantenuto dalla collettività per altri 10 anni, l'ex dipendente privato per altri 8, l'ex artigiano o il commerciante per altri 20, quasi. E si tratta di calcoli del 2001. Da ritoccare al rialzo.

Va da sé che per affrontare un futuro a rischio come il nostro, ci vorrebbe un ceto dirigente giovane, consapevole e deciso a sfidare l'impopolarità scommettendo sul domani o addirittura sul dopodomani. Ma è lì che il cane si morde la coda: la classe dirigente è vecchia quanto il Paese. E forse di più. Vecchi sono i mondi della scuola e dell'università, di cui parliamo a parte. Vecchio il mondo della sanità. Vecchio il mondo dei sindacati, nel quale i pensionati sono ormai la metà degli iscritti. Vecchio il mondo degli ordini professionali, che si chiude a riccio per difendere le rendite di posizione ogni volta che si profila una riforma.

Spiega il saggio *Elite e classi dirigenti in Italia*, a cura di Carlo Carboni, che nel 2007 il panorama era pressoché analogo a quello di dieci anni prima: «Due personaggi su tre erano presenti tra le élite già nel 1998: un cerchio del potere molto ampio, circa i due terzi dell'intera élite, immutato e consolidato nel corso del tempo, ma invecchiato». Il confronto coi primi anni Novanta (non il dopoguerra: gli anni Novanta!) dice che, tra quelli che contano, i «giovani» sotto i 35 anni sono praticamente assenti, «i quarantenni» sono «meno di un quinto delle élite (18,6%), mentre quindici anni fa erano quasi un quarto» e perfino i «cinquantenni», dai 51 ai 65 anni, sono vistosamente scesi dal 50 al 43%. Insomma: il potere è sempre più nelle mani degli ultrasessantacinquenni: quindici anni fa erano un quarto, adesso un terzo abbondante: 35,8%.

Boeri e Galasso hanno messo a confronto le 40 maggiori società italiane e le 500 maggiori società statunitensi: «I top manager italiani sono solo di poco più vecchi dei loro omologhi statunitensi: hanno mediamente 58 anni, contro i 56 negli Stati

Uniti». Ma la nostra media, nella tradizione del capitalismo familiare, è abbassata solo dai figli d'arte. Il che stravolge tutto, rendendolo poco indicativo.

Gioacchino Paolo Ligresti, 39 anni, alla guida di Atahotels, è figlio di Salvatore, grande immobiliarista finito nei guai con Tangentopoli e oggi proprietario della Fondiaria-Sai, dove è presidente l'altra figlia in carriera, Jonella. Matteo Montezemolo, 31 anni, impegnato nel fondo Charme è figlio di Luca, presidente della Fiat, della Ferrari e di Confindustria. Azzurra e Francesco Caltagirone, 35 e 40 anni, impegnati rispettivamente nella gestione del «Messaggero» e del «Mattino» nonché della Cementir, sono figli di Francesco Gaetano, il quinto uomo più ricco d'Italia. Matteo Colaninno, 36 anni, vicepresidente della Piaggio e deputato democratico, è figlio di Roberto, che della Piaggio è presidente dopo avere amministrato l'Olivetti e Telecom Italia. Per non parlare del vicepresidente della Fiat e della Ifil, John Elkann, il cui nonno era Gianni Agnelli, o di Pier Silvio Berlusconi, 39 anni, vicepresidente di Mediaset in quanto figlio, con Marina lei pure entrata «giovane» tra le donne più potenti d'Italia, di Silvio, fondatore di Edilnord, Fininvest e Forza Italia.

Per carità, saranno tutti bravissimi. Ma avrà pesato o no, nella loro carriera, l'essere figli di papà? Certo, come ricordano i due animatori de «Lavoce.info», ci sono a volte figli ancora più bravi dei padri ma «molto più spesso i figli d'arte, se va bene, finiscono per mantenere l'esistente anziché pensare in grande. Quando invece va male, l'azienda chiude i battenti. La staffetta fra padre e figlio alla guida di un'azienda non solo riduce la mobilità sociale, ma ostacola anche la crescita delle imprese. Si cresce poco perché si ha paura di separare la proprietà dal controllo, la famiglia dal management dell'impresa, dunque si teme di non potere un domani trasferire ai figli un ruolo nella gestione dell'azienda, anziché solo la proprietà».

Si dirà che è sempre stato così. Che anche Leopoldo Pirelli, Gianni Agnelli e Pietro Marzotto presero in mano da giovani i rispettivi gruppi perché erano di famiglia. Vero. E si dirà che anche recentemente si sono visti giovani come Alessandro Profumo salire ai vertici del Credito Italiano a 40 anni o Corrado Passera dell'Olivetti a 38. Vero. Il fortissimo slittamento in avanti dell'età in cui i giovani arrivano generalmente al potere, però, è fuori discussione. E ce lo dimostra lo stupore che proviamo nello scoprire che Enrico Cuccia diventò capo di Mediobanca a 38 anni. Che Ettore Bernabei fu messo al timone della Rai a 39. Che Gabriele Pescatore si vide affidare da Alcide De Gasperi una creatura gigantesca come la Cassa per il Mezzogiorno, i cui primi anni furono straordinari, a 35. Una cosa oggi quasi inimmaginabile.

Dove però sono abnormi l'invecchiamento della classe dirigente e la chiusura verso i giovani, è nel mondo della politica. Prendiamo i capi dello Stato? Nessuno, neppure Elisabetta II d'Inghilterra che regna dal 1953, quando al governo c'era Alcide De Gasperi ed era ancora vivo Henri Matisse, è vecchio quanto Giorgio Napolitano. Il quale ha 13 anni più di re Juan Carlos sul trono dal lontano 1975, quasi 20 anni più del tedesco Horst Köhler o di re Gustavo di Svezia, 30 più del francese Nicolas Sarkozy...

Quanto a Silvio Berlusconi, mentre invocava le immediate elezioni e si proponeva per la quinta volta come candidato della destra, sventagliava un sorrisone giovanilista avendo 17 anni più di Tony Blair e di José María Aznar, già fuori dalla politica attiva dopo aver passato rispettivamente dieci e otto anni alla guida dei rispettivi governi, 16 più di Vladimir Putin che non poteva più essere rieletto presidente della Russia avendo già ricoperto due mandati, 10 più di Bill Clinton che dopo essere stato eletto alla Casa Bianca a 46 anni la lasciò nel lontano 2000.

I confronti internazionali sono impietosi. Basti dire che da Abraham Lincoln in qua solo 6 presidenti americani (Rutherford Hayes, Harry S. Truman, «Ike» Eisenhower, Gerald Ford, Ronald Reagan e George Bush senior più Franklin Delano Roosevelt, ma solo al quarto mandato) sono stati eletti quando avevano già 60 anni. Tutti gli altri sono entrati alla Casa Bianca più giovani. A volte molto più giovani, come John F. Kennedy. E neppure Ronald Reagan, se non al secondo mandato, è stato mai eletto a più di 70 anni.

Per carità: l'età non è tutto. Ci sono fior di ottantenni brillanti e di quarantenni tromboni. Ma sarà un caso che altri governi e governanti diano un'impressione di freschezza, apertura, coraggio da noi impensabili? Sarà un caso che dei Paesi più competitivi del pianeta nella classifica Global Competitiveness Report 2006-2007 sette su dieci (Finlandia, Svezia, Danimarca, Singapore, Germania, Olanda e Gran Bretagna) abbiano ministri in larga parte giovani anche in posti di responsabilità e premier sulla cinquantina o comunque sotto i sessanta, l'età media sfiorata dal governo Prodi? Perfino la Cina, dove i brontosauri comunisti si erano imbullonati su una millenaria tradizione gerontofila ma gli astri nascenti hanno spesso meno di trent'anni, ha capito l'obbligo di una svolta. Hú Jǐntāo, l'attuale presidente della Repubblica Popolare, è diventato capo dello Stato a 61 anni. Venti meno di quanti ne aveva al momento dell'elezione Napolitano.

Anche da noi, una volta, andava così. Al momento di installarsi alla guida del primo governo Camillo Benso di Cavour aveva 41 anni, Marco Minghetti 45, Amintore Fanfani 46, Aldo Moro (che era stato a 30 deputato alla Costituente, a 32 sottosegretario agli Esteri, a 39 ministro della Giustizia) 47, Giovanni Goria 44. Per non dire di Benito Mussolini che andò a impossessarsi del governo quando ne aveva 39. Sette di meno della nipotina che coi suoi 46 anni è la mascotte dei leader di partito. I quali, di anni, ne hanno mediamente 55. Tre in meno della soglia per andare in pensione con lo «scalino». C'è da stupirsi se sui temi dell'invecchiamento, a partire dalla bomba previdenziale che scoppierà in mano ai nostri figli, sono tutti un po' distratti?

Ci penseranno domani. O dopodomani. O dopo-dopo-domani...

3

Bolli, sempre bolli, fortissimamente bolli

Per aprire una trattoria 71 timbri, per una licenza edile 27 mesi

Chi è il dr. Federico Lasco? Porta i mustacchi a manubrio irrigiditi col sego? Va a letto con i capelli avvolti nella retina? Si è già avventurato sulla macchina per scrivere, industrioso apparecchio brevettato nel 1855 dall'avvocato novarese Giuseppe Ravizza col nome di «cembalo scrivano» o intinge ancora il pennino nel calamaio? Ha già scoperto lo spericolato velocipede a due ruote a propulsione muscolare umana (i più trendy lo chiamano bicicletta) o addirittura il «quadriciclo con motore anteriore a scoppio» che i contemporanei hanno battezzato automobile? O va ancora in ufficio, guardingo al passaggio dei calessi, segnando il passo col bastone da passeggio?

La curiosità non ci fa dormire: chi è questo figlio della polverosa burocrazia ottocentesca che nel Terzo Millennio ormai inoltrato, in qualità di coordinatore dell'Agc 12, ha firmato il seguente annuncio pubblicato a pagamento sul «Corriere»? «La Regione Campania, con sede in Napoli Via Porzio – Centro Direzionale Isola A16, indice gara europea a procedura aperta ai sensi del D.Lgs. 1631/2006 e s.m.i. per l'affidamento di servizi di "Supporto consulenziale e assistenza tecnica specialistica per l'attuazione del Piano d'Azione per lo Sviluppo Economico Regionale"...»

«Supporto consulenziale»! Come sarà venuto in mente, al dr. Federico Lasco? Italo Calvino, che dedicò energie preziose a creare le più strampalate idiozie burocratiche di quella che chiamava «l'antilingua», non s'avvicinò neppure a queste vette. I burocrati, diceva, fuggono come la peste «ogni vocabolo che abbia di per se stesso un significato». Ricordate uno dei suoi esempi? Il cittadino dichiarava: «Stamattina presto andavo in cantina ad accendere la stufa...». E il brigadiere verbalizzava: «Il sottoscritto, essendosi recato nelle prime ore antimeridiane nei locali dello scantinato per eseguire l'avviamento dell'impianto termico...». Lui e il geniale Marcello Marchesi, che nella scia ironica di Vittorio Alfieri tuonava «bolli, sempre bolli, fortissimamente bolli», ne facevano una ridente parodia. Ma il dr. Lasco e gli altri trinariciuti «burontosauri» del timbro, fanno sul serio. Impermeabili alla semplificazione imposta dai computer o dagli sms. Incapaci di arrossire d'imbarazzo per gli sberleffi di corsivisti quali Sebastiano Messina che forse per primo denunciò l'esistenza dell'Ucas, l'Ufficio complicazione affari semplici. Indifferenti a tutte le raccomandazioni dei ministri che hanno tentato via via di costringerli a parlare come mediamente parlano gli esemplari normali di razza umana.

Certo, l'ammorbante onnipresenza dei burontosauri nella vita italiana non è nuova. Lo capisci leggendo la geniale *Concessione del telefono* dove Andrea Camilleri ha ricostruito l'odissea cartacea di un cittadino che implora a fine Ottocento di avere una linea telefonica: «Il sottoscritto Genuardi Filippo, fu Giacomo Paolo e fu Posacane Edelmira, nato in Vigàta (provincia di Montelusa), alli 3 del mese di settembre del 1860 e quivi residente in via Cavour n. 20, commerciante in legnami, temerariamente s'azzardò, in data 12 giugno corrente anno, vale a dire due mesi esatti orsono, di sottoporre alla magnifica generosità, alla larga comprensione e alla paterna benevolenza di Vostra Eccellenza una supplica onde venire informato degli adempimenti necessari (documenti, certificati, attestazioni, testimonianze, deposizioni giurate) alla formulazione di una domanda tendente ad ottenere la concessione governativa di una linea telefonica per uso privato».

In un articolo sul «Corriere» del 1919, il futuro capo dello Stato Luigi Einaudi è furente con Roma dove «spadroneggia un piccolo gruppo di padreterni, i quali si sono persuasi, insieme con qualche ministro di avere la sapienza infusa nel vasto cervello». Ce l'ha col governo di Vittorio Emanuele Orlando: «Non mantiene le promesse, impedisce con i suoi vincoli il movimento a coloro che avrebbero voglia di agire, fa perdere quei mercati che gli industriali italiani erano riusciti a conquistare, prepara disastri al Paese, accolla sempre nuovi oneri alle industrie...». Ce l'ha con la sua mania di controllare tutto, mettere le mani su tutto, immaginare «monopoli che non sa poi come amministrare», rivendicare compiti che poi non sa assolvere impedendo allo stesso tempo che «provvedano i privati». Ce l'ha con le fissazioni burocratiche come l'invenzione degli Istituti dei consumi, grazie a cui «magistrati, professori, segretari di prefettura, postelegrafici perderanno il proprio tempo ad annusar formaggi e negoziar merluzzi».

Basta, scrive Einaudi: «Bisogna licenziare questi padreterni orgogliosi, i quali sono persuasi di avere il dono divino di guidare i popoli nel procacciarsi il pane quotidiano. Troppo a lungo li abbiamo sopportati. I professori ritornino ad insegnare, i consiglieri di Stato ai loro pareri, i militari ai reggimenti e, se passano i limiti d'età, si piglino il meritato riposo, gli avvocati non si impiccino di fare miscele di caffè o di comprar pelli o tonni. Ognuno ritorni al suo mestiere». E poi «si sciolgano commissioni, si disfino commissariati e ministeri. Nessun decreto luogotenenziale sia prorogato oltre il termine prefisso, sicché un po' alla volta tutta questa verminaia fastidiosa sia spazzata via. Coloro che lavorano sono stanchi di essere comandati dagli scribacchiatori di carte d'archivio».

Era un qualunquista, Luigi Einaudi? Un demagogo? Un populista? Ma per favore! Forse, se i politici «padreterni» di allora lo avessero ascoltato senza fare spallucce, tre anni dopo ci saremmo evitati la Marcia su Roma. E quel Benito Mussolini che proprio sulla burocrazia puntò più di quanto certi nostalgici ricordino: «Dir male dei burocrati è facile, è comodo ed è un vezzo sciocco da pigri. Io sono un burocrate da più di venti anni e devo dire che ho un'immensa considerazione di loro».

Quanto al linguaggio della burocrazia fascista, valga per tutte una disposizione del 26 settembre 1928: «Perché la stampa possa sempre più cooperare all'opera di moralizzazione e di educazione delle masse è indispensabile che abbia la più rigorosa applicazione la circolare telegrafica n. 806, diramata da S.E. il Capo del Governo in data 9 gennaio 1926, che riguarda la smobilitazione della cronaca nera, con particolare riferimento alle notizie di suicidi, tragedie passionali, violenze ed atti di libidine commessi su minorenni, ed altri fatti che possano esercitare una pericolosa suggestione sugli spiriti deboli od indeboliti. Tale norma è stata successivamente ricordata alle EE.LL. colle circolari telegrafiche 26 marzo 1928 n. 9297 e 9 aprile successivo n. 1085...».

La stessa cultura militare era permeata di burocratese. Vedi una supplica di Pietro Badoglio al Duce, che lo stesso Mussolini rese nota per mostrare quanto l'uomo fosse non solo un voltagabbana ma un ridicolo leccapiedi: «Eccellenza, ricevo da S.E. Fedele, commissario di Sua Maestà presso la consulta araldica, una lettera nella quale mi viene comunicato che il titolo di duca di Addis Abeba è trasmissibile, senza il predicato di Addis Abeba, a tutti i miei figli. Mi permetta di far presente a V.E. che a S.E. il maresciallo Diaz venne concesso il titolo di duca della Vittoria, trasmissibile con relativo predicato, ai suoi figli. Ho l'onore pertanto di chiedere a V.E. che mi sia usato lo stesso trattamento che nel 1921 venne fatto a S.E. Diaz. Avendo due figli, il primo sarebbe ereditario del titolo di duca di Addis Abeba, il secondo di marchese del Sabotino. V.E. mi ha già usato tale trattamento a riguardo del titolo di marchese del Sabotino che è trasmissibile con predicato ad entrambi i figli. Con l'occasione mi permetto di segnalare a V.E. che con legge speciale del 1920 furono concessi a S.E. Diaz e a S.E. Thaon de Revel gli assegni speciali di guerra. Chiedo a V.E. che mi sia usato uguale trattamento».

Il grande Arturo Benedetti Michelangeli, come avrebbe raccontato anni dopo a Camilla Cederna, approfittò fino in fondo della stupidità dei peggiori burocrati per non indossare mai la camicia nera e non fare mai il «premilitare». Il tutto grazie al surreale interrogatorio per il rilascio della carta d'identità con un questurino troppo somaro per conoscere lo straordinario pianista che aveva di fronte.

«Che cosa fa?»

«Suono.»

«Dove?»

«Qua e là.»

«Allora è un girovàgo?» suggerì il poliziotto calcando l'accento sulla «a».

«Ecco, sì...» rispose caustico il genio.

E figurando come «suonatore ambulante» non lo cercarono più.

Se la palla al piede di una burocrazia «azzeccagarbugliesca» è antica, va detto però che mai ha pesato quanto in questi ultimi anni. Tanto più che il resto del mondo corre. La carta d'identità, per dire, non è poi così diversa (tolti il fascio littorio e lo stemma monarchico) da quella concessa allora a Benedetti Michelangeli. Eppure, sono anni che ci tormentano con la promessa della sua versione elettronica. Anni.

«Vecchia carta d'identità addio», esordiva un articolo di Ester Palma sul «Corriere» del giugno 1998, raccontando che l'innovazione era passata in Parlamento: «Va in pensione il documento di riconoscimento stampato su cartoncino, con bolli e timbri: al suo posto fra breve ogni italiano avrà una card elettronica che potrà utilizzare per i versamenti alla pubblica amministrazione e per dialogare con uffici e servizi».

«Vedremo le prime già a fine anno», fece sapere il ministero della Funzione pubblica retto da Franco Bassanini. In ottobre, dell'anno dopo però, lui stesso abbozzava: «Il regolamento d'attuazione è pronto. Ma c'è qualche resistenza». Alla fine di febbraio del 2000 precisava: «Stiamo studiando se sia possibile inserire anche dati biometrici, come le impronte digitali o la mappa dell'iride». A metà novembre puntualizzava: «Le banche, tra l'altro, potranno chiedere di usarla come Bancomat». Nella primavera del 2001, dando la cosa per fatta, si vantava: «Siamo i secondi al mondo ad averla introdotta, dopo la Finlandia». E il ministro dell'Interno Enzo Bianco, entusiasta: «Entro quattro anni l'avranno tutti i cittadini». Bum!

A settembre il nuovo ministro dell'Innovazione Lucio Stanca, a nome del governo delle destre, accelerava: «I cittadini potranno avere il nuovo documento fra due anni». Sei mesi dopo, Silvio Berlusconi la mostrava in pubblico: «Eccola, la vedete? Spero che vi piaccia». E aggiungeva che per la fine dell'anno l'avrebbero avuta un milione di italiani, e altri trenta entro la legislatura. Bum! Alla vigilia dell'estate di quel 2002 il ministro dell'Interno Claudio Scajola giurava: «Nel giro di due anni manderemo in pensione la carta d'identità cartacea. La nuova carta elettronica potrà sostituire anche la tessera elettorale». Il mese dopo toccava di nuovo a Stanca: «Entro il 31 dicembre del 2003 almeno due milioni e mezzo di italiani avranno in tasca la nuova carta d'identità elettronica». E rivelava che il progetto era già costato 36 milioni di euro: trentasei milioni! Settanta miliardi di lire. Solo per il progetto. Senza che un solo cittadino ne avesse mai avuta una.

E via così: bla, bla, bla... Senza che uno straccio di collaboratore si prendesse la briga di raccomandare: Eccellenza, non la prometta più perché siamo al ridicolo. Ed ecco il ministro della Salute Girolamo Sirchia disporre che dal 1° gennaio del 2004 i distributori automatici potranno dare le sigarette «solo se attivati dalla carta d'identità elettronica». E il sottosegretario all'Interno Antonio D'Alì annunciare che entro il 2004 ne sarebbero state distribuite «un milione e mezzo». E il governo Berlusconi stabilire per decreto che dal 1° gennaio del 2006 la carta d'identità cartacea, pensa te, sarebbe dovuta scomparire. Bla, bla, bla...

Cosa resta, di questo diluvio di chiacchiere? Niente. O meglio: resta la sgradevole impressione di una presa per i fondelli e restano i soldi finiti nelle tasche dei consiglieri della società fondata apposta nel 2005 dal Poligrafico dello Stato per produrre i nuovi documenti digitali. Si chiamava Innovazione e Progetti: la Zecca aveva il 51% del capitale, il resto era suddiviso fra le Poste, la Selex del gruppo Finmeccanica, la Eds Italia, filiale dell'omonimo colosso texano dell'informatica, e la Livolsi Investments del banchiere d'affari più vicino a Berlusconi, Ubaldo Livolsi, allora impegnato ad aiutare Stefano Ricucci nella scalata al «Corriere della Sera».

Pochi mesi e, dopo la vittoria elettorale delle sinistre, l'epilogo. Prima l'uscita degli americani, poi quella di Livolsi, poi le dimissioni del presidente Antonio Ghezzi... Un anno di bagnomaria e il nuovo presidente Claudio Rovai, un navigatore de-

mocristiano da decenni nei giri che contano e consolato dall'U-
nione con la nuova poltrona dopo che era stato trombato alle
elezioni, archiviava il bilancio così: «Nell'anno 2006, come nel-
l'ultimo trimestre del 2005, immediatamente successivo alla costituzione della società, l'attività non ha avuto concreto avvio
operativo, se non per la limitatissima attività amministrativa».
Entrate: zero virgola zero. Uscite: 192.749 euro in pochi mesi
per «compensi al consiglio di amministrazione, al collegio sindacale e alla società di revisione, nonché spese amministrative
per adempimenti di legge». Il 30 maggio 2007 la società veniva
liquidata. Con due regalini finali a Rovai. La nomina a presidente della Editalia (cui sarebbe seguito anche un posto nel
consiglio della Postelprint, controllata dalle Poste) e la decisione del CdA di concedergli, oltre lo stipendio e la liquidazione,
si capisce, «una speciale remunerazione» in considerazione «di
tutti i vari problemi, anche di tipo istituzionale, legale e amministrativo, affrontati e risolti». Omaggio: 60.000 euro. Il triplo
del reddito annuale di un italiano medio.

Eppure, quel gentile *cadeau* è solo un granellino della montagna di denaro che costa la burocrazia agli italiani. Dice uno
studio di Confartigianato del gennaio del 2008 che nell'Unione
europea, tra il 1998 e il 2007 l'incidenza sul Pil della spesa per
il pubblico impiego è scesa dappertutto. Noi, unici, siamo in
controtendenza: più 0,2%. Secondo gli artigiani, «il costo per
la burocrazia colpisce tutto il sistema produttivo nazionale, che
ogni anno paga 15 miliardi di euro, cioè un punto di Pil, sia in
costi interni (impiegati degli uffici preposti alle pratiche) sia
esterni, società ad hoc pagate dalle aziende». Un delitto. Un sistema burocratico semplificato, in linea con gli standard europei, consentirebbe alle microimprese con meno di dieci addetti, quasi il 95% delle aziende italiane, di aumentare la produttività di almeno il 6% «recuperando così più della metà del gap
che attualmente queste scontano rispetto alla media di Francia,
Germania e Spagna».

Spiega lo studio Dome Business 2004 della Banca Mondiale che l'apertura di un'attività economica in Italia richiede mediamente 5012 euro (siamo quarti dopo la Grecia, l'Austria e la

Svizzera che però ci stracciano sui tempi e le pratiche), 62 giorni di pastoie burocratiche (secondi dopo la Spagna e il Portogallo dove però sono molto più bassi i costi) e 16 procedure (siamo primi assoluti). Tanto per dare un'idea: negli Stati Uniti servono 167 euro, quattro giorni, quattro procedure. In Gran Bretagna 381 euro, quattro giorni, cinque procedure.

Ma parliamo di medie. In realtà, secondo l'ufficio studi della Confartigianato, può andare anche peggio: per aprire un ristorante bisogna fare 71 pratiche burocratiche, una bottega di generi alimentari 58, un'impresa edile 73, una lavanderia 68, un'officina meccanica 76... Per non dire degli uffici che occorre contattare: 20 per aprire una trattoria, 18 per una gioielleria, 19 per un negozio da estetista, 22 per un laboratorio fotografico... Quanto alle scadenze fiscali e amministrative che tolgono il sonno a chi ha un'attività industriale o commerciale, il Censis le ha contate una a una: in un anno sono 233. Certo, un'azienda media non deve rispettarle tutte. Ma almeno una settantina non gliele toglie nessuno.

C'è poi da stupirsi se gli investitori stranieri preferiscono stare alla larga? Nelle classifiche del 2007 sulla competitività per l'International Institute for Management Development siamo al 42° posto e per il World Economic Forum al 46°, dopo Paesi quali il Cile, l'Estonia, la Lettonia, la Tunisia... Appena davanti all'Ungheria, alla Giordania, alla Polonia o alla Turchia. Nella classifica della libertà economica della Heritage Foundation, dove conta la facilità di apertura, chiusura e gestione di un'impresa, scivoliamo ancora più in basso: nel 2000 eravamo al 32° posto e nel 2008 al 64°, dietro perfino l'Armenia, il Belize e la Mongolia. Vale a dire che abbiamo perso 32 posizioni. Risultato: nella hit parade dei Paesi che attirano investimenti dall'estero, elaborata dall'Unctad (United Nations Conference on Trade and Development) e saldamente guidata da Stati Uniti, Singapore e Regno Unito, siamo precipitati dal 18° posto del triennio 1988/1990 al 25° del triennio 1998/2000 fino al 29° del 2005. Il tutto con governi di sinistra e di destra.

Come mai? La risposta è in una tabella del World Economic Forum presentata dal centro studi di Confindustria nel febbraio del 2008: a scoraggiare gli investimenti nel Bel Paese sono, in ordine crescente, la criminalità, la poca formazione delle forze lavoro, la corruzione, l'instabilità politica e su su il fisco, la scarsità di infrastrutture ma, soprattutto (tre volte più insopportabile perfino della criminalità!), la burocrazia. Un'indagine condotta dall'Istat nel 2006 su un campione d'imprese nate nel 2002, conferma: «La difficoltà giudicata più rilevante dagli imprenditori è costituita dall'"affrontare i diversi e complicati aspetti amministrativi". Due imprenditori su tre attribuiscono una rilevanza decisiva a questo fattore di ostacolo». Insomma, ha sintetizzato Alessandra Arachi sul «Corriere della Sera», fare impresa è un'impresa.

Abbiamo sperato per anni di seppellire le «reversali da attergare a disdetta del provvedimento esecutivo di rilascio», l'«oblazione a carico del nubendo audioleso», le «somme da scomputare nella fattispecie dell'impossidenza del diritto irrefragabile». Ci eravamo illusi che un giorno o l'altro qualche ottuso burocrate, nello scrivere le parole «effetto lettereccio» al posto di «letto» oppure compitando testi di legge mostruosi venisse colto da un dubbio pauroso: «Ma che minchia sto attenzionando?».

Il costituzionalista Michele Ainis ha scovato negli anni obbrobri raccapriccianti. Come il decreto 323: «All'art. 15 del decreto-legge 23 febbraio 1995, numero 41, convertito con modificazioni dalla legge 22 marzo 1995, numero 85, dopo il comma 1 è aggiunto il seguente: 1-bis per le unità immobiliari urbane oggetto di denuncia in catasto con modalità conformi a quelle previste dal regolamento di attuazione dell'art. 2, commi 1-quinquies ed 1-septies, del decreto-legge 23 gennaio 1993...».

Come può un uomo scrivere così senza avvampare di vergogna? Battaglia persa.

Per dire quanto valeva e quanto era grande il francobollo «le istituzioni» hanno usato 925 parole: sei volte quelle bastate a Luca per spiegare la parabola del buon samaritano, uno dei capisaldi della fede cristiana. Una logorrea incontenibile. Il nuovo articolo 70 della riforma costituzionale polista poi bocciata al referendum del 2006, quello sull'iter legislativo, era lungo circa 585 parole: 65 volte di più delle 9 che stanno alla stessa voce nella carta costituzionale del 1948: «La funzione legislativa è esercitata collettivamente dalle due Camere».

Il mondo è pieno di leggi obsolete e dementi. Rimaste lì, impigliate nei codici per decenni, senza che alcuno si pigliasse il disturbo di rimuoverle. In Israele è vietato «portare orsi in spiaggia». In Thailandia «uscire di casa senza mutande». In Danimarca «mettere in moto l'automobile e partire se qualcuno è sdraiato sotto di essa». In Francia baciarsi sulle rotaie o chiamare un maiale Napoleone. Mal comune mezzo gaudio? Per niente. Perché sulle cose serie, dalle altre parti, va diversamente.

Sono anni che ce la menano, per esempio, col tormentone dello «sportello unico» destinato a «sostituire tutte le autorizzazioni, i nulla osta, i visti, i pareri e le inibitorie necessari». Sapete con quanti titoli è presente nell'archivio dell'Ansa? Con 904. Venne proposto la prima volta dalle piccole e medie imprese nel 1983. Quando l'Avellino giocava in serie A, i Matia Bazar cantavano *Vacanze romane* e il presidente del Consiglio era Amintore Fanfani. Tradotto in una proposta di legge da Forza Italia nel '94, riproposto nel '96 da Franco Bassanini, annunciato dal governo ulivista nel '98: «Il Consiglio dei Ministri ha approvato lo schema di regolamento di semplificazione delle procedure di autorizzazione per la realizzazione di nuovi impianti produttivi. Il provvedimento prevede, tra l'altro, la presentazione a uno "sportello unico" di tutti gli adempimenti urbanistici, sanitari, di tutela ambientale e di sicurezza richiesti per l'apertura di nuove attività produttive».

Pier Luigi Bersani e Franco Bassanini quel giorno erano raggianti: «Investitori e imprenditori non dovranno più fare il giro delle sette chiese per costruire, ampliare o riconvertire uno stabilimento industriale o un laboratorio artigiano, e una sola domanda, a una sola amministrazione, il Comune, sostituirà i procedimenti previsti da ben 16 leggi». Alcuni mesi dopo, nuovo comunicato: «A marzo saranno operativi gli sportelli unici per le imprese, mentre già a Pasqua potrebbe partire la firma digitale, cioè la possibilità di autografare elettronicamente un documento o una transazione». Sì, ciao.

Nel maggio del 2004 il ministro berlusconiano Luigi Mazzella sviolina trionfale che «la semplificazione della pubblica amministrazione e in particolare la diffusione dello sportello unico (...) hanno consentito alle imprese di ridurre drasticamente tempi e costi delle procedure per l'avvio di un'attività, in alcuni casi addirittura più che dimezzati rispetto al passato». Bum! Altri tre anni e nell'aprile del 2007 arriva un nuovo dispaccio: «Nonostante l'ostilità di Rifondazione comunista, il provvedimento sullo sportello unico per le imprese del presidente della commissione Attività produttive Daniele Capezzone sta avanzando rapidamente nell'aula».

Perché istituirne un altro, se c'era già? Ma certo, spiega Capezzone, «è sempre stata una presa per i fondelli. È vero che in certe realtà locali qualcosa funzionava, ma lo "sportello unico" vero e proprio no». È scritto nero su bianco nella relazione introduttiva della legge poi saltata con l'infarto della legislatura: «Per una semplice concessione edilizia un'impresa deve attendere dai 9 ai 27 mesi» e «le autorizzazioni che un imprenditore deve richiedere e ottenere per far partire concretamente la sua attività oscillano tra le 58 e le 80, molte delle quali del tutto inutili».

Sulla sua leggina, facile facile, l'ex segretario radicale era riuscito a raccogliere venti deputati di destra e venti di sinistra per presentarla tutti insieme: «Nel luglio del 2006 la porto in commissione, faccio il relatore, l'approviamo in poche settimane. Andiamo in aula nella primavera del 2007, la legge passa col voto di tutti meno verdi, Sdi e Lega e va in Senato. Trova in commissione la solita opposizione di Lega e Rifondazione, cambiano qualcosa ma bene o male passa. Ai primi di ottobre del 2007 inizia la discussione in aula ma sul più bello è il momento della Finanziaria. Tutto sospeso, fino alla crisi di governo. Ed è finita come sempre: zero. Con la frustrazione di dover ricominciare un'altra volta da capo. La macchina legislativa è ormai così perversa che non passa manco una legge su cui sono d'accordo tutti».

Vale per lo sportello unico, vale per la semplificazione. Sia quella legislativa sia quella del linguaggio. Sono decenni che, davanti all'ammasso abnorme di leggi ormai impossibili da contare (c'è chi dice 150.000, chi 200.000...) promettono di disboscare, tagliare, semplificare. Ci provò nei primi anni Novanta, partendo dal Rapporto Giannini del 1979 sui guasti del burocratese, l'allora ministro Sabino Cassese, che sbuffando su idiozie tipo lo «sportello impresenziato», la «lettera codiciata», la «nota attergata» varò un Codice dello Stile. E ci provarono Giuliano Urbani e poi Franco Frattini e poi Franco Bassanini e poi Tullio De Mauro e poi di nuovo Frattini. Il quale, deciso a farla finita con un vocabolario dove lo sfrattato è un «cittadino passivo di provvedimento esecutivo di rilascio» e chi viene convocato in tribunale è «diffidato a comparire» (dibattiti in famiglia: «Ma me diffida de anda' o de nun anda'?»), disse basta. E avviò un progetto: «Chiaro!». Impegno premiato da un comunicato di sonante oscurità: «Frattini: la "Pa" deve abbandonare il burocratese». Dove «Pa» sta per pubblica amministrazione. In burocratese.

Va da sé che questa ossessione di specificare tutto, definire tutto, regolamentare tutto, non solo appesantisce in modo spaventoso i lavori legislativi e, per ricaduta, il lavoro della magistratura, degli uffici pubblici e delle imprese private, ma finisce per causare derive demenziali. Come certe pignolerie via via pubblicate dalla «Gazzetta Ufficiale»: «Per "sedile del conducente" s'intende il sedile destinato al conducente. Per vibrazione s'intende il movimento verticale ascendente e discendente del sedile del conducente», «Le navi adibite ad uso privato non possono trasportare passeggeri a titolo gratuito ma possono effettuare tale trasporto solo a titolo amichevole», «Il ministero della Sanità adotta il seguente regolamento: s'intende per suino da macello l'animale della specie suina destinato ad essere macellato». Fino al capolavoro: «S'intende per nave da pesca (nave peschereccia, peschereccio) una nave adibita alla cattura di pesci, dei trichechi o di altri esseri viventi nel mare». Perché i trichechi?

E se il nuovo codice della strada, grazie a Dio, non contiene più la disposizione che «la superficie di rotolamento della ruota deve essere cilindrica, senza spigoli», restano tutta una serie di ipocrisie di cui scrive lo stesso Ainis. Il divorzio è «lo scioglimento del matrimonio per accertata impossibilità di mantenere o ricostituire la comunione spirituale e materiale tra i coniugi». Gli epilettici sono persone affette da «crisi comiziali», dal decreto 14 settembre del 1994 che ricorda come nell'antichità le crisi epilettiche erano considerate di malaugurio e provocavano l'istantaneo scioglimento dei comizi quando ne era colpito l'oratore. I lebbrosi non si possono chiamare così ma «hanseniani» giacché una legge dice che «è fatto divieto di usare il termine lebbra, lebbroso, lebbrosario e qualsiasi altra parola che dalla lebbra derivi». Per non dire dei preservativi: «Mezzi necessari per conseguire le finalità liberamente scelte in ordine alla procreazione responsabile». Da far passar la voglia...

Eppure in ballo non c'è solo il fastidio «letterario» verso oscenità come l'«obliterazione del titolo di viaggio» o l'«impossidenza del diritto irrefragabile». C'è di più. A prescindere che siano al governo la sinistra o la destra, è in ballo l'essenza stessa della democrazia. Perché, come ha spiegato lo stesso Bassanini, «il linguaggio astruso è uno strumento di potere per mantenere il cittadino in stato di inferiorità».

L'oscurità è Potere. Rendere incomprensibile una frase è affermare il proprio Potere. Detenere l'intepretazione autentica d'un comma complicatissimo è Potere. Il rifiuto di farsi capire è Potere. Fottersene del giudizio altrui è Potere. Un esempio da manuale? Il comma 3 dell'articolo 1-bis della legge 434 «recante interventi urgenti a favore delle zone colpite da ripetuti eventi sismici» dove ai terremotati dell'Umbria e delle Marche del '97 si spiegavano le regole degli aiuti alle attività produttive: «Le graduatorie di cui al comma 1 sono formate con l'utilizzazione degli indicatori di cui all'articolo 6, comma 4, lettera a), numeri 1, 2, 3 del regolamento adottato con decreto del ministro dell'Industria, del Commercio e dell'Artigianato 20 ottobre del 1995, n. 527 e successive modificazioni. La misura dell'aiuto è determinata, per le iniziative di cui al comma 1, lettera a), nella misura massima prevista per gli interventi nelle aree di cui all'obiettivo 1 del regolamento (Cee) n. 2052/88...». Un delirio. Che imponeva ai terremotati, prima ancora di cercare l'impresario edile, il piastrellista o l'idraulico, di cercarsi un commercialista.

Contro questo potere di burocrati incollati alle poltrone

col mastice più tenace, si sono infrante negli ultimi dieci anni addirittura quattro leggi. Con la prima, nel 1999, viene istituito a Palazzo Chigi un «Nucleo per la semplificazione delle norme e delle procedure»: 25 esperti e una segreteria tecnica di 40 persone col compito di «fornire agli uffici legislativi della presidenza del Consiglio e al ministro della Funzione pubblica il supporto occorrente a dare attuazione ai processi di delegificazione, semplificazione e riordino». Con la seconda, promossa nel 2002, il Nucleo è soppresso per lasciar posto all'«Ufficio dirigenziale di livello generale» coadiuvato da un pool di 18 esperti stavolta alle dipendenze della Funzione pubblica con l'incarico di «coadiuvare il ministro nell'attività normativa e amministrativa di semplificazione delle norme e delle procedure». Ufficio che, due anni dopo, lascia a sua volta il posto al «Comitato per la semplificazione» amministrativa presieduto dal nuovo ministro, Mario Baccini.

Con la terza, votata nel novembre del 2005 e battezzata «taglia leggi», viene decisa «l'abrogazione di tutte le leggi inutili emanate in epoca precedente al 1° gennaio del 1970». E, per coinvolgere le Camere, si crea un'ennesima «Commissione parlamentare per la semplificazione», con 20 deputati, 20 senatori, un presidente, 2 vicepresidenti e 2 segretari.

E chi va a guidarla a nome dell'Unione, dopo le elezioni del 2006? Pietro Fuda, già dirigente della Regione Calabria e della Cassa per il Mezzogiorno, già presidente della Provincia di Reggio e amministratore unico della sgangherata società che gestisce l'aeroporto del capoluogo calabrese. Ma soprattutto autore di quel famigerato «comma Fuda» che oltre a essere una porcheria sul piano morale (accorciava la prescrizione per togliere dai guai i politici processati dalla Corte dei Conti e saltò dopo una rivolta dentro la stessa sinistra) era indecifrabile come i geroglifici egizi prima della scoperta della Stele di Rosetta: «Al comma 2 dell'articolo 1 della legge 14 gennaio 1994, n. 20, le parole: "Si è verificato il fatto dannoso" sono sostituite dalle seguenti: "È stata realizzata la condotta produttiva di danno"». Insomma: proprio l'uomo giusto, per semplificare.

Ma non è finita. Entrato in carica il secondo governo Prodi, il ministro Luigi Nicolais cancella con un colpo di spugna il Comitato per la semplificazione e costituisce, con altri 20 esperti e una segreteria, un'«Unità per la semplificazione e la qualità della regolazione», che torna a Palazzo Chigi sotto la presidenza di Enrico Letta. Malumori alla Funzione pubblica: «E noi niente?». Ma sì, abbondiamo! Ed ecco nascere il «Comitato interministeriale per l'indirizzo e la guida strategica delle politiche di semplificazione e di qualità della regolazione». Preciso identico a un altro creato sei mesi prima dal governo Berlusconi. Da non confondere con l'organismo istituito per coinvolgere nel progetto gli enti locali, la Confindustria, la Confcommercio, le cooperative, i consumatori, le comunità montane e poi i Comuni e la conferenza dei presidenti delle Regioni e l'Unione delle Province... Nome: «Tavolo permanente per la semplificazione».

Quanto sia grande il casino in questo campo, del resto, lo dice una contraddizione della stagione azzurra seguita al trionfo del 2001. Stagione che ha visto da una parte la «legge taglia leggi» di cui dicevamo. E dall'altra questa eccitatissima cronaca sul «Giornale» berlusconiano di Massimiliano Lussana: «Per capire quanto e come sta lavorando il governo Berlusconi bis, c'è un modo infallibile: si va alla Camera o al Senato, si chiedono i disegni di legge di iniziativa governativa, compresi quelli presentati per la conversione di decreti-legge, e si guarda la faccia del malcapitato archivista (...) Di fronte alla richiesta delle "leggi del Berlusconi bis" anche i più forti vacillano. Il poveretto prima guarda l'autore della richiesta con un guizzo d'odio negli occhi, poi chiede "Ma proprio tutti-tutti?", poi sparisce per decine di minuti e quindi riemerge dall'archivio con chilate di carta intestata della Camera e del Senato con tutte le proposte dei Berlusconi-boys». E vai! «Quarantatré leggi contando quelle presentate nei due rami del Parlamento, 24 al netto delle norme che hanno viaggiato fra Camera e Senato (in pratica, una legge ogni due giorni dal momento in cui il governo ha ricevuto la fiducia delle Camere e cioè appena 50 giorni fa), 15 già approvate, 3 a buon punto...» Fateci capire: c'è da disboscare o da aggiungere? Boh...

A cosa sono serviti questi anni di commissioni per la semplificazione e comitati per la semplificazione e unità per la semplificazione e nuclei per la semplificazione voluti dalla sinistra e dalla destra, dalla destra e dalla sinistra? La risposta è nell'ultima legge varata nella XV legislatura prima di tornare al voto il 13 aprile del 2008, la «milleproroghe». Il cui primo articolo, semplice e soave, è questo: «È prorogato al 31 gennaio 2008 il termine per le autorizzazioni di spesa di cui al decreto-legge 31 gennaio 2007, n. 4, convertito, con modificazioni, dalla legge 29 marzo 2007, n. 38, e al decreto-legge 2 luglio 2007, n. 81, convertito, con modificazioni, dalla legge 3 agosto 2007, n. 127, in scadenza al 31 dicembre 2007...».

Prova provata che aveva ragione Richard Harkness del «New York Times»: «Dicesi "Commissione" un gruppo di svogliati selezionati da un gruppo di incapaci per il disbrigo di qualcosa di inutile».

4

Infrastrutture: da primi a ultimi

Tredici anni per un ponte di 81 metri, 4 a Shanghai per 36 chilometri

Per costruire vicino a Shanghai il fantastico ponte di Donghai, che con i suoi 32 chilometri e passa e le sue 8 corsie è il ponte in mezzo al mare più lungo del pianeta, i cinesi hanno impiegato 1263 giorni. Tre anni e sei mesi scarsi. Per costruire a Venezia il ponte di Calatrava, che dovrebbe scavalcare il Canal Grande davanti a piazzale Roma per un totale di 81 metri, di anni ne hanno già spesi una dozzina.

Quando, per dimostrare che la città serenissima non era solo un museo, nacque l'idea di affidare l'opera al celebre architetto di Valencia creatore di ponti famosissimi, dall'East London sul Tamigi all'Oberbaum di Berlino, era il 1995. Romano Prodi faceva ancora il professore universitario in attesa di candidarsi a guidare l'Ulivo, Andrea Bocelli doveva ancora diventare famoso dopo aver vinto a Sanremo tra le «giovani proposte», il capitano del Milan era ancora Franco Baresi. Giurassico.

Quando il geniale professionista regalò il suo progetto a Venezia (anche se si sarebbe fatto pagare l'«esecutivo» e una consulenza successiva: totale 336.000 euro) era la primavera del '96. Quando il Comune accettò la donazione, alla fine di giugno dello stesso anno, Massimo Cacciari esultò: «Il progetto è in pratica un esecutivo che già domani potrebbe essere realizzato». Spiegò anzi che le Sovrintendenze avevano «già detto un sì entusiastico» ed era stato già «fatto anche il piano finanziario per una spesa di 4 miliardi», cioè 2 milioni di euro. Quando il ponte passò la Commissione di Salvaguardia, che si lagnava del «contesto lacunoso dell'intervento a cui mancano immagini, disegni, simulazioni», era la fine del 1996. Quando finalmente fu approvato il progetto vero e proprio, nel maggio del 1999, il costo era raddoppiato: 7 miliardi e 440 milioni di lire. Cioè 3.842.439 euro.

Finché, il 7 settembre del 2000, come ha ricostruito sul «Gazzettino» Michele Fullin, il Comune alla cui guida era ora Paolo Costa, annunciò trionfante: «Abbiamo il progetto definitivo, talmente definitivo da poter essere considerato esecutivo. Per il Redentore del 2002 Venezia avrà il suo ponte». Da allora è stato un calvario di promesse e rinvii, promesse e rinvii. A partire da due errori. Primo, la scelta fatta da Calatrava, nonostante la legge fosse nettissima, di non tenere assolutamente conto dei disabili. I quali si ribellarono pretendendo giustamente che dopo 434 ponti costruiti nei secoli senza alcuna attenzione alle barriere architettoniche almeno questo, almeno nel Duemila, cercasse di conciliare la bellezza e il rispetto dei portatori di handicap. Secondo, l'obbligo di accettare nella gara d'appalto l'offerta minima al ribasso, a costo di finire su imprese che si sarebbero rivelate in difficoltà davanti a problemi complessi come questo ponte di acciaio e pietra d'Istria in cui ciascuno dei 300 gradini di cristallo è diverso da quell'altro.

Insomma, ha spiegato sulla «Nuova Venezia» Alberto Vitucci, si è sviluppato un «groviglio di perizie, varianti, consulenze, aumenti di spesa» che ha incasinato tutto. Tanto che ai primi di febbraio del 2008, quando il procuratore aggiunto Carlo Mastelloni decise di aprire un'inchiesta facendosi consegnare tutte le carte, nessuno sapeva più «quando» sarebbe arrivata questa benedetta apertura: «Forse ad agosto, forse in autunno, forse più in là ancora». Boh... Non bastasse il caos, a un certo punto si levò un ulteriore grido d'allarme: «Oddio, a Bilbao i sbrissia!». Traduzione: a Bilbao scivolano. E giù articoli della stampa spagnola che raccontavano come il ponte Zubizuri progettato dallo stesso Calatrava fosse sì stupendo ma anche maledetto da gente volata col sedere per terra. «A Venezia non succederà», giurò l'impresa vetraia francese Saint Gobain. E i veneziani scettici: «Figurati! Di cristallo! A Venessia! Col caligo de inverno! Coi colombi che caga dapartuto!».

Nel frattempo, nonostante la Corte dei Conti fosse già intervenuta a censurare l'andazzo, i costi dell'opera sono lievitati ancora. E c'è il rischio concreto che questo «quarto ponte» sul Canal Grande, dopo quelli di Rialto, degli Scalzi e dell'Accademia, possa venire a costare oltre 16 milioni di euro. Otto volte più del primo preventivo. Quasi 200.000 euro per ciascuno degli 81 metri. Plastica dimostrazione di quanto le difficoltà tecniche, gli intoppi burocratici, gli stop, i rilanci, le minacce legali e le grane di ogni genere, anche al di là delle responsabilità individuali, abbiano fatto di questo monumento alla lentezza (che dovrebbe poi chiamarsi, in omaggio all'area in cui sorgerà, ponte de'a Zirada, ponte della svolta) il simbolo stesso di quanto sia complicato, oggi, fare un'opera pubblica in Italia.

I confronti con l'estero sono umilianti. Parliamo di ponti? Ne citiamo, per pudore, solo due. Per costruire il Vasco da Gama, che con i suoi 18 chilometri a sei corsie è il più lungo d'Europa e scavalca l'estuario del fiume Tago unendo Lisbona alle regioni meridionali del Paese, con un'arcata centrale poggiata su piloni di 150 metri (21 più del grattacielo Pirelli, il più alto d'Italia) per consentire il passaggio di navi gigantesche, i portoghesi impiegarono 3 anni: dai primi di febbraio del 1995 al 29 marzo del 1998. E 4 anni (per l'esattezza 4 anni e 18 giorni) sono bastati ai cinesi per fare il ponte più lungo del mondo che scavalca la baia di Ningbo Hangzhou, a sud di Shanghai, un serpentone di 36 chilometri (o se volete 19 miglia marine) a otto corsie di gran lunga più grande del *bridge* americano sulla baia di Chesapeake e della sopraelevata Baharian in Arabia Saudita. Per capirci: con un ponte lungo uguale potresti unire Napoli a Ischia, Milazzo alle Lipari o Lignano a Pirano, in Istria, scavalcando il golfo di Trieste.

È vero che, fatta l'inaugurazione appena possibile perché hanno la fissa del record, i cinesi dovevano ancora completare l'illuminazione e i sistemi di sicurezza. È vero che hanno fatto lavorare migliaia di persone obbligandole a dormire in baracche sul posto per risparmiare il tempo di portarle a fine turno a terra. È vero che il costo (un miliardo e 200 milioni di euro, come il già citato ponte di Donghai che unirà Shanghai al nuovo porto sulle isole Yangshang, il più grande del mondo) è imparagonabile con i nostri: poco più di 33.000 euro al metro (per otto corsie) contro i quasi 200.000, se non di più, che costerà quello di Calatrava. Ed è vero che laggiù non hanno tra i piedi i verdi, non si pongono problemi d'impatto ambientale e se un operaio casca dall'impalcatura la magistratura si guarda bene dal sequestrare il cantiere, fosse solo per dieci minuti. Tutto vero.

Fa però sorridere il senso di spocchia intellettuale che emana dal giudizio di certi progettisti nostrani. Ecco come Carmelo Gentile, docente di Tecnica delle Costruzioni al Politecnico di Milano, ha liquidato, per esempio, il Donghai su «Focus»: «È un'opera mastodontica, ma poco innovativa per i metodi e i materiali utilizzati. La Cina costruisce soprattutto per impressionare l'Occidente. Basta pensare ai suoi grattacieli, fra i più alti del mondo. In realtà, però, a parte il gigantismo queste opere non hanno alcun pregio particolare. È un'edilizia corrente su grande scala». Come la Grande Muraglia: «Opera immensa ma architettonicamente banale». Siamo sinceri: quanti italiani farebbero cambio, rassegnandosi alle tecniche poco innovative pur di avere una tangenziale decente in tempi decenti?

Chiedetelo agli abitanti di Muggiò, in provincia di Milano. Dove il sindaco in fascia tricolore ha inaugurato una mattina di luglio del 2007, tra squilli di tromba, il primo chilometro della «tangenzialina» (così si chiama, la piccina) decisa per permettere agli abitanti di immettersi dalla Valassina nella Monza-Saronno senza attraversare i comuni. Un chilometro. E sapete quando era stato aperto il cantiere, subito bloccato dalla magistratura dopo un esposto che segnalava la presenza di discariche abusive lungo il tracciato? Nel 1989. Quando la Germania Est era ancora comunista, il centravanti dell'Inter era Jürgen «Pantegana» Klinsmann e il ministro degli Interni era Antonio Gava.

Non vogliamo prendere a paragone i cinesi? Prendiamo gli americani. Ve lo ricordate l'ultimo terremoto di San Francisco? Era sempre il 1989, esattamente il 17 ottobre, il sisma fu del 7° grado della scala Richter, i morti furono 63 e tutti i giornali del mondo uscirono con la fotografia di una gigantesca arcata crollata del Bay Bridge, il ponte di 14 chilometri che collega la città a Oakland ed è percorso ogni giorno da trecentomila macchine e camion. Fu il simbolo stesso del disastro, quell'arcata crollata. Bene, il 17 novembre dello stesso anno l'Ansa comunicava che il sindaco aveva tagliato il nastro della riapertura. Un mese: avevano pianto i morti, compiuto i rilievi giudiziari, rimosso le macerie, ricostruito l'arcata, rimesso l'asfalto e infine riaperto al traffico in un mese. Il tempo che da noi avrebbe impiegato un magistrato per battere a macchina il sequestro dell'opera e affidarne la consegna ai messi.

Eppure anche noi, un tempo, eravamo svelti. Un esempio proprio veneziano? Senza tornare al grandioso canale «sborador» scavato in soli 1592 giorni col badile e le carriole, da Porto Viro alla Sacca di Goro per dare nel 1604 un nuovo sbocco al Po, basta ricordare i tre ponti principali costruiti negli anni Trenta del Novecento dall'ingegnere capo del municipio Eugenio Miozzi. Mica un genio coccolato nei salotti di Parigi e di Manhattan: l'ingegnere capo comunale.

Sapete quanto impiegò per costruire il celeberrimo e lunghissimo Ponte della Libertà che solca la laguna, parallelo al ponte ferroviario edificato a metà Ottocento dagli austriaci, unendo la città serenissima alla terraferma? Due anni scarsi: 657 giorni. E siccome verso la fine si accorse di avere speso meno di quanto gli avevano dato, decise di usare i soldi avanzati per costruire davanti alla stazione dei treni un nuovo ponte che scavalcasse il Canal Grande, quello degli Scalzi. I lavori cominciarono nove giorni dopo l'inaugurazione da parte del Duce del collegamento translagunare: altri 542 giorni ed era pronto anche questo. E siccome verso la fine di questa seconda opera si accorse di nuovo di avere speso meno del previsto, decise di buttar giù il vecchio ponte di ferro dell'Accademia, che versava in condizioni pietose, per sostituirlo con uno provvisorio di legno. Abbattimento, rimozione dei detriti, costruzione del nuovo manufatto e inaugurazione: un mese. Un mese! E il ponte di legno, bellissimo, è ancora lì.

Al che ti domandi: che cosa si è rotto? Quando? Perché? Come mai a un certo punto tutto si è trasformato in progetti di progetti per fare nuovi progetti senza un colpo di piccone? Prendete il tormentone del ponte di Messina. Mezzo secolo prima che Silvio Berlusconi promettesse che la costruzione dell'opera ciclopica sarebbe stata «un set cinematografico che da solo richiamerà importanti flussi turistici», c'era già chi mandava cartoline che davano il ponte per fatto: «Saluti dal ponte sullo Stretto!». Con un'immensa statua di Polifemo che reggeva cinematograficamente la campata centrale.

Il sogno del collegamento di Scilla e Cariddi è antico come il cucco. E se quella del ponte di zattere allestito da Pirro per portare in Calabria i suoi elefanti o quella del mantello steso sulle acque da San Francesco di Paola per passare a piedi lo Stretto sono leggende, il viceré Paleco de Useda tentò davvero di unire le due sponde, fallendo per colpa della corrente, con un lunghissimo ponte di barche. E l'ingegner Carlo Navone sosteneva molto seriamente in un libro del 1870, l'anno di Porta Pia, come la costruzione di un tunnel sottomarino fosse un «miracolo» fattibilissimo. Aveva già pensato a tutto. Nero su bianco: un anno per preparare i cantieri, due metri di avanzamento dei lavori al giorno, «meno di quattro anni per ultimare l'opera» (altro che Pietro Lunardi: tiè) e calcoli al centesimo: 10.576.450,88 lire.

Più ancora che lo scetticismo per i plastici via via accumulatisi nei decenni e via via tradotti in cartoline come quella del 1956 dove si spiegava che «il ponte progettato dall'ingegner Mario Palmieri sarà il più lungo del mondo» e che la meravigliosa opera dal costo di soli «100 miliardi di lire» avrebbe ospitato anche piste «per i motocicli e per i pedoni», pesa però sui siciliani l'immagine dei piloni nel vuoto del quartiere messinese di Giostra. Piloni altissimi, grossi, osceni. Che bucano il cielo perché da anni sono interrotti i lavori dello svincolo autostradale ad alcune decine di metri da terra: le due carreggiate, già asfaltate ma ormai assalite dalle erbacce, planano nel vuoto. Tema: ci si può fidare di uno Stato, una Regione e un Comune che promettono un lavoro colossale come il ponte sullo Stretto con tempi, obiettivi, scadenze certi se quello stesso Stato, quella stessa Regione, quello stesso Comune si dimenticano quei monconi di strade sopraelevate?

Capiamoci: non è una questione di destra e di sinistra. Si può essere contro il ponte da destra, come Vittorio Sgarbi («Abominevole. Falsificazione e menzogna. Il ponte dei barbari e degli stupidi») e la «Padania»: «Opera vergognosa, inutile e dispendiosa». Oppure essere a favore da sinistra. Come Francesco Merlo il quale ha teorizzato sulla «Repubblica» che anche con i bilanci in rosso, il ponte andrebbe comunque fatto perché «è l'opera più bella e più avanzata che l'Italia possa realizzare, è un risarcimento al nostro Sud, ed è – deve essere – un'operazione laico-simbolica-keynesiana, la fine di un handicap, la fusione di Messina e Reggio nella Città dello Stretto, come una nuova Costantinopoli. Perciò il ponte è di sinistra, anzi è quanto più di sinistra si possa fare (non dire, ma fare) oggi in Italia».

Perfino Romano Prodi, cioè l'uomo che per una dozzina d'anni si è proposto come sintesi di tante sinistre moderate e radicali, era favorevole. Anzi, nel 1985 promise: «I lavori per la costruzione del ponte sullo Stretto cominceranno al più presto». Aveva già fatto i conti: «Il risparmio per un automobilista sarebbe di 40 minuti, 35 per autocarro e 92 per il treno» e «nel 2015 transiterebbero sul ponte 12 milioni e 621.000 autovetture, oltre a 295.000 carrozze ferroviarie».

Ciò che è insopportabile è il tormentone. Le promesse dei ministri socialdemocratici Franco Nicolazzi ed Emilio De Rose, del socialista Bettino Craxi e giù giù di Francesco Rutelli («Il ponte si deve fare, ma non da solo») e Pietro Lunardi, che tirò in ballo Vespasiano e Cheope: «Lo verranno a vedere da tutto il mondo. Sarà come il Colosseo e le Piramidi». Sì, ma quando? «Poseremo la prima pietra alla fine del 2004 e l'opera sarà completata in cinque-sei anni». Sicuro? Ritocco del ministro Enrico La Loggia: «I lavori partiranno nel 2005». Di nuovo Lunardi: «I cantieri apriranno all'inizio del 2006». Quanto a Silvio Berlusconi, che alle elezioni comunali del dicembre 2005 prometteva ai messinesi ondate di assunti un mese dopo il voto, il ponte avrebbe aiutato fidanzatini e amanti: «Si potrà andare in Italia dalla Sicilia anche di notte e se uno ha un grande amore dall'altra parte dello Stretto potrà andarci anche alle quattro di mattina senza traghetti».

Si farà mai? Boh... Certo è che in un quarto di secolo, dalla fondazione nel 1981 al «congelamento» del 2006 dopo la vittoria unionista, la società Stretto di Messina ha ingoiato circa 250 milioni di euro. Spesi per tre sedi nella città peloritana, a Villa San Giovanni e a Roma. Per un call center. Per gli stipendi a 102 persone, di cui 13 dirigenti. Per un ammasso di progetti, studi di fattibilità, analisi di impatto ambientale talmente grande che negli archivi c'è perfino una prova simulata della resistenza del ponte a un bombardamento atomico. E mai un colpo di badile.

Eppure, dicevamo, noi italiani eravamo partiti bene con le infrastrutture. La prima autostrada del mondo, perché non ha senso considerare tale i rettilinei paralleli dell'Avus di Berlino lunghi 10 chilometri e costruiti come circuito automobilistico, l'abbiamo fatta noi. È la Milano-Varese. Due mesi per la progettazione. Quattro per fare oltre tremila espropri. Primo colpo di piccone di Benito Mussolini: 26 marzo del 1923. Inaugurazione alla presenza di Vittorio Emanuele III: 21 settembre del 1924. Cinquanta chilometri in un anno e mezzo scarso.

Ma era solo l'inizio. Prima che la Germania aprisse nel 1933 la Francoforte-Mannheim, primo tronco dell'ambizioso progetto di *Autobahn* Amburgo-Francoforte-Monaco-Salisburgo, noi avevamo già costruito e aperto al traffico nel 1927 la Milano-Bergamo (con un ponte sull'Adda a un solo arco di 80 metri), nel 1928 la Roma-Ostia, illuminata da 3000 lampade elettriche, nel 1929 la Napoli-Pompei, nel 1931 la Bergamo-Brescia (con un ponte a tre arcate sull'Oglio di 284 metri), nel 1932 la Firenze-Mare e la Milano-Torino. A farla corta: gli stessi antifascisti più viscerali devono riconoscere che quando il Capoccione tuonava che «le autostrade sono una grandiosa anticipazione italiana e un segno certissimo della nostra costruttiva potenza non indegna agli antichi figli di Roma» era insopportabilmente retorico, ma aveva buoni motivi per essere orgoglioso.

Certo, le ostilità non mancavano neppure allora. Lo ricorda la studiosa Anna Lamberti Bocconi, che ha rintracciato la cronaca di una discussione sul bilancio preventivo dei Lavori pubblici del 1930 «in cui il deputato Francesco Caggese, un ingegnere irpino, venne applaudito a più riprese mentre affermava che "le autostrade non sono assolutamente necessarie...

salvo casi particolari sarebbe meglio che lo Stato devolvesse quei denari al miglioramento della rete stradale già esistente"».
I lavori, però, non venivano paralizzati dai veti.

Cosa significa: che la Cina comunista e l'Italia fascista dimostrano che per lavorare bene e in fretta occorre un regime forte? Ma niente affatto. Lo prova la già citata Autostrada del Sole. Il punto di svolta fu la Salerno-Reggio Calabria. Per quei 443 chilometri, fortissimamente voluti dal socialista Giacomo Mancini e da tutti i meridionalisti, primo fra tutti Giovanni Russo (per il quale rappresentava un secolo dopo «il compimento dell'Unità d'Italia»), furono necessari dal 1963 al 1974 undici anni: 40 chilometri l'anno. Una marcia più che dimezzata, rispetto all'Autosole fino a Napoli.

Come mai? Colpa dei partiti, dei politici, degli interessi clientelari, risponde in una vecchia intervista al «Corriere» l'ingegner Fedele Cova, che per quindici anni aveva guidato la società Autostrade e si vanta di aver costruito arterie per 2200 chilometri: «Il segno del cambiamento si ebbe nel '64. Prima mi avevano lasciato tranquillo, forse perché non credevano nelle autostrade, forse perché non si erano neppure accorti di quello che stava accadendo. Ma, nel '64, con la fine dell'Autosole, cominciarono gli appetiti, le interferenze... Pretendevano questo e quello, ed era difficile vivere. Fino al '70, per me, è stata una difesa continua, strenua, da un interminabile assedio».

«Prima» quello che contava era fare le strade, farle bene, farle in fretta. Poi contarono altre cose: l'assegnazione degli appalti, le quote da spartire, la scelta elettorale dei tracciati, i «clienti» da far assumere e sistemare. Parola di Cova: «Nel '68 i politici non desideravano più discutere, ma solo comandare. Ti ascoltavano distratti e ti liquidavano con un "bene, ci penseremo". I tecnici non contavano più niente. Era un muro di gomma e capivi che le decisioni erano già state prese. Comprendevi anche di infastidirli, di essere importuno... Se ti toglievi dai piedi, loro erano contenti».

Per l'Autosole erano bastati 4 milioni di euro di oggi al chilometro. Per la Salerno-Reggio ne servirono 5,6. Un terzo di più, anche a causa della scelta di fare un'uscita ogni nove chilometri scarsi. Decisione «compensata», si fa per dire, dalla determinazione di «risparmiare» rinunciando ai caselli. Cosa assai apprezzata dagli automobilisti ma anche dai delinquenti: niente caselli, niente controlli. E un Far West di rapine, sequestri di persona, morti ammazzati. Su tutti il piccolo Nicholas Green, ucciso in un agguato sull'autostrada da una banda di briganti mentre andava in vacanza con i genitori e la sorellina.

Fatto sta che, poco più di un decennio dopo l'inaugurazione, il governo Craxi doveva già stanziare mille miliardi per sistemare un mucchio di opere incompiute e correggere errori progettuali. Era solo l'inizio di un tormentone infinito. Coi ministri via via coinvolti a sostenere chi la necessità di privatizzare, chi quella di accollare tutto all'Anas, chi quella di fare i caselli per recuperare almeno un po' di soldi, chi di lasciar tutto come prima perché a questo punto, fatti i conti, quei caselli sarebbero costati tanto che si sarebbero dovute imporre tariffe proibitive.

Oltre vent'anni più tardi stiamo ancora lì. Con i cantieri aperti ma spesso abbandonati perché le ditte sono fallite. Con le macchine che fanno zig-zag tra i birilli. Con le cronache dei giornali che ogni tanto raccontano di delitti e rapine nelle aree di servizio o incredibili storie di auto rubate come un'Audi 4200 inseguita per 250 chilometri senza che la polizia riuscisse a intercettarla. Con gli archivi che traboccano di impegni solenni. Come quelli di Pietro Lunardi. Promessa del 2001, al momento di sedersi sulla poltrona di responsabile delle Infrastrutture nel governo Berlusconi: «L'autostrada sarà pronta nel 2004-2005». Promessa del 2002: «Per i lavori ancora in fase di progettazione o affidamento il completamento è previsto entro il 2006». Promessa del 2005: «I lavori saranno conclusi nel 2009». Sicuro? Ultimi aggiornamenti: forse nel 2012. Forse.

E intanto il conto saliva e saliva e saliva. Dicono i progetti che nel 1987 la Salerno-Reggio Calabria poteva essere sistemata con 983 milioni di euro di oggi. Dieci anni più tardi, alla vigilia dell'apertura dei cantieri, la cifra si era già impennata fino a 4 miliardi. All'inizio del Terzo Millennio, mentre la Fillea Cgil denunciava che di quel passo i lavori sarebbero finiti nel 2040, stavamo a quasi 7. E su, su, su fino alla stima attuale: 9 miliardi. Cioè 152 euro per ogni cittadino italiano.

Fate i conti: 20 milioni abbondanti a chilometro. Vale a dire che per sistemare l'autostrada si spenderà quasi quattro volte di più che per costruirla. E cinque volte di più di quanto fu speso per fare l'Autosole fino a Napoli. Di più perfino di quanto costerebbe, stando al progetto, il costosissimo tracciato collinare dell'autostrada tirrenica sponsorizzato da Lunardi: 14,9 milioni a chilometro. E il bello è che, dopo aver tirato fuori tutti questi quattrini, la sgarrupata A3 che da Salerno porta allo Stretto non lascerà il posto a una highway californiana: dei 443 chilometri, solo i primi 53 saranno infatti a tre corsie più quella d'emergenza. Gli altri 390 rimarranno a due corsie, come oggi. Più belle, più larghe, più sicure. Ma sempre due. Nonostante sia percorsa da tremila tir al giorno.

Ma perché tutti questi soldi? Perché, come ha confessato nell'ottobre 2004 l'ingegner Carlo Bartoli, direttore centrale dell'Anas, c'è stata «un'errata concezione dei progetti, che ha rallentato enormemente i lavori». Perché, contrariamente a quanto pensa l'ex presidente della Camera Fausto Bertinotti, convinto che non si possano addebitare questi ritardi storici all'«impotenza della politica», ogni centimetro della A3 odora di pesanti interferenze dei partiti. Ma soprattutto perché più l'affare è colossale e impantanato in mille distinguo tecnici, più è esposto alle infiltrazioni degli imprenditori spregiudicati e della criminalità organizzata.

Lo spiegò chiaramente fin dal '99 il procuratore nazionale antimafia Pierluigi Vigna: «Nel Mezzogiorno stanno arrivando migliaia di miliardi destinati alle grandi opere pubbliche, fra cui il raddoppio dell'autostrada Salerno-Reggio Calabria. La mafia è già al lavoro». Entrò anche nei particolari. «Lo schema è quello di sempre. Collaudatissimo. Si chiede la tangente a chi ha legittimamente vinto la gara di appalto o s'impongono cessioni di lotti in subappalto, ovvero ancora si pianifica a monte della gara la spartizione dei lotti.» Una realtà confermata da Lunardi subito dopo essersi insediato come ministro con una battuta («Con la mafia e la camorra dobbiamo convivere») che indignò tutti costringendolo ad affannate precisazioni. E ribadite, con meno indulgenza, dal suo successore Alessandro Bianchi: «Vi sono presenze inquinanti della criminalità mafiosa. E ciò determina anche l'allungamento dei tempi. Queste interferenze ci sono, non si può far finta di no».

Fatto sta che per insipienza gestionale, ingordigia politica, egoismo delle realtà locali o infiltrazioni mafiose, la nostra rete autostradale che un tempo era la prima al mondo è paurosamente arretrata. Sia al Nord, dove per esempio non sono mai stati aperti i cantieri di un'opera per il Veneto necessaria come l'ossigeno, quella Pedemontana che nel 1998 era stata già addirittura finanziata dal governo ulivista ma fu bloccata dalla rivolta di un po' di giunte di destra e sospesa in favore di un nuovo progetto più sottile di 48 centimetri. Sia al Sud, dove solo nel dicembre 2004 arrivò l'inaugurazione in pompa magna, con Berlusconi e le fanfare e un cannolo gigante, della prima delle due carreggiate del tratto mancante della Palermo-Messina (36 anni di lavori) e dove chissà quando sarà finita la superstrada Catania-Siracusa in costruzione dai tempi delle grandi piramidi.

Una paralisi. O quasi. Come se fosse ancora in vigore una delle leggi più pazze mai fatte in Italia. Quella che nel 1971 diceva: «È sospeso il rilascio di concessioni per la costruzione di autostrade a partire dall'entrata in vigore della presente legge e sino all'approvazione da parte del Parlamento del prossimo programma economico nazionale». Basta autostrade nuove? Esatto. E quattro anni dopo le norme venivano confermate: «Fermo restando il disposto dell'articolo 11 della legge del 28 aprile 1971 n. 287 è altresì sospesa la costruzione di nuove autostrade o tratte autostradali e trafori di cui non sia stato effettuato l'appalto, ancorché assentiti amministrativamente».

Ve li ricordate i viaggi a Parigi o sulla Loira a metà degli anni Settanta? Un incubo, per noi italiani abituati da un pezzo alle autostrade. Come un incubo, a parte la bellezza del paesaggio, era girare la Spagna e perfino andare da Barcellona a Madrid. Bene. Stando alle statistiche elaborate da Svimez su dati Eurostat alla fine del 2007, fatta 100 la media europea l'Italia è arretrata a 77 e mezzo, la Germania sta a 101, la Francia è salita a 118 e la Spagna è schizzata in una manciata di anni a 174 e mezzo. Umiliante. Come umiliante è il confronto rispetto alla popolazione messo a punto dall'Ufficio studi della Cgia (Associazione degli artigiani e delle piccole imprese) di Mestre nell'ottobre 2007 su dati Eurostat: ogni milione di abitanti ci sono 114 chilometri di autostrade in Italia, 142 in Olanda, 146 in Germania, 167 in Francia, 168 in Belgio, 188 in Danimarca, 204 in Austria e 238 in Spagna. Pur essendo noi italiani passati negli ultimi quarant'anni da 5 a quasi 60 auto ogni 100 abitanti. Dati del «Sole 24 Ore»: abbiamo 5663 veicoli circolanti per chilometro di autostrade in Italia, 3483 in Francia, 3994 in Germania, 3318 in Spagna.

E non si tratta solo di viaggiare con più comfort. Come ha spiegato sul «Corriere» Sergio Romano, uno studio del vicedirettore della Banca d'Italia Pier Luigi Ciocca e le stime di alcune organizzazioni internazionali hanno dimostrato che «questo deficit di opere pubbliche ha provocato nel corso degli anni Novanta una perdita valutabile in circa 13 punti percentuali del prodotto interno lordo, cioè circa 300.000 miliardi di lire». Centocinquanta miliardi di euro. Più quelli perduti dal 2000 in qua. Prendiamo un solo punto critico, la tangenziale di Mestre: al di là delle tragedie dovute a incidenti a catena, il tempo perso, le mancate consegne e i ritardi negli approvvigionamenti, stando a uno studio degli industriali di Treviso, sono costati mediamente in questi anni oltre un milione di euro al giorno. Eppure, prima di fare il passante, finalmente avviato a gran velocità quando la situazione era ormai insostenibile dopo la misteriosa bocciatura di progetti quali quello dei tunnel paralleli che la Norconsult norvegese aveva offerto per 400 milioni di euro chiavi in mano in tre anni, si sono persi dei lustri.

È lì che vedi come la deriva italiana sia drammatica. Nell'incapacità di progettare, di ridefinire, di investire sul futuro. Due documenti dicono tutto. Il primo è la classifica dei bandi di gara europei, pubblicata dall'Oice, Associazione delle organizzazioni di ingegneria, architettura e consulenza tecnico-economica: nel mese di gennaio 2008 i bandi per servizi di ingegneria e architettura apparsi sulla gazzetta comunitaria sono stati 1185. Per il 38% erano francesi, per l'11% spagnoli, per l'8% tedeschi, per il 5,2 britannici. E noi? In coda: 4,4%.

Il secondo è un dossier che l'Associazione nazionale costruttori edili presieduta da Paolo Buzzetti ha messo a punto con Ecosfera analizzando 196 opere pubbliche. Per progettare un'opera di importo superiore a 50 milioni di euro, come un tratto di strada o la banchina di un porto, ci vogliono in media 2137 giorni. Poco meno di sei anni: uno e mezzo per il preliminare, quasi tre per il progetto definitivo, quindici mesi per l'esecutivo. Ma chi pensa che per le opere più piccole sia tutta un'altra musica si sbaglia di grosso. La fase di progettazione per opere che costano meno di 50 milioni è di 1591 giorni: quattro anni abbondanti. E la tanto decantata «legge obiettivo»? I tempi delle prime due fasi progettuali, quella del preliminare e del definitivo, risponde lo studio, si sono ridotti da quattro anni a tre anni e sette mesi. Ma dopo la progettazione c'è la fase del bando di gara. E per prepararlo passano anche 188 giorni. Lumaca fra le lumache, l'Anas: di giorni può impiegarne 463. Fatto quello, c'è la fase della consegna: altri 97 giorni per le opere più piccole, «solo» 71 per le più grandi. Poi tocca ai ritardi dei cantieri veri e propri: 292 giorni in media, il 43% in più del tempo contrattato. Ma nei lavori «minori» l'Anas arriva al 61%.

Siamo fermi. A motore spento. O quasi. Sia sulle infrastrutture stradali sia sulle altre. A partire dalle metropolitane. Per carità, è vero che a non tutti capita di scavare nel sottosuolo e trovare capolavori dell'Antica Roma, come è successo a chi dal lontano 1995 non è ancora riuscito a fare partire sul serio i cantieri della linea C della metropolitana che doveva essere pronta per il Giubileo. Ma sapete quanto ci ha messo la Spagna a costruire la nuova metro di Madrid con un prolungamento di 56,23 chilometri e la nascita di 8 stazioni di interscambio e 28 stazioni ordinarie? Ce lo dice ancora l'Oice: 36 mesi. Così che oggi la rete sotterranea della capitale spagnola si estende per 309 chilometri e ha 267 stazioni. Quasi il triplo di Roma, Milano e Napoli messe insieme.

Quanto ai cinesi, che come ha scritto Fabio Cavalera sul «Corriere della Sera» hanno deciso di allungare di 8300 chilometri la loro rete autostradale in 12 mesi, lasciamo stare: stando alla relazione dell'amministrazione comunale, la metropolitana di Shanghai è passata fra il 2002 e la fine del 2007 da 63 a 234 chilometri. Una velocità che ha inorgoglito gli eredi dell'«impero di mezzo» soprattutto perché, come ha scritto il giornale «Dong Fang Zao Bao», non solo «non ha precedenti» ma è «quadrupla a quella dei giapponesi nella costruzione della metro di Tokyo, che era di soli 9 chilometri all'anno».

Ce l'avessimo noi, ce l'avessimo, la lentezza giapponese...

5

Cristoforo Colombo è finito in secca

Porti, navi, aerei, treni: fotografie di un declino

Siamo un popolo di poeti, santi ed ex navigatori. Certo, siamo pieni di yacht di lusso, motoscafi e barchette cacciapesca. E c'è da credere a quanto ha raccontato pochi anni fa Silvio Berlusconi: «Dalla mia villa in Sardegna ho un gran bel panorama, davanti a Punta Lada noto anche quest'anno molte barche. Se sono barche da ricchi vuol dire che ne abbiamo proprio tanti. Gli stipendi crescono più dell'inflazione, la ricchezza delle nostre famiglie non ha eguali in Europa». Sarà. Ma sulle navi grosse, quelle che dominano i mari di oggi e del futuro, quelle che hanno in pugno la polpa del traffico mondiale delle merci, siamo quasi tagliati fuori.

Fino a una dozzina di anni fa i bastimenti più grandi portavano duemila container standard da 13 metri che in gergo internazionale sono chiamati Teu. Dal 2000 ne portano quattromila e poi è partita una gara mostruosa a chi fa le navi più immense. Un rapporto di Brs-Alphaliner, una società di monitoraggio che tiene d'occhio l'evoluzione della flotta commerciale planetaria, riferisce che il mondo è pieno di giganteschi cantieri dai quali entro il 2010 usciranno complessivamente 311 bestioni in grado di portare oltre 7500 Teu e 95 in grado di portarne oltre 10.000. Bene: non una di queste navi smisurate, che «pescano» più di 15 metri e mezzo sotto il pelo dell'acqua, potrà mai entrare, salvo che a Trieste sul quale però pesano altri handicap, in un porto italiano.

Oddio, al molo di Genova ha attraccato la danese *Emma Maersk*, che è lunga 397 metri cioè quanto quattro campi da calcio e porta 11.400 container con 13 (tredici!) uomini di equipaggio. Ma era solo una simulazione al computer: i fondali del porto ligure, infatti, non sono abbastanza profondi per accogliere l'*Emma* né le sue dieci sorelle che la Maersk ha messo in cantiere con capacità perfino maggiori.

Una volta, quando il mare era «nostrum», le facevamo noi le navi più grosse. I romani arrivarono a dominare il Mediterraneo con le *muriophortoi*, alla lettera «portatrici di diecimila anfore», bestioni da 500 tonnellate. Per non parlare di certe imbarcazioni eccezionali come quella fatta fare apposta da Caligola per portare a Roma l'obelisco che oggi svetta in piazza San Pietro.

Quanto ai veneziani, l'Arsenale è stato a lungo il più importante stabilimento industriale del mondo. Così grande da impressionare Dante Alighieri che nella *Divina Commedia* magnifica la catena di montaggio: «Chi fa suo legno novo e chi ristoppa / le coste a quel che più vïaggi fece; / chi ribatte da proda e chi da poppa; / altri fa remi e altri volge sarte». Nei momenti di punta ci lavoravano in diecimila a ritmi tali che nel solo maggio 1571, alla vigilia della battaglia di Lepanto, riuscirono a varare 25 navi. Quasi una al giorno. E da lì uscivano le «galee grosse da merchado» lunghe 50 metri, dotate di tre alberi per vele latine e spinte nei giorni senza vento da 150 vogatori disposti a terzine su banchi a spina di pesce.

Eravamo forti, allora. Commercialmente e militarmente. E lo siamo rimasti, con le nostre flotte e i nostri porti, fino a non molti decenni fa. Il declino, però, è stato rapidissimo. Nel 1971, ha scritto Bruno Dardani, che prima sul «Sole 24 Ore» e poi su «Libero Mercato» cerca da anni di lanciare l'allarme, «i quattro porti di Genova, Marsiglia, La Spezia e Livorno coprivano il 20% del traffico europeo» e di questa quota Genova rappresentava quasi i due terzi facendo da sola il 13% del totale continentale. Tredici anni dopo, nel 1984, il traffico sotto la Lanterna era crollato al 4 e mezzo per cento. Scarso.

Colpa dei costi: nel momento chiave in cui i porti dell'Europa del Nord si giocavano tutto per arginare l'irruzione della concorrenza orientale, a cavallo tra gli anni Ottanta e Novanta, movimentare un container pieno costava a Rotterdam il 56% in meno di quanto costasse a Genova. Colpa degli spazi perché, fatta eccezione per Gioia Tauro, i nostri porti sono antichi e hanno le case che incombono sulle banchine. Colpa dei partiti, che hanno occupato anche questi territori se è vero che almeno 18 sulle 24 autorità portuali sono in mano a persone di origine diessina. E colpa della sordità della nostra classe dirigente, che non ha ancora capito come sulle rotte marittime transiti quasi il 95% del commercio estero del continente. Commercio dal quale, nonostante ci riempiano la testa di chiacchiere sull'«Italia piattaforma portuale d'Europa», stiamo finendo progressivamente ai margini.

Basti dire che nel 2005, dopo qualche anno di «ripresina» seguita alla legge che nel '94 liberalizzò un po' di banchine, siamo stati l'unico Paese Ue a perdere quote nel traffico dei container, calato di oltre il 3% mentre cresceva del 10% in Spagna e del 14% a Rotterdam. Le statistiche del centro studi del porto di Amburgo sono implacabili. E dicono che dei primi venti porti del mondo nel 2006 neppure uno era italiano. E che anche il successo abbastanza casuale di Gioia Tauro, che era nato come polo industriale e si era ritrovato a essere tra i primi porti europei per container grazie ai fondali e agli spazi nonostante le sgarrupate infrastrutture di collegamento con la disastrata Salerno-Reggio Calabria, appare compromesso.

Era arrivato a essere nel 2004 il 23° scalo mondiale con 3 milioni e 261.000 container. Ma da allora non ha fatto che arretrare fino a scendere sotto i 3 milioni, per essere via via sorpassato nel 2006 da Giacarta, Algeciras, Yokohama, Felixstowe per non parlare della cinese Xianem che allora stava 400.000 container indietro e adesso sta un milione abbondante più avanti. Certo, nel 2007 c'è stata una ripresa. Però...

Ed è idiota maledire il cielo e i limiti della Vecchia Europa: è tutta colpa nostra. Dal 2000 al 2006 a Genova il traffico di container è aumentato del 10%. E intanto cresceva a Rotterdam del 54%, a Brema e ad Algeciras del 61%, a Barcellona del 65%, ad Anversa del 71%, a Valencia del 99% e ad Amburgo del 108%. Cosa c'entra l'invettiva contro la Vecchia Europa? Niente. Solo che gli altri, coscienti che sul container si gioca il futuro, ci investono. E noi no.

Prendi la Spagna. Mentre noi tagliavamo, spiega Bruno

Dardani, loro in soli due anni, 2007 e 2008, hanno deciso di investire sui porti quasi 3 miliardi di euro. Risultato: loro sono in vertiginosa ascesa, noi sommando tutti e sette i principali porti italiani catalogati dall'ufficio statistico di Amburgo (Gioia Tauro, Genova, La Spezia, Taranto, Livorno, Venezia e Trieste) arriviamo a movimentare 7.818.974 container. Cioè poco più della sola Anversa e 2 milioni in meno della sola Rotterdam. O se volete un terzo del solo porto di Singapore.

A Barcellona, consapevoli di essere obbligati ad ampliare il porto per tenere il passo del mondo, hanno deviato la foce del fiume Llobregat, preservato un'oasi faunistica per far contenti gli ambientalisti e creato spazi per 30 chilometri di banchine. A La Spezia la richiesta di dragare i fondali è stata tenuta ferma per anni finché è stata sbloccata nel 2007 solo a una condizione: tutti i fanghi rimossi, considerati da certi verdi integralisti tossici e pericolosissimi, devono essere messi in migliaia di costosi sacchi speciali con l'interno in pvc assorbente e portati da un'altra parte. Risultato: li spediamo, pagando, ai belgi. Che incassano 100 euro a tonnellata, prendono i nostri «spaventosi» fanghi tossici consegnati a domicilio e li usano per fare nuove banchine ad Anversa con le quali aumentare il loro vantaggio già abissale su La Spezia e gli altri porti nostrani.

Ridono di noi, all'estero. Ridono e si portano l'indice alla tempia: italiani picchiatelli! E come potrebbero non ridere, davanti a certi sproloqui? Le «autostrade del mare»! Il primo a parlarne fu addirittura Costante Degan, un vecchio democristiano veneto piazzato alla Marina mercantile. Ministero, tra l'altro, non solo abolito a partire dal primo governo Berlusconi ma scomparso perfino come delega a qualche straccio di sottosegretario. Come se il mare che bagna 7458 chilometri delle nostre coste esistesse solo per scaricare liquami o farsi una nuotata nei giorni di solleone. Le autostrade del mare! Non c'è ministro che non le abbia promesse come priorità assoluta. Dal finiano Publio Fiori al margheritino Tiziano Treu, dal rifondarolo Nerio Nesi al forzista Pietro Lunardi fino al comunista dilibertiano Alessandro Bianchi. Le autostrade del mare!

Risultati? Zero. Salvo, a partire dai primi mesi del 2007,

uno sconto del 20% ai camionisti che caricano il tir su una nave. E la nascita nel marzo 2004 di una nuova società pomposamente battezzata Rete autostrade mediterranee. Azionista di controllo, Sviluppo Italia. Presidente, l'ex ministro Angelo Piazza. Braccio destro nel consiglio di amministrazione: Fabrizio Palenzona, un omone di 195 centimetri di altezza per 190 chili di peso già presidente della Provincia di Alessandria per la Margherita e presidente dell'Aiscat, Associazione delle società concessionarie di autostrade terrestri, che delle autostrade del mare dovrebbero essere le concorrenti più agguerrite. Attività principale: parlare, chiacchierare, discettare, sentenziare e sbrodolare di autostrade del mare. Fine. Tanto è vero che la voce più corposa delle spese è sempre stata quella dei «compensi agli amministratori, sindaci e CdA». Nel 2005/2006 erano 863.830 euro: il 37% di tutti i costi aziendali.

La Spagna investe 3 miliardi di euro sui porti? La coreana Hanjin Shipping ha ordinato 7 portacontainer giganti che raggiungono una velocità di crociera di 27 nodi? L'armatore francese Cga-Cma ne ha ordinate da solo 8 da 11.400 per un totale di 1,2 miliardi di dollari? Il porto marocchino di Tangeri, affidandosi anche ai danesi della Maersk, punta a movimentare nel 2012 la bellezza di 8 milioni e mezzo di container da 13 metri cioè più di tutti i porti italiani messi insieme? Noi i soldi li buttiamo nella Tirrenia, la più disastrosa azienda che abbia mai solcato i mari del mondo. Capace di ingoiare dal 2002 al 2007 oltre un miliardo di euro.

Come ha fatto? Per cominciare, è stata via via usata dai governi per riciclare altre compagnie marittime affondate, sistemare nuovi assunti, dare sfogo a fabbriche in crisi. Esempio: i traghetti veloci *Aries, Taurus, Capricorn* e *Scorpio*. Quando furono ordinati, spiegano alla Cgil di Napoli, era finita da poco la guerra del Golfo, gli stabilimenti liguri della Fincantieri a Riva Trigoso erano nei guai per una serie di commesse saltate e l'ordinazione di quelle 4 navi consentì loro di respirare. Costo: 105 miliardi di lire l'una nel 1998. Per un totale, in valuta d'oggi, di 260 milioni di euro.

Veloci, lo erano davvero: 40 nodi (vale a dire circa 75 chilometri) l'ora. Una spinta fantastica, per bestioni di 150 metri in grado di portare 450 macchine. Ma fu subito chiaro che bevevano gasolio come certi ubriaconi il merlot all'osteria: da 15 a 18 tonnellate per ogni ora di navigazione. Un'enormità, rispetto ai traghetti tradizionali ma aggiornati come il *Raffaele Rubattino*, che coi suoi 23 nodi l'ora è decisamente meno rapido ma è lungo 30 metri in più, può portare molte più auto e consuma dalle 2 alle 3 tonnellate l'ora di gasolio. Morale: anche se viaggi pienissimo, i conti non tornano. Se poi, come capita d'inverno, parti a volte semivuoto, è una catastrofe. Due calcoli? Un viaggio Genova-Olbia andata e ritorno, con mare buono e navi a tutto vapore (sennò perché prendere la «veloce»?) costa mediamente 30.000 euro di gasolio coi nuovi traghetti tradizionali e 90.000 con quelli rapidi.

Assurdo. Risultato: i quattro «speedy-bestioni» se ne stanno ormeggiati in disarmo. A Olbia, Arbatax, Genova, Napoli. Da anni. Ogni tanto, nei momenti di punta, li rimettono a fare qualche tratta. Poi li riportano a riposare. Inutilizzati. Con quattro o cinque marinai che ogni tanto avviano i motori per tenerli in vita, danno una scopata alle cuccette, rinfrescano la vernice dei corridoi. In attesa che un giorno, forse, chissà, qualcuno se li compri. E guai a lagnarsi della follia. Risposta: «E chi se l'immaginava che il petrolio schizzasse a cento dollari al barile!».

Quando Domenico Iannaccone di *Ballarò* andò a dare un'occhiata, nel gennaio 2008, i dipendenti della sede centrale erano sinceramente indignati col «complotto» di chi parla di inefficienze e conti in disordine: «Il problema è che questa azienda dà fastidio perché funziona bene». La prova? Nel bilancio 2006 c'è un utile, al netto delle imposte, di 23 milioni di euro. Grazie tante: col trucco! Dovuto ai contributi statali di 221 milioni e altri introiti, fra cui le plusvalenze delle vendite di imbarcazioni per 41 milioni.

Colpa di Napoli, 'o sole, 'o mare, 'a poca voglia 'e fatica'? Per niente. Sotto lo stesso Vesuvio ha sede infatti il gruppo Grimaldi, che con 55 grandi navi già a disposizione e 11 ordinate in arrivo è uno dei leader mondiali dei trasporti marittimi di automobili e altri carichi rotabili, in gergo «ro/ro» e si è via via allargato nel mondo dei traghetti passeggeri fino a diventare, per esempio, il maggior azionista di un gigante del settore come la Minoan Lines. Bene, anche la Grimaldi ha per il suo ruolo dei contributi statali. Ma solo 13 milioni di euro su un fatturato consolidato di 783 con un utile di 197. E agli amministratori e ai sindaci destina un compenso di 514.000 euro, meno della metà della Tirrenia.

Senza i soldi pubblici la Tirrenia, che Alberto Statera ha bollato sulla «Repubblica» come «l'ultima escrescenza residual-clientelare del baluardo Iri», sarebbe in perdita per più di 221 milioni l'anno. Cioè 71.690 euro di buco annuale per ciascuno dei 3088 dipendenti: settantunmilaseicentonovanta!

Un'azienda privata, coi conti così, si sarebbe inabissata da un pezzo. E i suoi dirigenti sarebbero stati affogati nella loro insipienza. Qui no. Anzi, l'amministratore delegato Franco Pecorini, un toscano di Gavorrano, è inaffondabile come un turacciolo di sughero. Arrivò al timone della Tirrenia nel 1984, quando l'Unione Sovietica era guidata da Konstantin Černenko, il capo del governo italiano era Bettino Craxi e Paolo Maldini doveva ancora debuttare in serie A. Da allora, fino al secondo Prodi, ha visto man mano chiudersi otto legislature e cadere diciotto governi, compreso uno guidato da Amintore Fanfani. E lui lì, sempre a galla.

I suoi collaboratori, che tra consiglio di amministrazione e sindaci si spartiscono un milione e 122.000 euro, lo adorano. A ragione, dal loro egoistico punto di vista. La compagnia ha 9 consiglieri e controlla 4 compagnie regionali, ciascuna con 5 consiglieri: Saremar, Siremar, Caremar e Toremar. In tutto, 20 poltrone, che sommate alle 9 della capogruppo fanno 29. Come se non bastasse, ci sono poi 5 amministratori della Tirrenia Eurocatering, società a metà con un socio privato. Senza contare i vari direttori generali sparsi fra la capogruppo e le controllate. Per un totale di 89 poltrone di comando: una ogni 34,6 dipendenti. E sono soldi, soldi, soldi.

«Pecorini? È bravo. Ha gestito bene. Non ha licenziato mai nessuno», lo difendono i dipendenti. Viva la riconoscenza. Dice uno studio della Regione Sardegna che, rispetto alla concorrenza privata, gli impiegati, gli operai e i marinai del gruppo guadagnano il 25% in più alla Tirrenia società madre, il 42% in più alla Siremar (linee siciliane), il 48% in più alla Saremar (linee sarde) e alla Toremar (linee toscane) e addirittura il 66% in più alla Caremar (linee campane). Contratti deluxe. Firmati grazie a un rapporto privilegiato con la politica, i partiti e una gestione dei rapporti sindacali unica al mondo.

Se l'Intersind e l'Asap, che avevano come unico compito quello di occuparsi delle relazioni sindacali dei dipendenti dell'Iri (mezzo milione) e dell'Eni (80.000), sono state chiuse perché insensate, la Fedarlinea invece esiste ancora. Miracolo: un organismo apposito, spiega il sito internet, che «rappresenta le società del gruppo Tirrenia nelle trattative sindacali e nella stipulazione degli accordi collettivi di lavoro». Altri 19 posti, occupati sempre dagli stessi. Un consiglio direttivo di 8, un comitato esecutivo di 4, un collegio sindacale di 5 e, udite udite, un direttore generale, un condirettore generale e 6 dipendenti. E tutto per gestire le relazioni sindacali con 3088 lavoratori (più o meno quelli di un'industria come la vicentina Fiamm che fa batterie per le auto) di cui 455 amministrativi.

Che volete che importi loro, in un contesto così, dei passeggeri? In Sardegna, spiega l'assessore regionale ai trasporti Sandro Broccia, non ne possono più: «Noi per la Tirrenia rappresentiamo il 78,5% dei collegamenti. E per servire noi ricevono un sacco di soldi statali. E loro cosa fanno? Non mollano il monopolio delle linee con Cagliari e Arbatax e sfalsano il mercato con l'offerta ai grandi trasportatori di tariffe speciali e pagamenti a 180 giorni. Mai visto al mondo un traghetto che paghi dopo 180 giorni. Risultato: salvo l'estate impieghiamo 15 ore da Cagliari a Civitavecchia e due volte la settimana diventano 17. Abbiamo 600/700 camion al giorno che vanno a Olbia. Hanno tariffe micidiali. E ricattano la gente impedendo l'arrivo di armatori concorrenti».

È bastato che il governatore Renato Soru levasse la voce per chiedere la fine di questo andazzo («Vogliamo semplicemente servizi dignitosi, garantiti attraverso una gara europea. Non vecchie carrette da 14 nodi ma navi moderne da 28 nodi, con decenti servizi a bordo, a tariffe che garantiscano la continuità territoriale di un pezzo importante d'Italia») perché i dipendenti genovesi della Tirrenia, alla vigilia del Natale 2007, si rifiutassero per protesta di vendere biglietti ai sardi che tornavano a casa per le feste: «Vogliamo che Soru ci chieda scusa. Lui e i suoi seguaci ignorando sessant'anni di storico e quotidiano servizio prestato alla sua regione da Tirrenia, mettono irresponsabilmente a rischio l'occupazione di terra e di mare e, peggio ancora, offendono la dignità di questi lavoratori».

«Un'infamia imperdonabile», tuonò sull'«Altra voce», furente con la «compagnia borbonica», il giornalista Giorgio Melis: «Tirrenia ha trattato – ovvero maltrattato, sfruttato e offeso i sardi come colonizzati presi a pesci in faccia – la Sardegna in modo abbietto, ha bloccato e ritardato di vent'anni il suo decollo turistico con servizi marittimi da Terzo Mondo».

Un'accusa da girare, uguale identica, ad Alitalia. Che ha avuto in questi anni un peso decisivo nel traumatico declino della nostra quota nel turismo internazionale. Chi lo dice? Qualche albergatore qualunquista? No: Ahmed bin Saeed Al-Maktoum, il presidente della Emirates che, partito nel 1985 con un Boeing 737 e un Airbus presi a noleggio, guida oggi una flotta di 95 aerei con 90 destinazioni in tutti e cinque i continenti e un fatturato nel 2006 di 6,2 miliardi di euro con 687 milioni di utile netto: «Avete tutto. E tutti sognano un giorno di poter venire in Italia», ha spiegato a «Oggi» nell'agosto 2007. «Credo che non dovrebbe essere difficile riempire i voli di gente proveniente da tutto il mondo per ammirare le vostre bellezze naturali, passare vacanze al mare, in montagna, tra capolavori d'arte, siti storici e città uniche. In più avete una delle cucine migliori al mondo, chi ama fare shopping è nel Paese della moda e chi ama lo sport può assistere alle partite di uno spettacolare campionato di calcio. E probabilmente sto ancora dimenticando qualcosa. Poi c'è la clientela italiana. Un bacino di 58 milioni di persone, con un buon reddito medio, con una forte propensione a viaggiare e girare il mondo.» Di più: «Roma è il centro della cristianità. Basterebbe il movimento dei pellegrini diretti in Vaticano per chiudere i conti in attivo».

E come mai, con tutto questo ben-di-dio a portata di mano, l'Alitalia non se la compra lui che ha tanti di quei soldi da aver firmato il più grande contratto della storia ordinando 55 Airbus 380 da 500 passeggeri l'uno per una spesa di 26 miliardi di dollari, pari a una manovra finanziaria italiana? «Non mi interessa.» Ma perché? «Perché è tecnicamente in bancarotta.»

È lì che vedi il disastro Alitalia: nei confronti internazionali. Nella tabella degli aerei a lungo raggio, dove scopri che nell'autunno 2007 la nostra compagnia di bandiera aveva la miseria di 23 aerei di lungo raggio contro i 170 di Klm-Air France, i 134 di Lufthansa e i 130 di British Airways. Nella mappa delle destinazioni, che nella primavera 2008 risultava essere questa: Alitalia 83, Aeroflot 87, Iberia 105, Sas 112, Air France 187, Lufthansa 188, British Airways 222. Nella ricostruzione storica delle scelte fatte dopo la grande crisi seguita all'attacco alle Torri Gemelle dell'11 settembre 2001: 12.632 dipendenti tagliati dalla British Airways, 2700 dalla Iberia, 2500 dalla Sas... Tagli veri all'Alitalia: zero.

Quanto sia costata la compagnia di bandiera al contribuente italiano, ormai, non lo sa più nessuno. Cinque miliardi negli ultimi quindici anni, dicono le stime più serie. La sintesi del presidente di Air France-Klm, Jean-Cyril Spinetta, nei giorni del braccio di ferro, fu micidiale: «Nel '97 il fatturato di Air France era di 8 miliardi di euro e quello di Alitalia era di 5 miliardi di euro. Nel 2007 quello di Air France senza Klm era di 16 miliardi, quello di Alitalia di 4». I sindacati insistevano per salvare il settore cargo? Impossibile: «Perde un terzo del fatturato». Un miracolo, sotto certi aspetti: chi potrebbe sopravvivere, al mondo, con «cinque aerei e 135 piloti»?

Il modo in cui sono stati buttati via i soldi, com'è noto, grida vendetta. Storie leggendarie. Come i pernottamenti degli equipaggi al lussuoso Hotel des Bains del Lido di Venezia, dove piloti e hostess venivano portati da un motoscafo che costava di sola andata (poi c'era il ritorno) 120 euro di oggi e nelle notti di nebbia impiegava più di un'ora col risultato che se un pilota arrivava tardissimo e aveva poi un volo alle sette di mattina andava a letto in una camera stupenda ma dormiva quattro ore. O come l'esistenza di una commissione di 8 persone che si riuniva solo per decidere che nome dare a questo o quell'aereo («Amici, io sarei per Caravaggio», «Ma no, meglio Agnolo Bronzino»), con risvolti tra il comico e il patetico il giorno in cui, esauriti i capoluoghi di provincia, si scatenarono gli appetiti di ministri e sottosegretari, assessori regionali e sindaci che volevano a tutti i costi battezzare qualcosa con la loro contrada diletta: «Refrontolo!», «No, Maddaloni!», «No, Rottofreno!».

E la «guerra del lettino»? Sui vecchi Boeing 747 erano montate delle cuccette per il riposo dei piloti che avessero superato le 11 ore di volo. Ce le avevano tutti i 13 jumbo della flotta ma non i 4 comprati dalla compagnia Eurofly. I sindacati piantarono una grana. E l'Alitalia fu posta davanti a un bivio: assumere altri piloti per consentire turni più corti o montare i lettini anche su quegli ultimi velivoli, rinunciando a costosi posti in business class. Si decise, come raccontò sul «Corriere» Antonella Baccaro, di monetizzare il mancato riposo. Col risultato che 350 piloti su 2200 in base all'accordo avevano diritto a 1800 euro al mese in più in busta paga anche se lavoravano sugli aerei che il lettino ce l'avevano.

Per non dire della sopravvivenza in Sud America fino al 1999, denunciata dall'«Espresso», di «una struttura fantasma di 15 persone a Città del Messico, dove gli aerei della compagnia non atterrano dal 1985». Delle 600 camere quotidianamente affittate ancora nel 2005 nei dintorni di Malpensa per gli equipaggi composti da dipendenti con residenza a Roma ma luogo di lavoro Milano. Delle incredibili differenze di trattamento rilevate dall'ufficio studi di JP Morgan Chase nel 2006: i piloti Alitalia volavano in media per 571 ore, contro le 860 di EasyJet e le 900 di Ryanair.

Come poteva sopravvivere un'azienda così, che secondo l'economista Alfredo Macchiati usa la flotta soltanto per «un quarto rispetto alle effettive possibilità»? Nel 1979 perfino Giovanni Paolo II rendeva omaggio con parole di stima e di affetto a un'azienda che era l'orgoglio del Paese: «Vi meritate la consuetudine con gli spazi sconfinati del cielo e la possibilità di prendere le distanze dall'aiuola che ci fa tanto feroci». Tre decenni dopo, restano rovine fumanti. Colpa dei sindacati interni, indifferenti agli interessi generali. Colpa dei sindacati confederali, che per non esser tagliati fuori dagli «autonomi» si sono spinti a coprire cose inaccettabili al punto che Savino Pezzotta, che da leader della Cisl si era battuto per soluzioni raffazzonate, confida: «Oggi non sono sicuro che rifarei tutto ciò che ho fatto».

Ma colpa soprattutto dei partiti. Degli interessi di bottega. Dei leader politici. Certo, ci sono eccezioni. Riccardo Illy, per esempio, ha teorizzato che «bisognerebbe farla fallire, l'Alitalia. Non fosse altro che per dare l'esempio a tutti, anche a quei piloti e a quegli steward intoccabili pagati ben più di quelli delle altre compagnie e alle loro organizzazioni sindacali, che continuano a ballare sul *Titanic* che affonda mentre l'orchestrina suona». Ma gli altri, nella grande maggioranza, sono sempre stati allergici a sentir parlare di tagli. Compreso quel Berlusconi che, dopo essersi per anni spacciato per liberale e liberista raccontando di avere «un ritratto di Margaret Thatcher in camera da letto», è arrivato a dire, nel marzo 2008, squassando le trattative con Air France, che «un Paese deve saper sopportare le perdite di certe aziende». Una tesi davanti alla quale la Thatcher appesa sopra il comodino deve essere inorridita. Parola di Bruno Tabacci: «L'Alitalia è uno dei simboli del bipolarismo all'italiana per cui all'insegna dell'immobilismo più totale, la destra e la sinistra, i sindacati e i manager non tirano via le mani, fino a quando c'è una vaccarella da mungere».

Una vaccarella munta anche al servizio dei cavalli. Meglio, di un cavallerizzo: Giuseppe Bonomi, avvocato, varesino, deputato della Lega nel 1994, amico di Roberto Maroni, implacabile contestatore di «Roma ladrona» e dei privilegi altrui finché alla fine degli anni Novanta non fu sistemato dal Carroccio alla presidenza della Sea, la società che gestisce gli aeroporti milanesi. Una stagione ricordata soprattutto per la sua scelta di acquisire un terzo di Aeropuertos 2000, una società che gestisce 33 aeroporti in Argentina, e la conseguente incriminazione per falso in bilancio (l'operazione non risultava registrata) poi chiusa per «mancanza di dolo».

Promosso nel 2003, dopo un passaggio all'Anas, alla presidenza della compagnia di bandiera, non solo non riuscì a risanarla. Ma contribuì nel suo piccolo ad approfondire il buco. Per carità, poca roba. Ma interessante per capire l'andazzo.

Secondo «Diario» nella catastrofica primavera del 2004 segnata da giornate di caos totale nei voli, conti in rosso disastrosi e crolli in Borsa, Alitalia trovò un po' di soldi per sponsorizzare il mondiale di equitazione indoor salto a ostacoli ad Assago, Milano: «Fra i momenti salienti della kermesse vanno segnalati l'addio alle competizioni del castrone tedesco Gandini Lianos montato da Rodrigo Pessoa e la partecipazione a un concorso di contorno del cavaliere avvocato Giuseppe Bonomi». Lui? Lui. Un mese dopo, a maggio, l'Alitalia dava centomila euro come sponsor anche al concorso ippico di Piazza di Siena, a Roma. E chi c'era in sella al fido destriero Comfilius? Il cavallerizzo Giuseppe Bonomi. Lui? Lui. Sei prove, senza fortuna. Miglior piazzamento, nono. Peggiore, quarantasettesimo. In mezzo, anche una cocente eliminazione.

Ma lo sport, si sa, insegna ad accettare la sconfitta per preparare la riscossa. Lasciata l'Alitalia, resta due anni in parcheggio alla presidenza della Eurofly (con parentesi da avvocato difensore di Eduardo Eurnekian, l'argentino azionista di Volare con cui era stato in affari nella faccenda degli aeroporti sudamericani finita sotto inchiesta) e rieccolo nel novembre 2006 alla presidenza della Sea. Della quale l'anno dopo diventa anche amministratore delegato. Pronto a cavalcare, e mai verbo appare più opportuno, la battaglia contro il progetto Air France in nome di Malpensa.

Che la zona sia cara a tanti ma soprattutto a Umberto Bossi è accertato. Il Senatùr le dedicò addirittura una canzone pubblicata dal Cenacolo dei poeti dialettali della Famiglia Bosina: «Sacar / hinn i bosch / E i praa / E ra nosta aqua...». Che sia stata giusta la guerra per fare dell'aeroporto il nodo del nostro trasporto aereo è un'altra faccenda.

Certo, è difficile dare torto a chi come Letizia Moratti sostiene che l'aeroporto varesino «è collocato là dove c'è il mercato, le merci, i biglietti venduti» o a chi come Roberto Formigoni accusa l'Alitalia di essere un'azienda fondamentalmente «romana e ripiegata su Fiumicino». Dario Balotta, per anni responsabile lombardo dei trasporti della Cisl, conferma: «La sproporzione è netta. A Milano, tra Linate e Malpensa, si opera il 60% dei voli di Alitalia con il 17% dei naviganti, cioè piloti e assistenti di volo, con base a Milano. Mentre a Fiumicino si operano il 40% dei voli con l'83% dei naviganti di base a Fiumicino».

Chi grida al «complotto» deve però ammettere che Malpensa ha fatto di tutto per non farsi riconoscere dal Nord come il «suo» aeroporto. Come potrebbero riconoscersi in Malpensa città quali Venezia e Trieste, che stanno rispettivamente a 313 e a 452 chilometri e sono collegate allo scalo lombardo solo da tre voli giornalieri? Perché un genovese dovrebbe preferire raggiungere in macchina in due ore e mezzo (se va bene) lo scalo lombardo: per patriottismo settentrionale?

Certo, suona come una beffa avere investito 944 milioni di euro (fonte Sea) su un hub e poi scoprire che non funziona. E può darsi che fosse giusta l'idea iniziale, sostenuta dall'allora ministro dei Trasporti Claudio Burlando, che per imporre Malpensa fosse indispensabile tenere a Linate solo la navetta con Roma. Ma se fosse nel profondo Sud e non nel profondo Nord anche i leghisti varesotti, che hanno fatto del «loro» aeroporto una questione di vita o di morte, troverebbero arduo difendere come perno della rete aerea nazionale uno scalo piazzato a 50 chilometri dalla città, cioè lontano quanto da Washington l'aeroporto di Baltimora. Dotato di due piste parallele separate da 808 metri invece che i 1200 previsti a livello internazionale e segnate quotidianamente per anni, in attesa del completamento di un raccordo, da 350 attraversamenti di aerei costretti tra un decollo e un atterraggio a solcare la pista interna per raggiungere l'aerostazione.

Un aeroporto obbligato da una sentenza a una continua alternanza delle piste (prima tutti i decolli su una, poi tutti sull'altra, ogni tot ore) per non infliggere agli abitanti il «rumore percepito». Raggiungibile solo con un taxi (70 euro di tariffa fissa dopo anni di Far West) lungo la più antica e intasata autostrada d'Italia oppure con un treno che dalle sei di mattina parte ogni mezz'ora dalla stazione Cadorna (senza manco spingersi fino alla Centrale) e che per arrivare impiega 40 minuti. Contro il quarto d'ora che ci mette l'Heathrow Express a raggiungere il centro di Londra o i 12 minuti necessari ad arrivare dopo l'atterraggio nel cuore di Madrid con la nuova linea 12 della metro costruita in 36 mesi. Per non dire dei 7 minuti e 20 secondi (velocità massima 431 chilometri l'ora) vantati dal treno a levitazione magnetica che unisce l'aeroporto al centro di Shanghai.

Certo, ci vogliono investimenti forti per «miracoli» come quelli. Ed è lì che Malpensa paga un vecchio vizio italiano: la mancanza di scelte chiare, nette, serie. Vizio che spinse la Klm, che avrebbe potuto davvero far asse con Alitalia sfruttando le potenzialità dello scalo varesino visto che non aveva più spazi per allargarsi ad Amsterdam, a stracciare nel 2000 l'alleanza già firmata, a costo di pagare una penale pesantissima di 150 milioni di euro. Il gelido comunicato finale fu una rasoiata: «La Klm ha raggiunto la conclusione che l'alleanza con Alitalia non è sostenibile, considerata la persistente incertezza sul futuro di Malpensa e sulla privatizzazione dell'Alitalia. La continuazione dell'intesa costituisce un inaccettabile rischio imprenditoriale nelle presenti circostanze, un rischio che potrebbe mettere in pericolo la posizione finanziaria di Klm, la sua profittabilità e l'attrattiva per un eventuale partner».

Come dar loro torto, davanti a un panorama qual è il nostro in cui ogni fazione politica, partitica, clientelare, tira dalla propria parte e vuole la propria fetta di investimenti impedendo gli stanziamenti più grossi? La Francia, che è grande quasi il doppio dell'Italia, ha 43 aeroporti: uno ogni 12.651 chilometri quadrati. Noi, stando al censimento dell'Enac, l'Ente nazionale per l'aviazione civile, svettiamo a 51. Di cui 14 (quattordici!) nella sola Emilia Romagna. Ma presto, con l'aeroporto di Viterbo e quello della Basilicata, saremo a 53: uno ogni 5679 chilometri quadrati. Il doppio dei cugini d'oltralpe. «Un numero impressionante», secondo l'ex amministratore delegato di Alitalia Giancarlo Cimoli. Perché? Perché ogni pista ha il suo padrino. Sindaci, presidenti di Provincia, governatori regionali e potenti satrapi locali sono disposti a fare carte false, per avere un «proprio» aeroporto.

Lo dimostra la battaglia condotta qualche anno fa da Trento per avere un «suo» scalo (avevano programmato già espropri di terreni, deviazioni di rogge, lavori di sbancamento...) nonostante fosse a mezz'ora di macchina da quello di Bolzano e da quello di Verona. O ancora lo striscione che un piccolo aereo trascinava a fine novembre 2007 nel cielo della Tuscia per salutare l'allora ministro dei Trasporti Alessandro Bianchi in visita al collega Giuseppe Fioroni, che della città era stato sindaco. Una sola parola, a caratteri cubitali: «Grazie!». Di cosa? D'avere scelto Viterbo come sede di un ulteriore aeroporto nel Lazio. Direte: se Bolzano, che sta a oltre 300 chilometri da Malpensa, serve mediamente 228 passeggeri al giorno quanti potrebbe farne la città etrusca? Risposta: vuoi mettere la comodità? E poi, il prestigio!

E sempre lì torniamo: alla necessità, per stare al passo con gli altri, di investire. Molto. Ma concentrando i soldi nelle infrastrutture più necessarie. Senza badare agli interessi clientelari di chi resterà scontento. Invece: il contrario. Avete mai preso il treno Napoli-Bari? Dicono gli orari Trenitalia che potete impiegare da un minimo di 3 ore e 50 minuti a un massimo, notturno, di 8 ore e 18 minuti. Per fare un tragitto che sulla carta sarebbe di 150 chilometri. Quelli che un Tgv copre in un'ora e anche meno. Cosa fareste, per aiutare il Mezzogiorno a «sentirsi in Europa»? Una ferrovia ad Alta Velocità. Diretta.

Bene: il progetto c'è. Annunciato in pompa magna alla fine del 2006 dall'assessore ai Trasporti della Regione Campania Ennio Cascetta. Costi previsti: 5297 miliardi di euro. Lunghezza: 146,6 chilometri. Stazioni: 15. Quindici stazioni su 146 chilometri! Una ogni dieci, scarsi! Che razza di «Alta Velocità» può essere? Macché: Roccacannuccia non si può saltare perché c'è l'onorevole Trombone, Roccamannella manco perché c'è il senatore Controfagotto, Roccapiccina neppure perché c'è il sottosegretario Bassotuba... Scommettiamo? Non si farà mai. Tanto più che il costo previsto sarebbe mortale: 36 milioni di euro al chilometro. Venti di più di quanto costa una linea veloce in Francia e in Spagna, tra i 15 e i 16 milioni. E parliamo del costo di partenza. Destinato, all'italiana, a crescere, crescere, crescere...

Eppure, come nel caso delle autostrade, eravamo stati i primi in Europa, col Pendolino, ad aprire nel 1975 la strada ai treni veloci. E ancora i primi, con la direttissima Firenze-Roma, a dotarci di una linea ad Alta Velocità inaugurata nel 1976, sette anni prima che i francesi aprissero il tratto Sathonay-St Florentin della Parigi-Lione. Negli ultimi anni, però, abbiamo accumulato un ritardo enorme. Basti dire che secondo il rapporto Isnart, presentato nel 2007 al convegno della Confturismo, non solo «dagli anni '60 a oggi la rete ferroviaria in Italia è diminuita del 23%, mentre i viaggiatori crescevano più del doppio» ma il gap sull'Alta Velocità è diventato forse incolmabile. Noi ne abbiamo oggi 562 chilometri, la Francia 1893 e la Spagna, stando all'impegno preso da Zapatero, entro il 2010 raggiungerà i 2230 nonostante fosse partita con la sua prima linea Madrid-Siviglia con un derivato del nostro Pendolino e soltanto nel 1992, cioè 17 anni dopo di noi.

Volete un'idea di come lavorano gli altri? Ecco tre notizie d'agenzia. Titolo Ansa 29-8-'98: *Cina: Tibet, in esame costruzione ferrovia su tetto del mondo.* Titolo Ansa 29-6-'01: *Cina: Tibet, cominciati lavori ferrovia più alta del mondo.* Titolo Ansa 1-7-'06: *Cina-Tibet: inaugurata da Hú Jǐntāo ferrovia per Lhasa.* Otto anni, dalla progettazione all'apertura. Due di meno di quelli che la società Autostrade su progetto di Lunardi ha impiegato per allargare di 6 metri (sei!) la galleria autostradale di Nazzano, 337 metri sulla Roma-Orte, al costo di 74.183 euro al metro: 28 volte di più della ferrovia sino-himalayana. Che è lunga 1142 chilometri e ha 2647 ponti e viadotti. Poi possiamo anche criticare la scelta politica di Pechino di tenere sotto il tallone la patria del Dalai Lama, eccepire sulla brutalità con cui è stato violato il paesaggio (a parte una sopraelevata per agevolare le migrazioni delle antilopi tibetane) e scrollare il capo davanti alla propaganda comunista sul «Drago di ferro che danza sul Tetto del mondo». Fatto sta che loro l'hanno fatta. Superando di trecento metri la famosa Lima-Huancayo peruviana che svettava a 4800 sul livello del mare. E affrontando, con la spinta di tre locomotive agganciate insieme a tirare i vagoni, terre gelate tutto l'anno e dislivelli da incubo.

Torniano in Europa? In Svizzera, da Bodio a Erstfeld, sulla direttrice Como-Zurigo, stanno costruendo il tunnel più lungo del mondo: 57 chilometri sotto le Alpi che saranno percorsi dai treni, sui quali saranno caricati i camion, in circa un quarto d'ora. Costo previsto: 4 miliardi e mezzo di euro, recuperati per metà fin d'ora con una tassa sul transito dei tir, che poi avranno tutto l'interesse a usare la ferrovia. Inaugurazione prevista: 2015. E potete scommettere che saranno di parola. Come lo furono col passante ferroviario di Zurigo.

Ricordate? Lassù decisero di farlo negli anni Settanta, calcolarono che sarebbero serviti circa 700 miliardi di lire dell'epoca, cominciarono come formichine a metter via una quarantina di miliardi l'anno, chiesero con un referendum agli abitanti se fossero d'accordo e nel 1983, firmando un gemellaggio con Milano che aveva in programma la stessa cosa, presero a scavare dandosi una data: il 1990. Bene: il 27 maggio del 1990, esattamente 7 anni dopo ed esattamente al costo fissato, il passante zurighese di 10 chilometri veniva inaugurato con la fanfara dei bersaglieri arrivata apposta da Legnano. E quello di Milano, lungo solo 500 metri di più? Nel '90, si lagnava il presidente delle Ferrovie Nord in una lettera ad Andreotti, non era pronto «neanche a metà». Nel '97 fu inaugurato un primo tratto, nel '99 un secondo, nel 2002 un terzo, nel 2004 un quarto... Quanto ai costi, meglio tacere: nove volte più del previsto.

Oggi la rete ferroviaria italiana è di soli 13 chilometri più lunga di quella del 1920 e se i chilometri a doppio binario sono raddoppiati (da 3443 a 6947) la maggior parte è ancora a binario unico, compresi tratti fondamentali come Genova-Ventimiglia. E se gli utenti in questo secolo sono quintuplicati salendo a 540 milioni di passeggeri l'anno, la quota di mercato è andata sempre più scemando fino a scendere, rispetto all'auto, all'aereo e alla nave, sotto il 10%. «Colpa dei treni lenti e sporchi», dicono i critici. «Falso», rispondono alle Ferrovie. Anzi, giurano, hanno fatto di tutto per invogliare i clienti. Peccato che questi non apprezzino. Come non apprezzarono nel 2005 l'istituzione su qualche Eurostar del massaggio: «Il signore desidera uno shiatsu? Cinquanta euro». «No, grazie. Vorrei treni più puliti.» Un mese e via: abolito. Come fallì in fretta un'altra pensata che doveva attirare clienti, l'offerta di conversazioni in inglese: «Do you want some lesson of English?». «No, grazie. Vorrei treni più puliti.» Flop. Come un flop progressivo e costante è il trasporto delle merci: poco più del doppio del 1920.

Un disastro pagato carissimo. Fra perdite di gestione e finanziamenti dello Stato per tappare i buchi, il peso delle Ferrovie nello spaventoso debito pubblico italiano è valutabile in oltre 150 miliardi di euro: un decimo del totale. Senza contare il fardello caricato sul sistema previdenziale: i 163.355 maschi italiani che percepiscono la pensione da più di quarant'anni sono quasi tutti ex ferrovieri.

Non bastasse, come dicevamo, i costi di una nuova linea sono proibitivi. Colpa del sistema tutto italiano delle perizie di variante. Quelle che invogliano il costruttore a sospendere continuamente i lavori per chiedere un aggiornamento dei prezzi in un gioco perverso di rinvii e rialzi, rinvii e rialzi, rinvii e rialzi fino al record della diga sul Metramo, in Calabria: 53 perizie e un'impennata d'una trentina di volte della spesa iniziale. Un altro esempio? Il costo del tratto fra Bologna e Firenze, il più complicato dell'intero tracciato, è salito dai 1053 milioni previsti nel 1991 ai 4969 milioni nel luglio del 2007: 63 milioni per ognuno dei 78 chilometri. Il quadruplo di quanto costa costruire una linea per l'Alta Velocità in Francia o in Spagna.

Lo stesso giorno in cui, a metà febbraio del 2008, scoppiava a Madrid una rissa tra destra e sinistra sull'accusa a José Luis Zapatero di usare elettoralmente l'inaugurazione del nuovo treno Ave (Alta velocidad española) che copre i 670 chilometri di distanza tra la capitale e Barcellona in 2 ore e 20 minuti, la linea Torino-Modane veniva bloccata da una marcia di protesta No-Tav. E l'allora ministro Paolo Ferrero, 19 anni dopo l'annuncio dell'opera al Consiglio dei Ministri dei Trasporti della Cee, 18 dopo la presentazione del progetto del tunnel in Val di Susa, 14 dopo la firma dell'accordo finale tra l'Italia e la Francia, 13 dopo la promessa che la nuova tratta sarebbe stata pronta «entro il 2000», 11 dopo la decisione di rasserenare gli ultimi dubbiosi con nuove verifiche e nuove valutazioni d'impatto ambientale, dichiarava: «Almeno per i prossimi trent'anni non c'è bisogno di nessuna nuova linea o di una nuova galleria...».

E gli spagnoli, i francesi, i tedeschi, i cinesi, i coreani che sono lì a scavare e costruire e stendere binari? Tutti stupidi. Stupidi e spreconi...

6

Ingordi d'energia, senza pagar dazio

Il nucleare no, il petrolio no, gli inceneritori no, l'eolico no...

Lo «scienziato» Giovanni Paneroni era sicuro di se stesso: «Come il giovane Davide / decapitò Golia / il Paneroni impavide / cambiò l'astronomia». Girava per le sagre paesane della Lombardia degli anni Trenta vendendo arance, torroni, ciambelle e tiramolla illustrando «urbi et orbi» la sua teoria scientifica. Primo: «È il sole che ruota intorno alla terra e non il contrario, o bestie!». Secondo: «Il sole ha un diametro di 2 metri, pesa 14 chili, gira a 1000 chilometri fissi dalla terra e ha un calore così strapotente che costringe i mari a svaporare come una pignatta bollente». Terzo: «La terra non gira. E chi l'ha scoperto? Me! E dunque io sono uno dei dieci uomini più interessanti della terraferma».

Indro Montanelli ne rideva, affascinato, con le lacrime agli occhi. Ed Enrico Mirani gli dedicò un delizioso libriccino: *Vita, memorie e avventure di Giovanni Paneroni, astronomo ambulante*. Dove si raccontava che, alla faccia di Galileo «che fa schifo al buon senso e alla ragione» il sedicente genio (incompreso) dell'astrofisica predicava ai contadini bresciani concetti strepitosi. Tipo: «L'è minga vera che è la pressione atmosferica a tenere in piedi l'uomo, perché se gli tiri una pistolettata in testa va giù stecchito. Che cosa ci tiene in piedi? La salute, bestie! La salute!».

Mai avuto un dubbio, il Paneroni. Beato lui. Alberto Asor Rosa, invece, un rovello ce l'ha: «A fronte della minaccia di scempio del paesaggio non è da escludersi il ricorso alle centrali nucleari». E come lui, uno dei protagonisti dell'intellighenzia di sinistra italiana, cominciano ad averlo in tanti. Piuttosto che distese immense di pannelli solari e sconfinate foreste metalliche di mulini a vento, non sarà il caso di tornare all'energia atomica?

Ma per carità, s'infiamma Alfonso Pecoraro Scanio: «Chernobyl ha dimostrato che le dimensioni del rischio nucleare sono inaccettabili e immorali. Per difendere il bello non c'è bisogno di giocare alla roulette dell'atomo». Meglio le centrali a carbone? No, le centrali a carbone no. Meglio le centrali a petrolio? No, le centrali a petrolio no. Meglio il gas, che però chiede i rigassificatori, cioè impianti che riportino il combustibile dalla forma liquida a quella gassosa? Ma per carità! È vero che si potrebbero usare le piattaforme dove un tempo si estraeva metano, già allacciate ai metanodotti e abbandonate in mare aperto nell'Adriatico, ma prima «bisogna preparare una valutazione sugli impatti ambientali insieme con i nostri vicini, soprattutto con la Slovenia, ma anche con la Croazia». Allora l'eolico? Adagio: «Alcuni impianti si possono fare. Però non dobbiamo installare torri gigantesche proprio sulle rotte degli uccelli migratori, che vengono sterminati dalle pale». Di più: «L'Europa ci condannerebbe».

L'Europa, a dire il vero, ha fatto scelte diverse. Tenendo conto sì degli uccelli migratori, ma non solo. Anche la Francia restò atterrita davanti al disastro di Chernobyl, ma si è tenuta 59 centrali atomiche. Anche la Germania ammutolì vedendo le immagini dell'incendio al reattore numero 4, ma i suoi 17 impianti non li ha affatto chiusi seduta stante neppure negli anni in cui i verdi erano fortissimi e avevano agli Esteri Joschka Fischer, che mediò un'uscita dal nucleare (oggi tutta da rivedere) nell'arco di vent'anni. Anche la Gran Bretagna restò incollata alla televisione a guardare l'esodo di 116.000 persone in lacrime, ma i suoi 23 complessi sono ancora aperti. E così tutti gli altri Paesi europei, che si sentirono come noi appestati dalle radiazioni che venivano da lontano e scossi dall'idea di non poter mangiare l'insalata o il basilico contaminati, ma non si affrettarono a mettere i lucchetti alle turbine.

Risultato: siamo esposti a tutti i rischi di 158 centrali europee altrui, alcune delle quali sono a poche decine di chilometri dai nostri confini, e senza avere per contro uno straccio di elettricità. Di più: siamo alla mercé dei capricci degli altri. Il che, se l'Italia fosse una comunità di Amish della Pennsylvania che si alzano al levar del sole, si coricano al tramonto e vivono rifiutando la modernità, non sarebbe un problema enorme. Il guaio è che non lo siamo.

Consumiamo ogni anno, tra imprese, uffici, negozi e famiglie, 338 miliardi di chilowattora. Una quantità impalpabile. Della quale fatichiamo a capire le dimensioni se non grazie a dei paragoni. Che mettono i brividi. Secondo Eurostat, l'Italia «brucia» tanta energia elettrica quanto Turchia, Polonia, Romania e Austria le quali messe insieme hanno 136 milioni di abitanti. O se volete (stavolta i dati sono dell'Aie, l'Agenzia internazionale dell'energia) quanto mezzo miliardo di africani. E avanti di questo passo nel 2025 consumeremo il 5,3% di tutta l'energia prodotta nel pianeta con lo 0,7% della popolazione mondiale.

Bene: esaurita ogni possibilità di sfruttare ancora di più le risorse idriche (ogni salto, dalle Alpi valdostane ai monti Nebrodi, è già stato usato) e poveri come siamo di materie prime, la nostra autonomia è pari al 12% del totale. Per il resto dipendiamo dall'estero. Il 12% lo compriamo direttamente dai Paesi vicini, il che significa, spiega l'ingegner Giancarlo Bolognini, «che all'estero ci sono 8 centrali nucleari della potenza di quella di Caorso che lavorano a pieno regime per noi». Il 75% ce lo facciamo da noi ma solo grazie a materie prime acquistate da governi e società stranieri (gas dalla Russia e dall'Algeria, petrolio da più parti). Risultato: l'energia elettrica prodotta in Italia costa il 60% più della media europea, due volte quella francese e tre volte quella svedese.

Si pensi che per produrre elettricità, spiega l'Aie, l'Italia brucia in un anno tanto olio combustibile quanto l'India in un anno e mezzo. Per l'esattezza in 551 giorni. E tanto gas quanto tutta l'America Latina in 439 giorni. Va da sé che siamo il Paese europeo che (nonostante il gas naturale copra ormai la metà del settore) dipende di più dal petrolio. Nel solo 2005 ne abbiamo consumato nelle centrali circa 6 milioni e mezzo di tonnellate, pari a 32 superpetroliere come la *Exxon Valdez* che anni fa affondò in Alaska causando un disastro ecologico. Sei volte di più che la Germania o la Francia, dodici volte più che il Regno Unito. Una «bolletta» pazzesca. Di oltre 30 miliardi di euro l'anno. E destinata a tenerci col fiato sospeso, gli occhi puntati sulla quotazione dell'oro nero. Il quale, dice una tabella Aie, è salito in valore reale da 9,7 dollari al barile nel 1970 fino a 110 nel marzo 2008.

Un Paese serio, davanti a un quadro così fosco di dissesto energetico e alla minaccia di blackout come quello che paralizzò ore e ore l'Italia il 28 settembre del 2003 per un guasto dovuto alla caduta in un albero in Svizzera, non si darebbe pace nella ricerca di vie d'uscita. Nucleare o solare, eolica o geotermica: ma una soluzione. La cronaca di questi anni, invece, è un impasto di veti, controveti, velleitarismi, fughe in avanti, viltà e retromarce. Nel caos più totale. A partire da «come» fu gestita l'uscita dal nucleare.

Sulla scelta di quel referendum, arrivato nella scia emotiva di Chernobyl, del film *Sindrome cinese* e dell'incidente alla centrale americana di Three Mile Island, il dibattito è aperto. Fu un errore? Col senno di poi, sì. Lo pensano l'ex presidente di Legambiente Chicco Testa, l'ex vicepremier Francesco Rutelli, che per questo si è tirato addosso le ire funeste di Pecoraro («la smetta di dire baggianate») e molti altri che all'epoca, noi compresi, pensarono a torto di fare la cosa giusta.

Come potevi dubitare, se in «quel» contesto, con «quelle» tecnologie, con «quelle» immagini negli occhi, perfino Carlo Rubbia stava da quella parte? Nel libro *Il dilemma nucleare* il grande fisico premio Nobel era netto: «Se dovessi votare voterei decisamente contro il rischio nucleare. Personalmente ritengo che i rischi siano superiori ai vantaggi, il disastro conseguente a un incidente nucleare non è mai compensato dai vantaggi offerti dall'energia di fissione».

C'erano tutti, contro le centrali. Tutti. Dalla destra di Giorgio Almirante alla sinistra socialista di Bettino Craxi e comunista di Alessandro Natta. Comprese associazioni di peso quali le Acli: «Il nucleare non è necessario all'economia del Paese». Tutti salvo eccezioni. Come i repubblicani. O il missino Pino Romualdi: «Dire di no al nucleare, per stolta vigliaccheria, pura ignoranza o ipocrisia elettorale, significa rinunciare per sempre alla propria indipendenza politica e militare e disertare il mondo della scienza e della cultura». O i dicì Mario Segni e Nino Andreatta. Il quale non solo avvertì che la scelta a favore dei combustibili fossili sarebbe stata «più pericolosa per le conseguenze sull'ambiente» ma, convinto che fosse «necessario coprire con il nucleare almeno il 30% del fabbisogno italiano», avanzò una proposta di buon senso, anticipando di molti anni quanto sarebbe poi successo: «Occorrerebbe stipulare delle joint venture fra l'Enel e l'Ente elettrico francese per costruire in Francia tre o quattro nuove centrali e importarne l'energia prodotta. Poi, quando anche in Italia si saranno calmate le acque e tutto sarà più pacifico sotto ogni profilo, compresa la sicurezza, si potrebbe raddoppiare Montalto».

Furono un plebiscito, i tre referendum che con ipocrisia burocratica non chiedevano esplicitamente la rinuncia al nucleare ma tre cose di sbieco (come il divieto all'Enel di assumere partecipazioni all'estero con interessi nel nucleare) sulle quali la Dc si barcamenò invitando a dire due sì e un no. E la vittoria schiacciante dei «no nuclear» fu letta, anche se i quesiti avrebbero teoricamente lasciate aperte le centrali atomiche, come un mandato ineludibile a mettere i lucchetti a tutto.

Eravamo in quel momento, nel solco di una storia con protagonisti eccezionali come Enrico Fermi ed Edoardo Amaldi, tra i più bravi della classe. I terzi al mondo, sostiene Bolognini. Se non i terzi, certo tra i primi cinque, conferma Giovanni Gambardella, ex capo dell'Ansaldo, uno degli uomini più impegnati nell'avventura nucleare: «Eravamo nel progetto Superphoenix con Francia e Germania. Avevamo davanti la Francia, poi gli Stati Uniti. Noi eravamo nel gruppo dietro, a una incollatura da Inghilterra e Germania. E potevamo contare su circa 2500 tecnici e ingegneri di altissimo livello. Ora non è rimasto nessuno». Forse fu anche per questo, dice, che i sostenitori del nucleare persero disastrosamente la battaglia: «Una forma di arroganza intellettuale fece trascurare la reale dimensione politica del problema. L'onda emotiva. E Chernobyl mise il coperchio alla bara: all'epoca chi tentava di parlare delle differenze tecniche e gestionali diventò non credibile. E finiva per temere di essere apostrofato con il "dalli all'untore" anche dagli amici e dagli stessi familiari».

La centrale di Caorso, in quel momento spenta perché stavano cambiando il combustibile, non venne più riaccesa. Quella di Montalto di Castro, intitolata ad Alessandro Volta, era praticamente pronta. Restavano da montare le turbine, inserire le barre d'uranio e girare l'interruttore: non fu mai avviata. Era costata 6000 miliardi di lire. Avrebbero dovuto smantellarla, si decise di soprassedere: troppi soldi, centinaia di miliardi. Ma siccome il sito era ormai attrezzato, si avviò lì accanto la costruzione di una centrale termoelettrica: la più grande d'Europa, con una ciminiera di 200 metri.

«Per l'amor di Dio: no!», scongiurò il presidente dell'Enea, Umberto Colombo. Spiegando che, per una complessa questione tecnica, se fosse passata la linea di una riconversione a gas dell'impianto si sarebbe finito «per accettare tutto il peggio del nucleare in termini di costi d'investimento e tutto il peggio del gas sul piano dei costi d'esercizio. Insomma, un capolavoro di inefficienza economica. Con effetti negativi per il sistema industriale».

Aveva ragione lui. Vent'anni dopo, tra una cosa e l'altra, alcune stime calcolano che la nuova centrale di Montalto di Castro sia costata in valuta attuale 8 miliardi di euro. Una cifra enorme anche se la centrale facesse il suo dovere. Cosa che non accade. Perché non solo è l'impianto a olio e gas più grande d'Europa ma è anche uno dei più antieconomici: consuma almeno il 15% in più rispetto agli altri impianti. E se sulla carta può produrre 20 miliardi di chilowattora l'anno, nel 2007 ne ha generati in realtà solo 7: un terzo.

Non basta. Dopo il referendum si pose il problema di come «indennizzare» l'Enel e i suoi fornitori per l'affare andato a monte. Soluzione scontata: un sovrapprezzo sulle bollette. Durato fino al febbraio del 2000, quando vennero materialmente chiusi i rubinetti degli «oneri nucleari». Bilancio finale: 8 miliardi di euro abbondanti all'Enel (il triplo dei 2,8 previsti da una commissione presieduta da Luigi Spaventa) più altri 2 scarsi ai fornitori, dalla Fiat all'Ansaldo. E non è tutto. Perché ai primi di maggio del 2001, nelle settimane in cui il centrosinistra reggeva ancora il governo in attesa di lasciare Palazzo Chigi a

Berlusconi che aveva vinto le elezioni, vennero stanziati altri 3 miliardi e mezzo di euro per lo smaltimento delle vecchie scorie atomiche e lo smantellamento delle vecchie centrali.

Insomma, alla conta finale l'abbandono del nucleare è costato circa 20 miliardi di euro: 340 euro per ogni italiano. Dei quali ben 230 soltanto per la centrale di Montalto di Castro. Con una beffa. Preso atto delle «pulsioni ambientaliste» emerse al referendum, il settimo governo di Giulio Andreotti pensò bene nel 1992 di incentivare chi avesse prodotto energie «da fonti rinnovabili». Solo che al dunque (provvedimento del «Comitato interministeriale prezzi numero 6», da cui la sigla Cip6) vennero aggiunte due magiche paroline: «e assimilate». E finì all'italiana, con l'assimilazione anche delle peggiori schifezze.

In alcune raffinerie, racconta l'ex presidente della Commissione attività produttive Bruno Tabacci, «si diede vita a centrali che funzionano a petrolio e hanno gli incentivi del Cip6, esattamente come l'energia eolica o fotovoltaica. Impianti dell'Api dei Brachetti Peretti, della Erg dei Garrone, della Saras dei Moratti... Per avere un'idea, i contributi erogati col Cip6, finiti in grandissima parte ai petrolieri con il giochino delle fonti assimilate, sono stati pari a 2 miliardi di euro l'anno per 15 anni. Totale: 30 miliardi. Una cuccagna».

Secondo Tabacci, malizioso, «quello fu il risultato di un tacito accordo, nel quale anche gli ambientalisti ebbero certamente un ruolo. La fortissima opposizione che i verdi facevano a quella centrale si saldava oggettivamente con gli interessi dei petrolieri. L'intesa a valle del referendum era che non si sarebbero fatte più nuove centrali, salvo impianti alimentati con energie rinnovabili. Quando poi comparve la parolina "assimilate", la sostanza di quell'accordo non scritto diventò evidente: per evitare di fare nuove centrali si era deciso di sfruttare la capacità organizzativa dei petrolieri». Che cominciarono a fare soldi a palate. E li fanno ancora oggi.

Ha spiegato in un convegno alla Camera il professor Bolognini che tutte le centrali nucleari messe insieme hanno ormai accumulato «un'esperienza di oltre dodicimila anni di funzionamento». E tanto dovrebbe bastare, coi continui perfezionamenti della scienza, a far capire che oggi i rischi sono decisamente ridotti. Dice anche che, nonostante sia andato disperso lo straordinario patrimonio umano e tecnologico che avevamo, non è vero che per avviare un impianto nucleare occorrerebbero dieci o quindici anni perché scegliendo il meglio che già c'è, come la nuova centrale in costruzione in Finlandia, «ne bastano quattro o cinque».

Franco Battaglia, docente di Chimica Fisica alla Terza Università di Roma, membro dell'American Physical Society e feroce irrisore delle «anime belle» che puntano tutto sulle fonti alternative, ricorda che «non sempre il sole brilla o il vento soffia» e che piaccia o non piaccia, per produrre un gigawatt di elettricità occorre bruciare la legna di 25.000 chilometri quadrati di boschi, impegnare 6 miliardi di euro in 6000 turbine eoliche o spenderne 60 in pannelli fotovoltaici: «Lo stesso potrebbe farsi impegnando 2 miliardi di euro e installare un reattore nucleare».

Se abbiano ragione o torto, ad avere tanta fiducia nel nucleare, non lo sappiamo. Lo stesso Carlo Rubbia, in un'intervista ad «Arianna editrice», conferma che «il nucleare di oggi produce scorie radioattive da far paura» e che «in realtà avevamo il modo per produrre energia bruciando proprio le scorie, anzi l'Italia era leader nel mondo in questa tecnologia» ma ora «ce la stanno copiando i giapponesi». Insomma, la questione è aperta. E non ha senso, tanto più dopo aver visto le reazioni sconvolte sul tema delle scorie a Scanzano Jonico o in Sardegna, andarsi a impiccare in discussioni nelle quali sono spaccati gli stessi scienziati.

Ma resta il tema: o facciamo qualcosa o restiamo appesi, con le nostre fabbriche e le nostre lampadine, ai capricci degli stranieri che ci tengono in pugno. Ed è lì che si vede la disastrosa incapacità della nostra classe dirigente, non solo dei «signor no» dell'ambientalismo talebano, di fare delle scelte.

Anche gli svedesi, per dire, votarono a favore del progressivo abbandono del nucleare. Molto prima di noi, nel 1980. Ma dandosi scadenze lunghe lunghe. Per spegnere completamente la centrale di Barsebäck hanno aspettato venticinque anni e l'ultima chissà quando la chiuderanno davvero dato che tutti i sondaggi dicono che la stragrande maggioranza dei cittadini ha cambiato idea: piuttosto che finire ostaggio degli stranieri, meglio il nucleare.

In ogni caso, si sono mossi. Cercando sul serio le alternative possibili. Come hanno fatto tutti i governi seri in tutto il mondo. Compresi quelli che il petrolio ce l'hanno. Come il Texas che, ha scritto sulla «Repubblica» Maurizio Ricci, «si sta affermando come la locomotiva della rivoluzione del vento in corso negli Stati Uniti» e ha già una selva di pale eoliche per un totale di 4000 megawatt (sette volte l'Italia) e ha già attirato investimenti dell'Enel per 100 milioni di dollari. O la Gran Bretagna, che secondo l'«Independent on Sunday» vuole piantare entro una dozzina di anni, in mezzo al mare così che non disturbino neppure la vista giacché l'occhio vuole la sua parte, centinaia e centinaia di altissimi «mulini» che riforniscano centrali eoliche in grado di «alimentare ogni singola abitazione del Regno Unito».

Si sono mossi i danesi, che al largo dello Jutland hanno costruito un parco eolico, l'Horns Rev, con 80 turbine alte decine di metri che producono tanta elettricità da soddisfare i consumi di 150.000 famiglie e godono ormai di un quinto dell'energia strappata al vento. Si sono mossi i tedeschi che hanno fatto perfino del Reichstag, la sede del Parlamento, un «eco-edificio» che funzionerà completamente con energia prodotta da fonti rinnovabili: eolica, solare, biomasse. Si sono mossi gli spagnoli, con risultati così incoraggianti da fare scrivere nel marzo 2008 a Elisabetta Rosaspina sul «Corriere della Sera»: «Eolo abita in Spagna e lavora sodo. Una formidabile settimana di maltempo ha fatto esultare la Rete elettrica spagnola (Ree). Per la prima volta, nel Paese, il 25,5% dell'energia elettrica è stato somministrato dalla produzione eolica: 203.998 megawatt all'ora, in un solo giorno, martedì scorso, che segna la data di un record nella storia dell'energia del vento».

Anche noi, ha spiegato a «Panorama» Rainer Karan, direttore generale della Vestas di Taranto che produce pale della casa madre danese, avremmo «un ottimo potenziale di vento, concentrato soprattutto nelle regioni del Sud». Peccato, sorride Gianfilippo Mancini dell'Enel, che «l'iter autorizzativo vari da 27 a 84 mesi rendendo la rincorsa dell'Italia verso lo standard degli altri Paesi europei molto lenta».

Per fare il campo eolico nella cosentina Cozzo del Lupo, con l'accordo col Comune in tasca, ci sono voluti 6 anni. Per quello di Macchiagodena, in Molise, 7. E la sostituzione di 8 pale di un impianto eolico a Frosolone, in provincia di Isernia, ha richiesto 11 passaggi burocratici, 11 firme e 18 mesi di tempo. Per 8 pale.

Fatto sta che la Spagna ha oggi 15.000 torri eoliche, la Germania 22.200, noi solo 2700. Risultato: abbiamo preso al vento nel 2007 appena lo 0,8% dell'energia che ci serve. Contro il 7,5 della Spagna, il 4,8 della Germania, il 2,8% di Grecia e Olanda.

Come mai? Perché le pale rovinano il paesaggio. Così hanno risposto, sprezzanti del ridicolo, i consiglieri dell'assemblea campana che il 28 dicembre del 2007, in coda all'approvazione della Finanziaria regionale, si sono scatenati approvando in un baleno 81 risoluzioni. Merce varia. Dall'istituzione del premio «Mela annurca d'oro» alla sagra della Porziuncola di Ceppaloni. Ma su tutto il blocco, votato all'unanimità «fino al varo del piano energetico regionale», degli impianti eolici, rei di «compromettere il contesto ambientale».

Ma come! Hanno lasciato devastare la costa da Sperlonga a Salerno, hanno chiuso gli occhi per decenni su almeno 225 discariche clandestine (dati del corpo forestale) riempite di pattume tossico, hanno strillato per anni a parole contro mostri di cemento come l'Hotel Fuenti, non hanno mai avuto il fegato di sfidare i 700.000 abusivi che negli anni hanno costruito 45.000 edifici nella «zona rossa» ad altissimo rischio sulle pendici del Vesuvio (di cui 5000 dentro lo stesso Parco del vulcano) e davanti all'immenso sfascio della sgangherata periferia partenopea strafatta di immondizia, loro di cosa si preoccupano? Dei mulini a vento!

Certo, non saranno belli come quelli di Mykonos o il Moulin de la Galette dipinto da van Gogh o ancora quelli della Mancha che don Chisciotte sfidò in sella a Ronzinante, ma ha davvero un senso combattere guerre totali come quella della Valle del Fortore, provincia di Benevento, dove dodici comuni «letteralmente assediati» dalle pale hanno minacciato «un referendum per farsi annettere al Molise» e un municipio, San Bartolomeo in Galdo, è arrivato a fregiarsi nei cartelli stradali del titolo di «Comune deolizzato»?

«No al Far West eolico», strilla la ex portavoce dei verdi Grazia Francescato, esponente di spicco del Wwf. «No a coloro che distruggono il paesaggio in nome di una falsa energia pulita», sentenzia Carlo Ripa di Meana, storico esponente ambientalista e presidente di Italia Nostra. «No al probabile imbroglio alle spalle del nostro Paese, portato avanti da una lobby d'affari di provenienza nordica», ammonisce Giorgio La Malfa. «No alle terribili pale eoliche, gli altissimi mulini a vento che invaderanno l'Italia per produrre energia pulita, ma comportando un impressionante inquinamento estetico», tuona Vittorio Sgarbi.

I soliti talebani? Per niente. Al di là delle obiezioni sacrosante, dato che un conto è piazzare le pale su una montagna spelacchiata e un altro sui colli di Fiesole, larghissima parte dei «signornò» appartiene piuttosto allo schieramento del Nimby: «Not in my backyard», non nel mio cortile. Un esempio? Proprio il Molise. Dove il presidente democratico di rito diessino della provincia di Campobasso Nicola D'Ascanio e il governatore regionale destrorso Michele Iorio si sono opposti insieme al progetto di una centrale eolica offshore nelle acque davanti a Termoli. «La costa tra Termoli e Petacciato non è l'unico posto dove soffia quel vento particolare», ha spiegato Iorio. Ciò detto, ha tuonato: «L'eolico non sarà il futuro del Molise».

Certo è che l'impasto di rigidità ambientaliste, lentezze burocratiche, ipocrisie ecologiche, veti e controveti delle amministrazioni locali ha dato risultati sconcertanti. Dal 1990 al 2005, stando all'ultimo rapporto di Legambiente, l'Unione europea ha ridotto le emissioni di gas serra del 7,2%, l'Italia le ha aumentate del 12,1%. Salendo al terzo posto tra i «Paesi canaglia» del continente. Nel 1990 era quinta, nel 2000 quarta. E le fonti rinnovabili non coprono che l'8,3% dei consumi energetici. Avvilente.

Com'è avvilente notare quanto da noi siano spesso ignorate le regole minime del rispetto per l'ambiente e siano invece passati, perfino tra chi della natura se ne fotte, certi tabù dell'ambientalismo nostrano. Come i termovalorizzatori. Intendiamoci: è chiaro che in un mondo perfetto la soluzione del problema dei rifiuti sarebbe produrne molti di meno e riciclarli al 100%. Ma siccome il mondo perfetto non è, c'è chi laicamente ne ha preso atto.

La Danimarca, dalle fiere tradizioni ambientaliste, produce bruciando spazzatura dieci volte più energia elettrica di noi. Eppure è il primo Paese ad aver raggiunto gli obiettivi fissati dalla direttiva europea sui rifiuti, vietando fin dal 2004 di portare in discarica tutti quelli «ammissibili all'incenerimento». In Svizzera, altro Paese così attento alla tutela della natura e allo smog da costruire il super tunnel Bodio-Erstfeld di cui abbiamo parlato, l'ospedale di Berna utilizza acqua calda prodotta dall'inceneritore a 300 metri di distanza. In Svezia, nazione probabilmente ancora più ambientalista della Svizzera, l'inceneritore di Göteborg è all'interno della città universitaria, che riscalda e illumina in piena autonomia.

Non che cose simili non possano accadere anche in Italia. Capita a Padova, dove da anni due impianti economicamente in attivo smaltiscono i rifiuti (per la metà differenziati) di 450.000 abitanti e dove, senza una manifestazione di protesta, è stata decisa la costruzione di un terzo inceneritore di ultima generazione per fornire acqua calda e triplicare la produzione di energia elettrica fino a 90 gigawatt bruciando tutto il pattume bruciabile a meno di un chilometro (un chilometro!) da piazza del Santo.

Capita a Brescia, dove interi quartieri sono riscaldati da molto tempo da un termovalorizzatore costruito lungo l'autostrada con tanta attenzione all'impatto ecologico che perfino la ciminiera è stata dipinta in azzurro cielo. Capita a Venezia, dove la spazzatura della città serenissima, visitata in media da 55.000 turisti al giorno (con punte di 150.000) ai quali è praticamente impossibile imporre la raccolta differenziata, viene smaltita dal più grande impianto europeo di Cdr (Combustibile derivato dai rifiuti) che manda in discarica solo il 6% di quello che arriva coi camion e le chiatte e fornisce all'Enel pattume compattato in «brichette» simili a corti bastoncini, bruciate al posto del carbone per produrre energia.

Fatti i conti, spiega l'ingegner Gianni Teardo sventolando i confortanti rapporti quotidiani sulle analisi dell'aria, quel camino che smaltisce ciò che resta dei rifiuti di 300.000 abitanti butta nell'aria ogni ora circa 60.000 milligrammi di polveri. Pari a quanti ne escono, stando alle tabelle Ue, dai tubi di scappamento di 15 automobili di tipo Euro2.

Per non dire di quelle più vecchie, che inquinano infinitamente di più. E sapete quante ce ne sono, in Campania, di auto così o peggio di così? Oltre 2 milioni e 200.000. Pari a 44.000 inceneritori come quello di Marghera. Eppure in Campania non sono bastati quattordici anni, a fare l'impianto di Acerra. Contro il quale si ritrovarono a marciare no-global e nazionalalleati, galantuomini e camorristi, preti e mangiapreti e in testa a tutti stavano il sindaco rifondarolo Espedito Marletta e il vescovo Giovanni Rinaldi.

Quanto al geotermico, che consiste nel forare il suolo in profondità fino ad arrivare là dove la terra ha una temperatura costante sui sedici gradi, per calare giù due tubi paralleli che vanno e tornano indietro facendo sempre girare la stessa acqua che via via si riscalda d'inverno e si raffredda d'estate, richiede un investimento iniziale massiccio ma non è ecologico? Sì e no, rispondono i duri e puri. Perché? Perché la fonte «non è completamente rinnovabile». E poi perché i tubi, per i materiali in cui sono fatti, portano giù sostanze inquinanti, come arsenico, mercurio, boro, radon, idrogeno solforato, antimonio e anidride carbonica... Entro i limiti, certo, ma inquinanti. Anzi, sul monte Amiata, racconta sulla «Repubblica» Antonio Cianciullo, «sono nati gruppi di opposizione che parlano di disastro ambientale».

Riassumiamo? Il nucleare no perché c'è stata Chernobyl, il petrolio no perché è sporco, il gas sì però no perché servono i rigassificatori, l'eolico no perché le pale sono brutte e uccidono gli uccelli migratori, il geotermico no perché provoca «disastri ambientali», i termovalorizzatori no perché, barrisce Francesco Caruso a proposito del caso campano, «i cittadini di Acerra hanno già subito l'avvelenamento cronico dei loro territori e non si comprende per quali motivi ci si ostina a voler ulteriormente martoriare un territorio già devastato e inquinato all'inverosimile». E allora?

'O sole! Ecco l'idea: 'o sole! Lo stesso Carlo Rubbia in realtà, come ricorda una cronaca di «Galileo» sulla Conferenza nazionale sull'energia e l'ambiente aveva una decina di anni fa moltissimi dubbi: «Supponiamo di voler ottenere con pannelli fotovoltaici circa un quarto dell'energia di cui avremo bisogno nel 2100, cioè circa la quantità d'energia consumata oggi. L'energia che arriva dal sole è, nella situazione più favorevole, di 270 watt al metro quadro. Questa energia va poi trasformata in elettricità e, considerando un'efficienza complessiva del 10%, significa che bisognerebbe coprire 700.000 chilometri quadrati del pianeta con pannelli solari».

Assurdo: «Il Giappone dovrebbe coprire più del 35% del suo territorio, la Svizzera poco meno del 25, all'Italia (terra soleggiata) "basterebbe" circa il 12%. Per soddisfare la metà del nostro futuro fabbisogno elettrico con l'energia solare servirebbero circa 22.000 chilometri quadrati di pannelli, un'area grande più o meno quanto tutta la Sardegna. Se poi un calcolo analogo si ripete per l'energia eolica, il risultato è che bisognerebbe riservare quasi 8 milioni di chilometri quadrati del nostro pianeta ai "mulini a vento". Per confronto: la superficie mondiale coltivata è di circa 10 milioni di chilometri quadrati». Insomma, spiegava, «puntare solo sulle fonti rinnovabili è azzardato». E ammoniva: «Chi si preoccupa tanto dell'impatto ambientale del raddoppio dell'autostrada Bologna-Firenze dovrebbe considerare seriamente cosa significa stendere 22.000 chilometri quadrati di pannelli solari».

Dieci anni dopo, è più ottimista. Il costo dell'energia solare, secondo la Banca Mondiale e l'Agenzia internazionale per l'energia, dovrebbe precipitare entro una dozzina di anni da 17 a meno di 6 centesimi di dollaro. La tecnologia ha fatto passi da gigante. Nel deserto del Mojave, in California, c'è una centrale alimentata da due chilometri quadrati di specchi che producono 354 megawatt di elettricità.

Un gruppo di scienziati riuniti nella Trans-Mediterranean Renewable Energy Cooperation (Trec) ha messo a punto un progetto per sfruttare il luogo più assolato e disabitato del mondo, il Sahara, dove il sole batte 365 giorni l'anno e dove una distesa di pannelli solari potrebbe scaldare a temperature altissime una condotta speciale che alimenterebbe, ha spiegato sull'«Espresso» Federico Ferrazza, una turbina in grado di produrre energia elettrica in quantità. Una cosa nuova, capace di «soddisfare l'attuale domanda di energia elettrica di Europa, Medio Oriente e Nord Africa» con 35 impianti che occuperebbero solo lo 0,3% della superficie del deserto.

Anche Rubbia è al lavoro sul «solare termodinamico». Col Progetto Archimede. Ispirandosi al genio siracusano che concentrando il calore del sole in grandi specchi «ustori» riuscì a incendiare le navi romane che assediavano la città, il premio Nobel ha previsto di piazzare un chilometro quadrato di specchi parabolici che assorbono e scaricano il calore su una rete di tubi dentro i quali scorre una miscela di sali che viene portata a 550 gradi, una temperatura impossibile da raggiungere col «solare» tradizionale fotovoltaico. «È come uno scaldabagno: puoi farti la doccia anche di notte o quando non c'è il sole.»

Costretto ad andarsene dall'Enea ai tempi del governo berlusconiano dopo essere stato bollato di incapacità da Claudio Regis, un sedicente ingegnere soprannominato «Valvola» e nominato nel CdA per meriti leghisti, il grande fisico goriziano ha potuto per anni portare avanti il suo progetto solo in Spagna. Dove fu accolto a braccia aperte e dove oggi stanno nascendo una ventina di centrali solari di ultima generazione.

E qui è il punto. L'ipocrisia più fastidiosa. Costretti a dipendere per l'88% dall'estero e diffidenti se non ostili a ogni altra forma di energia, ci riempiamo la bocca da anni con «il solare, il solare, il solare!». Poi vai a vedere i numeri e scopri che nel 2006 la Germania, dove il sole è quello che è, ha prodotto col solare 2000 gigawattore di energia elettrica, contro le 35 dell'Italia: 57 volte di più. Che in Austria, altro Paese dal clima non mediterraneo, ci sono come in Grecia 200 metri quadrati di pannelli per la produzione d'acqua calda ogni mille abitanti, da noi solo 8. Che il Lussemburgo, nonostante sia grande poco più della metà del Molise e abbia 182 giorni di pioggia l'anno, produce col «solare» il 60% dell'elettricità che coi pannelli produciamo noi.

Ma la «chicca» è una circolare mandata nel novembre del 2007 dalla soprintendente per i Beni architettonici e il paesaggio del Lazio Anna Maria Affanni a una sessantina di Comuni. Tre righe. Oggetto: impianti fotovoltaici. «Si informa che la Direzione regionale per i Beni culturali e paesaggistici del Lazio con nota del 22/10/2007 prot. n. 13635 ha comunicato di sospendere qualsiasi iniziativa in materia, in attesa che il Comitato di settore elabori uno schema di norma di indirizzo a valore per tutto il territorio nazionale.» Norme attese da anni. Traduzione: fermi tutti. Basta pannelli solari. Sono così brutti, sui tetti assolati del Bel Paese...

7

Qui ci vuole un commissario

Emergenza! Emergenza! E lo Stato aggira le regole dello Stato

Duecentomila euro il restauro del *David* di Donatello li vale tutti. Ma perché li abbia dovuti tirare fuori la Protezione civile non si sa. La pesante statua in bronzo rischiava di crollare improvvisamente al suolo mettendo a rischio l'incolumità dei visitatori del museo fiorentino del Bargello? No, era solo il modo più rapido per trovare i soldi. Direte: d'accordo, ma l'«emergenza»? Non ci vuole un'emergenza per decretare un'emergenza? Certo. Infatti l'ordinanza firmata nell'estate 2006 da Romano Prodi spiegava che il «contributo straordinario» alla Sovrintendenza per il *David* era necessario «per il proseguimento delle iniziative finalizzate al recupero del patrimonio storico-artistico danneggiato dagli eventi alluvionali che hanno colpito Firenze il 4 novembre del 1966». Un'emergenza di quarant'anni prima.

Ci sarebbe da ridere, se non fosse ormai la prassi. In un Paese dove fare ogni cosa, dall'asfaltare una strada a organizzare una gara podistica, è un'impresa, la Protezione civile è diventata un grimaldello. Certo, uno Stato serio davanti alla paralisi dovuta al mostruoso traboccare di norme e cavilli, risse ideologiche e veti sindacali, cambierebbe le regole. Da noi no: scorciatoia all'italiana. Lo Stato che fotte le regole dello Stato. Geniale. Così l'istituto nato nel 1982 dopo il terremoto in Irpinia e la tragedia di Vermicino, quando l'Italia scoprì traumatizzata dall'agonia di Alfredino che non esisteva neppure una lista di chi aveva questo o quel mezzo di soccorso per aiutare un bambino caduto in un pozzo, ora è la chiave per fare in fretta e aprire ogni porta.

La bacchetta magica si chiama «emergenza». Anche la ricostruzione della cattedrale di Noto, gravemente danneggiata dal terremoto del 1998, è finita nell'elenco delle opere fatte grazie ai soldi (e alle deroghe) della Protezione civile. E tutto sommato, viste le condizioni in cui si trovavano le strutture della chiesa dopo il sisma, ci potrebbe anche stare. Se al commissario per l'emergenza non fosse stato affidato anche, testuale, «il restauro delle vetrate artistiche, degli oggetti e dei corredi sacri, delle sculture e delle opere lignee, dei metalli e argenti, dei dipinti su tela e su carta, delle pale d'altare; il restauro conservativo degli altari della navata e del transetto sinistri, del fonte battesimale e dell'acquasantiera, delle cappelle di San Corrado, del SS. Sacramento e della Madonna con Bambino; il restauro della scalinata e del portone in bronzo della navata centrale...».

Tolta la salvaguardia dei merletti di Burano, dei torroncini messinesi e della foca monaca di Capo Carbonara, non c'è problema che non sia stato affrontato negli ultimi anni con la dichiarazione dello stato di emergenza, l'affido formale alla struttura diretta dal 2001 dal padovan-romano Guido Bertolaso e la nomina di un commissario straordinario. Prendete Napoli. Scriveva Donatien-Alphonse-François marchese de Sade a proposito di via Toledo. «Questa strada sarebbe, senza dubbio, una delle più belle che sia dato vedere in una qualunque città europea, se non ci fossero a guastarla le botteghe che si allungano fin quasi alla metà della via, tanto più che si tratta in genere di botteghe di macelleria e di altri generi commestibili, che la rendono fetida e sudicia. (...) Le carrozze vi stanno in perpetuo su due o tre file; i calessi e i piccoli cabriolets, leggerissimi, che a Napoli sono usati come vetture pubbliche, si sono moltiplicati all'infinito; e tutti questi veicoli s'incrociano ininterrottamente.»

Insomma: il problema dei rifiuti e del traffico infernale con parcheggi in terza fila c'era già negli anni Settanta del Settecento. Due secoli fa. Eppure, oltre che per la spazzatura, anche per il caos nelle strade è stata dichiarata, manco fosse cascato a sorpresa un meteorite, l'emergenza. E la Protezione civile ha emanato nel marzo 2007 un'ordinanza nominando il sindaco Rosa Russo Iervolino commissario straordinario con poteri speciali per «individuare misure efficaci per la disciplina del traffico, della viabilità, del controllo della sosta», ma anche per «la realizzazione di parcheggi, anche a tariffa» e «l'incremento dei livelli di sicurezza stradale» e il «potenziamento dell'efficacia operativa del Corpo di polizia municipale».

Perché poi la signora Iervolino dovesse rendere il traffico più scorrevole col cappello della Protezione civile anziché con quello di semplice sindaco sarebbe un mistero, se questa emergenza non fosse appunto un pretesto. Anche Walter Veltroni, da sindaco di Roma, fu insignito dei poteri speciali di commissario all'emergenza traffico. Risultato: saltando mille lungaggini burocratiche, da quel momento, ha aperto 48 cantieri per costruire parcheggi. Il quintuplo di quelli aperti nei dodici anni precedenti l'ordinanza. Sempre lì si finisce: perché affaticarsi a cambiare le regole, se si possono aggirare?

Ed ecco che si ricorre all'«emergenza» per completare i lavori all'Istituto nazionale per le malattie infettive Lazzaro Spallanzani di Roma e all'ospedale Sacco di Milano. Per «delocalizzare» gli sfasciacarrozze nel territorio capitolino. Per rimuovere il relitto della nave *Margaret*, affondata nel golfo di La Spezia. Fino all'organizzazione dei Grandi Eventi. Un'idea di Berlusconi. Che appena insediato nel 2001 a Palazzo Chigi, pragmatico com'è, capì al volo le potenzialità del «grimaldello». E dopo il disastroso G8 di Genova, cancellata quella che allora si chiamava Agenzia della Protezione civile, riportò tutte le competenze a un dipartimento di Palazzo Chigi. Per averla sottomano e affidarle appunto tutti i nuovi compiti aggiuntivi, assai distanti da quelli istituzionali di aiutare la popolazione in caso di calamità naturali e rischi di varia natura.

La visita del papa ad Assisi? Emergenza. Il pellegrinaggio di Sua Santità a Loreto costato 3 milioni di euro? Emergenza. Il vertice italo-russo di Bari? Emergenza. E via così. Tutte «emergenze»: la presidenza italiana del G8 nel 2009 per la quale la «Protezione» prevede anche l'assunzione degli interpreti. I Giochi del Mediterraneo. I Mondiali di nuoto. Quelli di ciclismo su strada a Varese. Perfino le celebrazioni dei 150 anni dell'Unità d'Italia, di cui si conosce l'arrivo da decenni, sembrano invece affacciarsi del tutto inaspettate come l'apparizione del marito cornuto nella camera della moglie traditrice: «Cielo, l'anniversario!». Emergenze, emergenze, emergenze.

Tutto questo, ovviamente, non è gratis. Prendiamo i Mondiali di ciclismo. Gli interventi prevedono la realizzazione di un collegamento tra la statale Briantea e la statale Varesina? L'uomo giusto per seguire i lavori è individuato in Walter Lupi, direttore del Servizio integrato infrastrutture e trasporti Lombardia e Liguria. Direte voi: ma allora era già pagato prima per occuparsene! Giusto. Ma così ci metterà più impegno. Incoraggiato da una «indennità mensile onnicomprensiva, ad eccezione del trattamento di missione, pari al 50% di quella corrisposta al commissario delegato». Cioè Bertolaso. Mica male...

Altro esempio: i Mondiali di nuoto. Operazione tanto complessa da richiedere, dice l'ordinanza, una specifica «assistenza giuridica al commissario delegato nella materia contrattualistica inerente alla corretta esecuzione dei singoli interventi». Ed ecco l'istituzione «di una Commissione di consulenza composta da un magistrato amministrativo, da un magistrato della Corte dei Conti, da un avvocato dello Stato, da un professore ordinario dell'Università degli studi di Roma Tor Vergata e dal Capo dell'Avvocatura del Comune di Roma». Ai quali spetta naturalmente un compenso, «commisurato al 40% del trattamento economico mensile attualmente in godimento».

Grazie alla delega in bianco, Bertolaso è chiamato a occuparsi di tutto. Persino degli accessi alle manifestazioni sportive. È successo in occasione delle Olimpiadi invernali di Torino, quando fu emanata un'apposita ordinanza della Protezione civile per stabilire che «l'accredito olimpico reca la foto del titolare, gli estremi del passaporto o di altro documento di viaggio valido del richiedente, nonché il numero del visto...».

Va da sé che, in tutto questo casino, si può andare in tilt. Come accadde con l'ordinanza emanata per i funerali di Giovanni Paolo II. Data la paralisi della capitale, la Protezione civile disponeva che i residenti a Roma potessero rinviare tutti i pagamenti dovuti entro venerdì 8 aprile 2005, giorno delle solenni esequie a San Pietro, al lunedì successivo, 11 aprile. Piccolo dettaglio: l'ordinanza portava la data del 14 aprile 2005, e venne pubblicata il 21 dello stesso mese. Postuma.

Sempre così, da noi: non riusciamo a fare nulla di «normale».

Ci serve sempre uno stimolo straordinario. Oggi l'emergenza, ieri la «data catenaccio». Ricordate Gianni De Michelis? Ai tempi in cui era ministro degli Esteri e si batteva per portare l'Expo 2000 a Venezia, ne aveva fatto una teoria: «Punto primo: sappiamo che in questo Paese ci sono delle cose da fare. Punto secondo: sappiamo che è un Paese paralizzato dalla burocrazia, dai veti incrociati, dalla cultura del rinvio. Punto terzo: sappiamo che in questo Paese occorre uscire da questa paralisi. Dunque è necessaria una data catenaccio. Che ci costringa a fare le cose nei tempi stabiliti».

In un Paese serio come la Germania, al quale Romano Prodi disse che avremmo fatto «vedere i sorci verdi», le scadenze se le sono date da soli. Rigidissime. E le hanno rispettate. Nel novembre del 1989 viene buttato giù a picconate il Muro di Berlino, nel luglio del 1990 viene decisa l'unificazione monetaria, in ottobre la Germania Est si scioglie nell'ormai ex Germania Ovest, in dicembre si va alle elezioni. Un mese dopo, partono già i concorsi di idee aperti ai grandi nomi dell'architettura, dell'arte, dell'urbanistica internazionali: dal giapponese Arata Isozaki all'inglese Richard Rogers, dal tedesco Hans Kollhoff al nostro Renzo Piano. Obiettivo temerario: ricostruire in dieci anni, portandolo in Europa, un Paese disastrato.

Nel maggio del 1995, in un bellissimo reportage sul «Corriere della Sera», Saverio Vertone scrive: «Un cronometro invisibile si è impadronito della ex Ddr, che cinque anni fa era stata abbandonata sul lastrico come un vuoto a perdere, scassata, depressa, rabbiosa e avvelenata. E questo orologio appassionato (così è la precisione tedesca) muove coi suoi bilancieri silenziosi le braccia di un immenso meccano che alza gru, spinge camion, installa centralini, sparge un manto liscio e fiammante di bitume sul vecchio scheletro cementificato delle autostrade hitleriane».

Cosa siano oggi la Germania e Berlino (dove il Parlamento si riunì nel nuovo Reichstag esattamente il giorno fissato dopo aver pagato il trasloco 750.000 euro in meno del tetto massimo), nonostante gli enormi problemi e le spese colossali sostenute per recuperare quel pezzo di patria per decenni presidiato dai carri armati sovietici, è sotto gli occhi di tutti. Un solo parametro: la rete autostradale è oggi la più estesa del mondo dopo quelle degli Stati Uniti e della Cina. E tutto ciò nonostante la scelta di accollarsi un Paese sganghenato e da rifare come la Ddr sia costata complessivamente ai tedeschi, secondo la Freie Universität Berlin, 1500 miliardi di euro. Cioè quanto l'intero debito pubblico italiano.

Noi, di date catenaccio, non siamo riusciti quasi a rispettarne una. Fino agli esempi più umilianti. Quale il treno navetta tra l'aeroporto di Punta Raisi e Palermo, che doveva essere pronto per i Mondiali di calcio del 1990, assegnati all'Italia nel 1984. Il primo appalto è, appunto, del 1984. Un'Ansa di tre anni dopo, in cui le Ferrovie dello Stato promettevano di impiegare «presto sulle linee Palermo-Catania-Messina i treni superveloci alla velocità media di 200 chilometri l'ora», assicurava che era stata raggiunta «anche l'intesa di massima per il completamento del collegamento veloce» così che la metropolitana di superficie «entro il 1990» potesse «sostenere il peso dell'incremento del traffico aereo in occasione dei Mondiali».

Sei anni più tardi, un nuovo dispaccio diceva che Lorenzo Necci, l'amministratore delegato delle Ferrovie, aveva disposto interventi urgenti per «realizzare il collegamento con l'aeroporto di Punta Raisi». Finché nell'ottobre 2001, fatti da 11 anni i Mondiali in Italia, da 7 i Mondiali in Usa, da 3 i Mondiali in Francia e ormai alla vigilia dei Mondiali in Giappone, arrivava la nota trionfale: «Si chiama Trinacria Express il treno che in 45 minuti percorrerà da domani i 36 km tra la stazione centrale di Palermo e quella nuova nell'aeroporto Falcone-Borsellino di Punta Raisi». E vai! Macché: «Sulla tratta si continuerà comunque a lavorare: c'è da completare il doppio binario nel territorio di Capaci e nell'immediata periferia di Palermo, da definire il contenzioso con i comuni di Capaci e Cinisi...».

Mettetevi al posto di Ernesto Bertarelli, l'italo-svizzero che con *Alinghi* aveva clamorosamente strappato l'America's Cup di vela ai neozelandesi: con questi precedenti avreste scelto come campo di regata Trapani per la rivincita del 2007? Cautamente, preferì tastare il terreno con le «Louis Vuitton Acts 8 & 9», un paio di regate preliminari che stanno alla Coppa America come il

Trofeo Luigi Berlusconi sta allo scudetto: partecipano le migliori ma vinci un bacetto della madrina. In questo caso, l'abbraccio del senatore trapanese di Forza Italia Antonio D'Alì, allora sottosegretario all'Interno: «Per la Sicilia si tratta di una straordinaria occasione, occupazionale e culturale. Sarà realizzato un centro alberghiero e si adegueranno le strutture ricettive esistenti. Per Trapani e per il porto si tratterà dell'avvio di una nuova stagione. Realizzeremo le nuove infrastrutture portuali, banchine e pontili, già previste dal piano triennale per le infrastrutture per una spesa di 70 milioni di euro. Questi soldi verranno concessi dal governo, la Regione Sicilia parteciperà per le spese organizzative generali, mentre al Comune di Trapani spetteranno i compiti di adeguare arredi urbani e viabilità».

Per una volta, però, l'uso improprio della Protezione civile un senso lo ebbe. Non c'erano soldi e i tempi erano stretti? Sbloccò tutto un'ordinanza. Dato che i rigidissimi vincoli del ministro Domenico Siniscalco escludevano gli stanziamenti per eventuali calamità naturali, le spese per «le iniziative finalizzate allo svolgimento del Grande Evento» della pre-regata della Coppa America furono legalmente equiparate alle «spese per calamità naturali per le quali sia stato dichiarato lo stato d'emergenza».

Elementare: lo Stato che aggira le regole dello Stato.

E fu così che Trapani, grazie alla Coppa America, ebbe un depuratore. Al primo sopralluogo si era infatti scoperto che la fogna cittadina scaricava i liquami nel bel mezzo del campo di regata. Veleggiare nella cacca non sarebbe stato il massimo della vita. Di più: grazie all'emergenza, vennero rimossi i relitti di tre navi arenate sulla spiaggia da tempo immemorabile. E venne completato il porto di Favignana. Stanziamento a carico dello Stato: 62 milioni e mezzo di euro. Certo, Bertarelli poi scelse Valencia. Ma del grande sogno, oltre al depuratore, restò qualcos'altro: un regaluccio extra pari alla metà dello stipendio per tutti i dirigenti e i funzionari pubblici coinvolti nell'operazione. L'emergenza, si sa, si paga.

Sono stati così tanti, i commissari nominati per questo e quell'obiettivo, che nessuno sa più quanti siano davvero. Anche perché oltre a quelli della Protezione civile, ci sono i commissari straordinari di governo e poi ancora gli Alti Commissari, con le maiuscole. Qualcuno con poteri veri, qualcuno con poteri semi-veri, qualcuno perfino senza poteri. Ma si sa, un commissariato è come l'ultima sigaretta: non si rifiuta a nessuno. Tanto più se serve a sistemare chi è rimasto trombato alle elezioni.

Prendete Giovanni Kessler. È un giudice, ha lavorato all'antimafia di Caltanissetta, è stato parlamentare diessino: la competenza per fare l'alto commissario per la lotta alla contraffazione non si discute. Ma è impossibile non collegare la nomina, decisa dal governo Prodi nel settembre 2006, al fatto che pochi mesi prima il prescelto, figlio dell'ex deputato dicì Bruno Kessler, era stato bocciato alle Politiche. Così come, a maggioranza parlamentare rovesciata, la stessa struttura era stata pretesa dalla Lega per il «suo» Roberto Cota.

Cosa sia questo Alto Commissariato lo lasciamo dire allo stesso Kessler che così lo definì nella sua relazione al Parlamento della primavera 2007: «Un vertice ipertrofico e una struttura inesistente». «Cioè?», gli chiese il «Corriere». Al che rivelò di aver trovato 2 vicecommissari, 3 segretarie, un ragioniere, 19 finanzieri (fra i quali un generale) e la bellezza di 7 autisti. «Da quando sono qui sono riuscito solo ad assumere quattro persone con contratto di co.co.pro.»

Prova provata che ai governi di destra prima e di sinistra poi, di far la guerra vera ai marchi falsi non interessava un fico secco. Di che si lamentavano, prima Cota e poi Kessler? Avevano una poltrona, una segreteria, l'auto blu...

E l'Alto Commissariato contro la corruzione, previsto da una direttiva comunitaria e necessario come l'ossigeno in un Paese quale l'Italia che nella classifica del 2007 di Transparency International risulta come il Paese più corrotto dell'Occidente dopo la Grecia e la Polonia? Uguale. Una bella sede. Scalinate di marmo. Stanze stuccate. Mobili di pregio. Salottini accoglienti. Fine. «Mi sento un po' come don Chisciotte», confidava a distanza di tre mesi dall'insediamento come commissario il prefetto Achille Serra, poi dimissionario per candidarsi col Partito democratico. Prova provata che anche della guerra alla corruzione, ai governi di destra e di sinistra, non interessava un fi-co secco. Bastava loro soltanto creare una struttura e piazzarci alla guida prima il giudice destrorso Gianfranco Tatozzi e poi il prefetto sinistrorso Bruno Ferrante. «Nel 2004 abbiamo avuto dalla Finanziaria 4 milioni di incremento della nostra dotazio-ne. Due anni fa, altri 4. L'anno scorso, 2. Quest'anno, zero. E per i prossimi, idem», spiegava nel febbraio 2008 lo stesso Ser-ra. «Evidentemente non siamo considerati strategici nell'agen-da della politica.»

D'altra parte, con tutti i commissari da finanziare... C'è il commissario straordinario per i beni sequestrati alla mafia, abo-lito da Berlusconi e ripristinato da Prodi. Il commissario straor-dinario per la Tav Torino-Lione. Il commissario straordinario (con tanto di vice) all'emergenza ambientale della laguna di Marano, che stando al sito internet non dovrebbe essere so-vraccarico di lavoro se nella primavera del 2008 il link «ultime notizie» risultava aggiornato alla vittoria di Danilo Napolitano nella Coppa Bernocchi di ciclismo del 2005. E poi il commissa-rio straordinario per le persone scomparse, istituito nuovo di zecca dal centrosinistra e ironicamente ribattezzato «commis-sario chi-l'ha-visto?». E il commissario per il piano pluriennale dello sviluppo del porto di Gioia Tauro, che volendo può gio-care a terziglio con altri due colleghi, il commissario all'Auto-rità portuale Domenico Picone e il commissario per la sicurez-za nel porto Mario Mori. Prendi uno, paghi tre.

E poi ancora il Commissariato straordinario per l'amplia-mento della base aerea americana di Vicenza, assegnato a un europarlamentare democratico in carica, Paolo Costa, già sin-daco di Venezia. E il Commissariato per le emergenze zootec-niche. E il Commissariato straordinario antiracket e antiusura. E il Commissariato «per la gestione delle aree del Comune di Castel Volturno», il paese casertano noto per gli ecomostri abu-sivi del Villaggio Coppola abbattuti nel 2003. È già un decen-nio che c'è ma potrebbe restarci ancora a lungo: secondo il Wwf «per ripristinare gli equilibri naturali della costa domizia sconvolti dal saccheggio edilizio occorrono ottant'anni». C'è tempo. È o non è un'emergenza?

Giustifica tutto, quella parola magica. Tutto. Credevano di giocare coi soldi finti del Monopoli, per esempio, al Commissariato per l'emergenza ambientale in Calabria. Scrivevano su un foglietto: entrate. Su un altro: uscite. Fine. Senza «un bilancio vero e proprio». Senza una «documentazione giustificativa». Senza un controllo della Ragioneria. Hanno speso così, in meno di un decennio, 864 milioni di euro. Lo dice nel gennaio 2007 la relazione finale, esplosiva, di un commissario che sbatte la porta e se ne va con una chiusa amarissima: «Molto altro ancora potrebbe essere illustrato, se valesse la pena di raccontare, avendo tempo e modo. E soprattutto scopo».

Questo è il punto: c'è ancora un senso, nel radiografare una situazione amministrativa di confine tra la sciatteria e la criminalità? La denuncia, 50 pagine da far ribollire il sangue, è firmata da Antonio Ruggiero, un prefetto che da anni viene sbattuto qua e là per l'Italia a farsi carico delle situazioni più rognose. Come quella di Isola Capo Rizzuto, dove il Comune era andato in bancarotta, un terzo dei dipendenti municipali aveva precedenti penali o era stato indagato, il 93% non pagava la tassa sui rifiuti, il 97% non pagava l'acqua, il 30% non pagava l'Ici ed erano abusive perfino alcune tombe di famiglia costruite a ridosso del cimitero.

Dal 1998 al 2006, denuncia il dossier, il Commissariato figurava aver avuto entrate complessive per 692 milioni e mezzo di euro e uscite per quasi 645 milioni, tanto che al passaggio di consegne era stato detto al nuovo responsabile, con una «certificazione da parte della Tesoreria provinciale dello Stato» (*sic*), che c'era perfino un saldo di cassa di 45 milioni di euro. Una bufala: neanche il tempo di metter mano ai conti e saltava fuori «una pesante situazione debitoria»: oltre 223 milioni di euro. Che non figuravano «né nei vari passaggi di consegne né nelle precedenti rendicontazioni».

Possibile che non se ne fossero accorti? Ma certo che se n'erano accorti. Solo che tutto era stato occultato in un'inestricabile selva contabile. «Lo scrivente ha rilevato la mancanza di un bilancio vero e proprio.» C'erano solo dei «foglietti»: di qua le entrate, di là le uscite. Fine. Si trattava di «emergenze», perché tener nota? Le emergenze sono emergenze, no? Lo dice la parola stessa...

Ed ecco centinaia di migliaia di euro («Mai riusciti a fare le somme») dati ad avvocati amici infischiandosene dell'obbligo di passare ogni vertenza all'Avvocatura dello Stato. Ecco i buchi nel bilancio lasciati dai comuni calabresi che mai avevano pagato il Commissariato per la gestione dei depuratori dato che nessuno aveva mai chiesto loro i soldi. Ecco la scoperta che «il programma di elaborazione dei dati contabili» è inutilizzabile e che i ritardi sono dovuti a una prassi burocratica «sostanzialmente finalizzata a ritardare tutto il ritardabile».

Per non dire del personale. Oltre ai 64 dipendenti ufficiali in organico, compresi contrattisti ed esperti, il prefetto denuncia d'avere scoperto che c'erano a carico del Commissariato 41 fantasmi. Mai visti in faccia. Mai impegnati in una pratica. Assunti con «contratti stipulati da dirigenti del ministero dell'Ambiente, nei quali è espressamente stabilito che il corrispettivo per la prestazione resa sarà corrisposto dal commissario delegato dietro attestazione del committente che il lavoratore ha regolarmente adempiuto agli obblighi contrattuali». Traduzione: ogni mese arrivava da Roma l'ordine di pagare quegli sconosciuti senza che il Commissariato fosse in condizione «di indicare l'attività prestata dai dipendenti in questione». Ma nessuno controllava? No. Peggio: «le pezze d'appoggio» a giustificare i conti «non sono state mai richieste».

E cosa fa il governo di sinistra davanti a un rapporto esplosivo come questo: chiude finalmente quella struttura-fogna? Macché: nomina al posto di Ruggiero un nuovo commissario, Salvatore Montanaro, affiancandogli pure un sub-commissario vicario (Luigi La Sala) e un sub-commissario (Antonio Falvo). Finché finalmente, mentre il governatore Agazio Loiero sorride rassicurante che «si torna alla normalità» e che «la Calabria non farà la fine della Campania», nel dicembre 2007 Roma decide: basta con l'emergenza. Fatta salva, si capisce, una proroga fino a giugno del 2008. Emergenza finita? Per niente, salta su il presidente della Provincia di Cosenza, Mario Oliverio: «La necessità di chiudere l'esperienza del commissariamento non può indurre a considerare chiusa la condizione di emergenza che rimane inalterata ed anzi ancora più grave di prima».

Quanto all'emergenza delle emergenze, la spazzatura a Napoli, fa nausea perfino tornarci sopra. Niente puzza d'imbroglio quanto quell'emergenza, fittiziamente costruita su una realtà vecchia di decenni se non di secoli. L'avevano denunciata viaggiatori stranieri venati di razzismo come Mark Twain: «La gente è sudicia nelle abitudini quotidiane e ciò rende sporche le strade e produce viste e odori sgradevoli. Non vi è popolazione che odi il colera quanto i napoletani. Ma hanno le loro buone ragioni. Il colera di solito sconfigge il napoletano, perché, voi capite, prima che il medico possa scavare nel sudiciume e raggiungere il male, l'uomo è morto». Ma anche napoletani lucidi e sofferenti come la grande Matilde Serao: «Da quanti anni non viene qui un sindaco, un assessore? Da quanti anni non si lavano, queste vie? Da quanti anni non si spazzano? Tutto il letame delle bestie e delle persone e delle case, tutto è qui e nessuno ce lo toglie».

Un secolo e passa dopo l'invettiva di quella donna straordinaria, che senso ha parlare di «emergenza»? Tanto più che, dalle viscere puzzolenti delle discariche campane, insieme con i rifiuti tossici, continuano a uscire sorprese. Come una lontana legge regionale che, dissepolta, fa retrodatare l'ultima emergenza spazzatura al 1973: 35 anni fa. E indovinate da cosa era stata motivata, quella legge? Dal colera e da una rivolta a Pianura. Prova provata che il nostro è un Paese più smemorato dello smemorato di Collegno.

Era la fine di un agosto torrido. Il presidente del Consiglio Mariano Rumor declamava che i problemi del Mezzogiorno erano al primo posto nella sua agenda, le cozze morivano asfissiate negli allevamenti legali e in quelli abusivi, la città non aveva ancora smaltito la rabbia che a metà luglio, nell'incubo d'una crisi energetica, aveva scatenato addirittura una serrata dei panificatori seguita da medievali assalti ai forni. E quando furono segnalati i primi due morti dilagò il panico.

Il 30 agosto i decessi erano già 7, i ricoverati negli ospedali oltre 150, gli americani cominciavano a vaccinare la gente con enormi siringoni. E mentre nel resto d'Italia gli antidemocristiani sorridevano del fatto che l'epidemia era causata da un vibrione di tipo Ogawa (con immediato gioco di parole su quello che era allora il viceré doroteo: «vibrione 'o Gava») in città e nei dintorni divampava la protesta con guerriglia nelle strade, incendi, attacchi alle farmacie. Ed ecco infine arrivare le prime disposizioni igieniche: vietato vendere frutti di mare, vietato fare il bagno lungo tutto il litorale, vietato abbandonare l'immondizia per strada.

I giornali, memori di quanto era accaduto nella storia, ripubblicavano le cronache della spaventosa epidemia di colera del 1884 (7000 morti) e di quella ancora più apocalittica del 1836/1837, quando le vittime erano state 18.000. Il ministro della Sanità, Luigi Gui, arrivava sotto il Vesuvio dicendo di essere stato informato di quanto accadeva dalla radio, mentre il capo dello Stato Giovanni Leone faceva visita ai malati al Cotugno mentre i fotografi immortalavano gli allevamenti di frutti di mare dove aggallavano i topi morti.

Allora come oggi scoppiarono rivolte di piazza contro le discariche. E fu nella scia di questi moti che il Consiglio regionale (sui banchi comunisti c'era il giovane Antonio Bassolino) decise di votare una «dichiarazione d'urgenza». E di varare una legge che stanziava 30 miliardi di lire per «costruire i necessari inceneritori nel quadro di un piano regionale di cinque anni». All'articolo 9, con minaccioso decisionismo, c'era scritto: «Qualora i Comuni o Consorzi non presentino i progetti esecutivi o non completino le opere nei termini stabiliti, provvede direttamente la Regione alla realizzazione degli impianti». All'opera! All'opera! Cinque anni dopo, al momento del bilancio, non era stata investita una sola lira.

Da allora, di emergenza in emergenza, si sono succeduti 5 capi dello Stato, 10 legislature e, compreso quello uscito dal voto del 13 aprile 2008, 30 governi. Ricominciando sempre da zero. Quanto al Commissariato campano, più ancora delle inchieste giornalistiche pesa come una pietra tombale la relazione finale nella primavera del 2008 della Commissione parlamentare d'inchiesta presieduta dal napoletano ed ex assessore bassoliniano Roberto Barbieri. Che parla di «risorse utilizzate non per avviare tempestivamente un ciclo industriale integrato dei rifiuti, bensì per costruire apparati burocratici, formare consigli di amministrazione di società miste, assumere lavoratori da tenere in parcheggio: politiche di rassegnato sostegno dell'esistente, nell'illusione che l'esistente sostenesse indefinitamente la politica». Col risultato che «accanto al percolato che, nel frattempo, discariche mal gestite vomitano sui terreni, ammorbando l'aria e intossicando le acque, questo maneggio improprio di risorse pubbliche lascia trasudare ciò che pudicamente è stato definito magma: in realtà un impasto melmoso di burocrazia inefficiente, politica clientelare, malaffare criminale».

C'è poi da stupirsi della batosta elettorale alla sinistra, strameritata, del 13 aprile? Eppure era già tutto chiaro da un pezzo. Bastava leggere il dossier della Commissione parlamentare sul ciclo dei rifiuti presieduta dal forzista Paolo Russo del gennaio 2006. Dove si raccontava come il sub-commissario operativo del 1998 (Giovanni D'Elia) avesse preso per un anno di lavoro 16.638 euro lordi e i suoi successori ne avessero incassati 100.000 nel 1999, 250.000 nel 2000. Finché nel 2003, con la moltiplicazione di poltrone e la scelta di equiparare vicecommissari e sub-subcommissari e commissari vicari allo stesso Bassolino, ai consiglieri e agli assessori regionali, il vertice arrivò a costare un milione e 140.000. Cioè sessantotto volte più che all'inizio.

Una schifezza tale che a un certo punto il governo mandò a verificare i conti un ispettore, Natale Monsurrò. Il quale ne scoprì di tutti i colori. Come l'affitto per il Commissariato di 4 (quattro!) sedi per un totale di 857.000 euro l'anno. L'acquisto di 50 camion per la raccolta differenziata subito rubati (rubati!) come se esistesse un solo ricettatore al mondo interessato a comprarli. L'invenzione del famigerato «call center ambientale» dove 34 persone ricevevano mediamente a testa una telefonata (una!) la settimana. L'ampliamento degli organici gonfiati fino a oltre 3000 persone, gran parte delle quali (esattamente 2361) stipendiate per fare la raccolta differenziata ma senza farla.

Un'operazione di puro assistenzialismo. Di quelle che il giovane Bassolino avrebbe rinfacciato ai Gava e ai Pomicino vomitando parole di fuoco. Risultato: ogni abitante della Campania sommersa dalla spazzatura, vegliardi e neonati compresi, tira fuori quasi 61 euro l'anno per pagare gli stipendi agli «operatori della nettezza urbana». Per non parlare, scrisse Monsurrò, della pioggia di consulenze «non sempre imposte dalla straordinarietà e dall'emergenza». Delle trasferte in comitiva a Rimini per la fiera «Ricicla» con pernottamento al Grand Hotel: 280 euro a notte. O del progetto battezzato, poeticamente, Sirenetta. Cioè Sistema informativo regionale emergenza rifiuti NETwork tecnologia ambientale: 9.270.401 euro per installare sui camion dell'immondizia sistemi di telerilevamento per verificare se andavano davvero a buttare il pattume dove dovevano. Quattro anni di calvario per i collaudi e fallimento totale. Perché? Molti camionisti rifiutarono d'installare i terminali («Nuje nun simme camurriste 'a controlla'!») e il Tar diede loro ragione.

Il rapporto Monsurrò, rimasto a lungo secretato, contiene pagine illuminanti su quell'appalto. La gara ha una base d'asta di 18 miliardi di lire. Vale a dire che nei Paesi seri, su un importo così, puoi aspettarti che i concorrenti si scannino ribassando del 20, del 30, del 40%. Macché: vince un raggruppamento di imprese guidato dalla Ericsson Enterprise, con dentro la Daelit di Casoria e la Cid Software studio di Napoli, grazie a un ribasso dello 0,27%. Come se avessero letto nella sfera di cristallo che nessuno avrebbe ribassato di più. Parallelamente, i compensi dei membri della Commissione aggiudicatrice vengono raddoppiati. Perché? Perché hanno «tenuto 10 riunioni e pertanto il lavoro svolto è stato molto più oneroso di quello previsto».

Per non dire dei risvolti pecorecci. Quali una mostruosa bolletta di 724.680 euro di telefono fisso speso dai dipendenti del Commissariato per chiamare «prefissi internazionali della zona 7» (Caraibi, Polinesia, Nepal, Mongolia) ma ancor più numeri col prefisso 144, 166, 709, 899. Per capirci: servizi a pagamento. Soprattutto erotici: «Sì, caro, ciao, sono Samantha». Al punto che fu chiesto alla Telecom di disattivarli a uno a uno.

Andiamo al punto. Qual era l'interesse di questa massa di gente che nella monnezza ha trovato l'America? Risolvere il problema o lasciarlo lì a marcire per anni, decenni, secoli?

Il rapporto della Commissione d'inchiesta presieduta da Barbieri, però, va oltre: «La storia ha registrato numerose e allarmanti vicende criminose che hanno visto come protagonisti rappresentanti anche apicali dell'apparato burocratico commissariale, tanto da contribuire a radicare nei cittadini una percezione di inaffidabilità, se non proprio di collusione con la criminalità di impresa e di tipo mafioso, delle istituzioni preposte alla soluzione dell'emergenza».

Ma il fetore dei rifiuti campani ha coperto la puzza di altre emergenze analoghe. Accavallando negli anni 5 commissari in Puglia, 9 in Calabria, 3 in Sicilia, 3 nel Lazio. Totale, compresi i 9 campani: 29 commissari. Più un nugolo di vicecommissari e sub-commissari e sub-subcommissari. Un esercito. Quasi sempre perdente.

Il mondo intero è scandalizzato perché la Campania ha bruciato in tre lustri almeno 350 euro pro capite? Per ogni abitante la Calabria ne ha bruciati, dal 1998 al 2005, poco meno: 290. Come? Risponde la Corte dei Conti all'inizio del 2007. Appalti dati a trattativa privata, «in violazione della normativa comunitaria», commesse milionarie distribuite agli amici, gare vinte con ribassi modestissimi subito compensati da perizie di variante...

«In tutte le diverse fasi del ciclo dei rifiuti, si affacciano imprese che provengono dal nulla e tornano nel nulla, senza storia, senza mezzi, senza professionalità», denuncia nella sua relazione il procuratore generale della magistratura contabile Claudio De Rose. «Si presentano offerte non supportate da alcuna analisi costo-prezzi-profitto, con ribassi azzardati e non rispondenti alla logica di mercato. Ciò avviene perché l'offerta è governata da accordi preconfezionati in regime spartitorio e con ricadute in termini clientelari, familistici, pacchetti di voto.»

Un Far West. Senza regole. Senza legge. Senza pudore politico.

L'emergenza giustifica sempre tutto. Come giustificò a suo tempo, dopo il terremoto in Irpinia, l'allungamento abnorme dei comuni «danneggiati dal sisma» e quindi ammessi alle provvidenze: alla prima conta erano 36, all'ultima 687. Il sindaco di

Castellabate, un paese sul mare del Cilento, spiegò al «Mattino»: «Ci accusano di sciacallaggio sostenendo che non abbiamo avuto danni dal sisma. Facciamo conto che ciò sia vero, per comodità di discorso. Ma mi dica lei però chi ci avrebbe salvato dall'accusa di omissione di atti d'ufficio per non aver fatto ottenere al paese quello che la legge gli concede».

Tra i mille episodi indimenticabili, basti ricordare quello dell'area industriale di Balvano, in provincia di Potenza, costruita incredibilmente a mille metri d'altezza con un ulteriore spreco di soldi per fare la strada di accesso. «Come mai lassù in cima?», chiese Oscar Luigi Scalfaro, che presiedeva la Commissione parlamentare d'inchiesta. E il sindaco: «Ce l'ha chiesto la Ferrero per farci lo stabilimento. Dice che lassù le merendine lievitano meglio».

Tre decenni dopo, nella scia di simili trionfi, anche la Regione Molise non si è fatta sfuggire l'occasione per raggranellare qualcosa su un terremoto. Poca roba, per carità. Ma la storia, raccontata da Antonello Caporale nel libro *Gli impuniti*, è fantastica. Succede dunque che un bel giorno l'ente locale presieduto dal forzista Michele Iorio, commissario per il terremoto, decide di investire 8 milioni di euro dei fondi avuti per «favorire la ripresa produttiva nel territorio del Molise, colpito dagli eccezionali eventi sismici del 31 ottobre 2002 e quelli meteorologici del gennaio 2003» nell'acquisto di una nave, la *Termoli jet*, per portare i turisti da Termoli in Croazia e ritorno. Per farlo costituisce una società mista con un socio privato, Giuseppe Larivera, padrone della Emi Holding. Niente gare d'appalto? No, perbacco: è un'emergenza! E chi era questo socio scelto dalla Regione come partner? Uno che nel 1990, dopo aver giocato su corsi fantasma, aveva patteggiato una condanna per truffa. Truffa a chi? Alla Regione Molise.

8

Il sole buio della «Florida d'Europa»

Insicurezza, estorsioni, rapine: e gli investimenti fuggono

«"Signo', imparat' a rispetta' i rapinatori." Così mi ha detto, voltandosi un attimo prima di uscire: "Imparate a rispettare i rapinatori". Capirà: s'era offeso perché sulle prime (mica per calcolo: ero sotto shock) gli avevo dato solo i soldi che stavano in cassa e m'ero scordata di quelli nel cassetto. L'aveva presa come una mancanza di riguardo... Che rapina era? Credo la ventunesima. O la ventiduesima? Aspetti che lo chiedo a mio fratello. "Sarà stata la ventunesima o la ventiduesima?" Bah... E chi se lo ricorda...»

La testimonianza di Maria Rosaria Steardo, proprietaria di una farmacia di Messigno, una frazione di Pompei, rapinata 38 volte, vale da sola più di un saggio di mille pagine sulla criminalità che occupa quasi militarmente larga parte di alcune regioni del Paese.

Sono anni che va avanti il tormentone sul Sud che deve diventare la Florida d'Europa. Lo disse per primo Romano Prodi: «Il Mezzogiorno deve puntare al turismo, così come è per la Florida. L'Europa ha 350 milioni di abitanti, l'età media è alta e sta nascendo la nuova esigenza di trascorrere gli anni migliori dell'età matura in Paesi caldi. Si tratta di un mercato nuovo al quale il Meridione deve puntare». Lo ribadì Walter Veltroni: «Bisogna fare in modo che il Sud possa diventare come la Florida, perché da tutta Europa si possa venire qui a trovare non solo il sole e il mare». Lo riaffermò, dopo avere spiegato un giorno che «la mafia per noi del Nord è un fenomeno lontano» e che «il 90% dei mafiosi sono in carcere e quindi la criminalità organizzata è sotto controllo», Silvio Berlusconi: «State tranquilli. Ghe pensi mi: vogliamo fare dell'Italia la Florida d'Europa...». E il suo fido scudiero palermitano Gianfranco Micciché, dopo tre anni di governo delle destre, nel 2004 si spinse spericolatamente ancora più in là: «La Sicilia oggi è un altro mondo, finora si parlava dell'Isola come di una nuova Florida, grazie a questo governo diventerà la California d'Europa». Un ottimismo che due anni dopo, andate al governo le sinistre, contagiava Francesco Rutelli: «L'Italia è campione del mondo nella cultura, vuole ritornare a esserlo anche nel turismo».

Ma di cosa stiamo parlando, senza una svolta netta, profonda, radicale? Che ce ne facciamo del nostro stupendo sole, se è coperto da nuvoloni neri? Che senso ha incitare gli investitori stranieri a venire qui da noi, come fece il Cavaliere nel settembre 2003 in America, perché «oltre al bel tempo e alla bellezza dell'Italia, abbiamo anche bellissime segretarie»?

Non basterebbe un libro intero a riassumere che cosa sono, nel nostro Paese, il senso di insicurezza, l'oppressione della grande criminalità organizzata, il controllo sociale delle cosche, le complicità indecenti della politica, l'angoscia di posti dove neppure la caserma dei carabinieri può essere costruita senza che l'impresa edile paghi il pizzo.

Meglio pochi flash. Che dicono tutto.

«Volevo avvertire il nostro ignoto estorsore che non siamo disponibili a dare contributi e ci siamo messi sotto la protezione della polizia... Se paghiamo i 50 milioni, torneranno poi alla carica chiedendoci altri soldi, una retta mensile, saremmo destinati a chiudere bottega in poco tempo. Per questo abbiamo detto no al "geometra Anzalone" e diremo no a tutti quelli come lui.»

Lettera al «Giornale di Sicilia» scritta da Libero Grassi, titolare di un'azienda di abbigliamento intimo di Palermo, il 10 gennaio 1991. Pochi mesi dopo verrà assassinato.

«Ancora meno rosea è la situazione delle rapine. (...) Il 1991 è stato l'anno di picco dopo il quale è iniziata un'inversione di tendenza. Ma anche questa è stata assai breve, perché era già finita nel 1995 (...). Immediatamente dopo è cominciata una nuova fase di crescita ininterrotta che ha portato in breve tempo le rapine a raggiungere e sfondare il tetto raggiunto nei primi anni Novanta. Oggi il tasso di rapine è una volta e mezza quello del 1991, due volte e mezzo quello del 1984, 18 volte quello del 1970.»

«Rapporto sulla sicurezza», ministero dell'Interno, 2007.

«Pagano tutti, ognuno secondo le sue possibilità. Si va dai 60 euro mensili dei venditori ambulanti agli 800 delle aziende più grosse ai 17.000 per lavori autostradali. Nessuno evade. La criminalità organizzata riesce a ottenere quello che il nostro Stato, dopo tanti proclami reiterati sotto i più diversi governi, non è ancora mai riuscito a realizzare.»

*«Avvenire», recensione alla ricerca «I costi dell'illegalità»
coordinata dal sociologo Antonio La Spina, 23 giugno 2007.*

«Dalla filiera agroalimentare al turismo, dai servizi alle imprese a quelli alla persona, agli appalti, alle forniture pubbliche, al settore immobiliare e finanziario, la presenza si consolida in ogni attività economica tanto che il fatturato del ramo commerciale dell'Azienda Mafia si appresta a toccare i 90 miliardi di euro, una cifra intorno al 6% del Pil nazionale, pari a cinque manovre finanziarie, otto volte il mitico "tesoretto". Mafia SpA si conferma la prima azienda italiana, il cui fatturato è alimentato da estorsioni, usura, furti e rapine, contraffazione e contrabbando, imposizione di merce e controllo degli appalti.»

*«Le mani della criminalità sulle imprese»,
Sos Impresa – Confesercenti, decimo rapporto, ottobre 2007.*

«A Palermo il pizzo lo pagano tutti. Se non paghi ti rompono le corna. Un ragazzo che si vuole mettere all'angolo a vendere aglio e prezzemolo paga pure il pizzo.»

*Deposizione ai giudici di Emanuele Andronico,
collaboratore di giustizia, 2007.*

«Italcementi Group è il quinto produttore di cemento a livello mondiale, il principale operatore nel bacino del Mediterraneo.

La capogruppo Italcementi SpA è controllata da Italmobiliare: entrambe le società sono quotate alla Borsa di Milano. Italcementi Group annovera tra le proprie fila oltre 22.850 dipendenti, un fatturato annuo, per il 2006, di 5854 milioni di euro, un dispositivo industriale di 62 cementerie, 15 centri di macinazione, 3 terminali, 152 cave di inerti e 588 centrali di calcestruzzo. Eppure anche il "colosso" Italcementi ha ceduto alla morsa della 'ndrangheta. Di fronte alla 'ndrangheta l'Italcementi avrebbe messo da parte ogni regola, sopportando maggiori costi, assumendo rischi e finendo con l'agevolare l'espansione economica della cosca dei Mazzagatti nel campo della commercializzazione del cemento.»

Informativa di carabinieri e guardia di finanza al tribunale di Reggio Calabria, da Sos Impresa – Confesercenti, decimo rapporto, ottobre 2007.

«Avevo un'azienda e la camorra me l'ha distrutta. Non ha distrutto solo un'azienda, ma trent'anni di lavoro. È come se ci avessero tolto una parte della nostra vita, ora c'è un vuoto nella nostra memoria perché non è facile portare avanti un'azienda. L'abbiamo fatta crescere col nostro lavoro, col sacrificio fisico e morale. Avevamo fatto veramente un salto di qualità sulla nostra pelle, senza chiedere nulla a nessuno. E poi a un certo punto ti distruggono tutto. (...) Sono andata a deporre al processo, ma non c'erano le stenotipiste perché nessuno le pagava. Il cancelliere, una donna, ha trascritto tutto a mano, fino a che non le sono venuti i crampi.»

Silvana Fucito, proprietaria di un negozio di vernici a San Giovanni a Teduccio, anima della lotta contro la camorra, premiata dal «Time» come personaggio dell'anno e ispiratrice del film Il coraggio di Angela, intervista al giornale on-line della associazione antiracket Contrastamu.

«Rispetto alla consistenza dei reati tipici della criminalità organizzata, dall'ultima indagine si rileva una preoccupante presenza di attività estorsive ai danni delle imprese, per cui un imprenditore su tre dichiara che il racket nella propria zona di attività è molto o abbastanza diffuso (33,1%). Si noti come dall'indagine precedente sia aumentata questa percezione: nel 2003 era il 25,6% a pensarla in questo modo e il 74,4% a pensare che fosse poco o per niente diffuso. Aumenta anche la percezione della presenza di usura: il 39,2% degli imprenditori ritiene che nella zona dove esercita la propria attività il reato sia molto o abbastanza diffuso.»

Rapporto Censis, 2007.

Autostrada Salerno-Reggio Calabria: «C'è chi l'ha definita il corpo di reato più lungo d'Italia. Dietro ogni curva c'è una cosca che si avventa, è camorra nel primo tratto ed è 'ndrangheta giù nelle "Calabrie". Un percorso che disegna la spartizione del potere, le betoniere e gli escavatori segnalano le "famiglie" dominanti sul territorio. Così la cartina stradale diventa un organigramma mafioso. È stato un supertestimone, Piero Speranza, un piemontese che ha riciclato in Toscana i soldi dei trafficanti calabresi, a raccontare per la prima volta come i "mammasantissima" si siano impossessati della A3. Ci fu un summit in una villa di campagna a Torremezzo di Falconara, in provincia di Cosenza. E i boss si misero subito quasi d'accordo. Era l'agosto di sei anni fa. Da quel momento ogni fornitura di calcestruzzo e ogni movimento di terra li ha assicurati la 'ndrangheta. In principio ci fu qualche regolamento di conti. Poi, tanti erano i soldi che hanno fatto scoppiare la pace».

«Le mani della criminalità sulle imprese»,
Sos Impresa – Confesercenti, decimo rapporto, ottobre 2007.

«L'Italia detiene il più alto tasso di rapine in banca. Ci sono 8,76 rapine consumate ogni 100 sportelli rispetto alle 4,55 della Repubblica Ceca, le 4,20 della Danimarca, le 3,58 della Grecia e le 2,09 della Slovacchia. Per tutti gli altri Paesi il tasso è inferiore a 1,50.»

«Rapporto sulla sicurezza», ministero dell'Interno, 2007.

«Negli anni 2000-2005 l'Italia ha ricevuto il 4,2% degli investimenti esteri in entrata nell'Unione europea, meno di un terzo di quelli di Germania, Gran Bretagna e Francia e poco più della metà di Olanda e Spagna. Le regioni del Mezzogiorno hanno ricevuto nel 2006 appena lo 0,66% degli investimenti esteri entrati in Italia.»

«Rapporto Svimez sull'economia del Mezzogiorno», 2007.

«Dopo tre mesi di scontri, agguati, attentati, assassinii – bilancio provvisorio 46 morti ammazzati – 'o Zuoppo è in manette. Ma chi quella sera è per strada, nel Rione dei Fiori detto Terzo Mondo, tra Secondigliano e Scampìa, non vede un arresto. Semmai un assedio: sono i carabinieri a essere prigionieri di una folla di centinaia di persone, molte donne, che urlano, imprecano, che dalle finestre tirano piatti, bottiglie, bicchieri, qualche water. Bruciano i cassonetti della spazzatura. A una gazzella fracassano i vetri, poi la rovesciano su un fianco. Sono i carabinieri a stare rintanati per quasi tre ore al secondo piano del palazzone di via Gerusalemme Liberata dove hanno trovato il boss. Hanno dovuto aspettare l'intervento del Decimo battaglione Campania per poter uscire e portare l'arrestato in caserma.»

Gianni Barbacetto, «Il Diario», 28 gennaio 2005,
sull'arresto del boss camorrista Cosimo di Lauro detto 'o Zoppo.

«Imprese a partecipazione estera nel 2005. Lombardia: 3719. Lazio: 540. Friuli-Venezia Giulia: 127. Campania: 118. Puglia: 47. Sicilia: 54. Calabria: 15. Investimenti diretti esteri 2006. Trentino-Alto Adige: 744,7 milioni, +270,8%. Sicilia: 30,1 milioni, -44,7%.»

«Rapporto sulla sicurezza», ministero dell'Interno, 2007.

«Speriamo che cambi il vento, che venga il libeccio, che si porti via quest'afa.»

Paolo Borsellino.

9

Il processo? Ripassi nel 2020

Due giorni di cella all'uxoricida, 35 anni di rinvii per un fallimento

«Per le altre 59 persone non solo non sono disponibili né sedie né scrivanie, ma non vi è posto nemmeno per ospitarle in posizione verticale.» Cioè in piedi. Diego Marmo, procuratore di Torre Annunziata, è un uomo di spirito. E il suo rapporto sulle condizioni in cui versa il tribunale della mitica Oplontis, ridotta a oscena porzione della sgarrupata periferia napoletana, è un'invettiva ricca di ironia partenopea. Non ce l'avesse, avrebbe buoni motivi per fare harakiri.

Molto diversa da come la vide due secoli fa Wolfgang Goethe che ne restò incantato («Pranzammo con la tavola disposta proprio in riva al mare. Tutti coloro erano felici d'abitare in quei luoghi»). Torre Annunziata non è un posto qualunque. Anche qui, scrive in *Gomorra* Roberto Saviano, gira incessante «il furgoncino acchiappamorti» che «raccoglie, accumula, preleva cadaveri di gente morta sparata». Racket. Usura. Abusivismo. Spaccio. Totale mancanza di rispetto per le minime regole di convivenza. E una presenza asfissiante della camorra fin dalla lontana «strage di Sant'Alessandro», quando 14 killer arrivarono in pullman (in pullman!) davanti al Circolo dei Pescatori per annientare con mitra e fucili a pompa otto uomini legati al clan di Valentino Gionta.

Insomma: se c'è un posto in cui lo Stato dovrebbe a tutti i costi affermare la sua sovranità, è questo. Macché: un disastro. Undici milioni di euro buttati per tirar su lo scheletro di quella che avrebbe dovuto essere la Cittadella della Giustizia, scheletro che ormai, secondo l'Associazione nazionale magistrati, «sta diventando un fossile». Inchieste e processi sui finanziamenti utilizzati da un magistrato, secondo l'accusa, per andare a passare il capodanno in Australia o in vacanza con la famiglia in un Club Mediterranée. Appalti contestati. Annullati e ripristinati. Sette imprese scelte per il completamento dei lavori risultate non in regola.

E intanto tutti restano in ostaggio del vecchio «palazzo». Che cade a pezzi. Sei cessi per sei piani così luridi da offrire «elevatissime possibilità di infezioni». Enormi faldoni accatastati ovunque «'n coppa» agli armadi tanto da spingere le anime pie a ipotizzare cartelli: «Attenzione, caduta fascicoli». Sicurezza zero, al punto che molti «duri» della zona, stando alla cronaca scritta per «Narcomafie» da Daniela De Crescenzo e Amalia De Simone, accorsero nell'ottobre 2006 al processo contro il figlio di Gionta, «facendosi beffa del metal detector non funzionante» e vantandosi «di aver partecipato all'udienza con pistole e coltelli nelle giacche». Archivio con gli incartamenti ammucchiato al campo sportivo. Udienze «ambulanti» qua e là alla ricerca di un locale dove amministrare la giustizia: «Lo possiamo tenere un processo da voi?». Testimoni chiamati a deporre ospitati nei container.

Insomma, il degrado e la mancanza di spazi agibili sono così vistosi che, ha denunciato appunto Diego Marmo, magistrati e cancellieri non hanno neppure il posto dove sedersi e devono lavorare dandosi il turno: tu la mattina, io il pomeriggio. Leggi della fisica. Dove sta un corpo solido non può starcene un altro. Risultato: l'arrivo di quattro nuovi magistrati, denuncia il rapporto, «ha fatto perdere la sedia, nel senso letterale, a due marescialli che lavoravano con due pm, e non c'è possibilità di allocarli altrove perché l'ufficio non ha altre disponibilità di spazio, nemmeno per inserirvi sedie di cui peraltro siamo sprovvisti». E va così da anni.

Davanti alle invocazioni di aiuto, il guardasigilli leghista Roberto Castelli scelto da Silvio Berlusconi per mantenere la promessa di «rifare i codici come Napoleone e Giustiniano» (del quale dice di avere «un ritratto in camera») nel 2005 fece spallucce: «Nessuno lavora negli spazi che ciascuno sogna. Bisogna lavorare con le risorse che sono a disposizione. Forse, se la smettiamo con la teoria del lamento, magari avremo qualche risultato in più». Due anni dopo, ottobre 2007, il suo successore Clemente Mastella ricevette il benvenuto del procuratore Marmo con parole sferzanti: «Stamattina per accoglierla abbiamo dovuto rimuovere due grossi topi. Se volete bloccare la magistratura non occorrono provvedimenti, basta che ci lasciate in queste condizioni».

E non è solo a Torre Annunziata che la giustizia italiana versa in condizioni pessime. Il coma è profondo ovunque. Certo, solo a Napoli può accadere quanto è successo in procura, dove l'attività è alla paralisi anche per la salute cagionevole dei commessi. «Quando vengono assunti sono tutti sani», ha sospirato il procuratore Giovandomenico Lepore parlando con Gianluca Abate del «Corriere del Mezzogiorno». Ma si ammalano quasi subito. Ernia, artrosi, reumatismi, alluce valgo... Fatto sta che su 69 fattorini ben 39 sono inidonei a portare uno scatolone e quindi a fare i fattorini. Invalidità parziali e totali: «Eccellenza, non ce la faccio...». A quel punto, per spostare i faldoni che occupano ogni spazio del palazzo, sono stati comprati tre «muletti». Ma ora sono lì, abbandonati. Perché? «Non ci sono dipendenti in possesso della qualifica funzionale necessaria a guidarli.» Niente qualifiche, niente muletti.

Dice la tabella del «Sole 24 Ore» sulla lentezza della macchina giudiziaria, elaborata a fine 2007 su dati del ministero della Giustizia, che su 103 Province le 10 più virtuose sono tutte settentrionali e le 10 peggiori (anzi: occorre risalire di 26 posizioni per trovare la laziale Frosinone) sono tutte meridionali. E che nel rapporto tra «cause esaurite su nuove e pendenti» Torino è quasi tre volte più svelta ed efficiente di Lecce, Crotone o Bari.

Ma anche alcune aree del Nord produttivo sono in affanno. Come Vicenza, che si piazza 10ª per occupazione giovanile o 11ª per ricchezza prodotta, ma sui processi-lumaca slitta nella parte bassa della classifica nonostante sia una delle province economicamente più laboriose, ricche ed efficienti non solo della Penisola ma del pianeta. Con una differenza: che se a Caltagirone un processo civile lungo dieci anni è un peso insopportabile e incivile ma non sconvolge tutto, a Schio può ammazzare un distretto industriale. Provateci voi, ad affrontare le artigliate della tigre cinese e la concorrenza indiana avendo la palla al piede di un tribunale levantino. Impossibile.

E così, dopo essersi ritrovata nel 2005 al quart'ultimo posto con 35 cause giudiziarie esaurite ogni 100 nuove o vecchie da smaltire, appena davanti a Enna, Matera e Bari (figuratevi lo shock: «Noi dietro Messina! Quarantasei punti sotto Trapani!»), un gruppo di avvocati, che tre anni prima aveva inutilmente tentato di costituire una «camera arbitrale» che si presentasse come una sorta di tribunale parallelo, ha chiesto ufficialmente il fallimento del tribunale e la sua liquidazione coatta. Richiesta respinta, ovvio. Ma il giudice, nella sentenza, l'ha riconosciuto: non si può andare avanti così. Troppa sproporzione tra velocità dell'economia e velocità della giustizia.

Sono anni che emergono, di tanto in tanto, casi esemplari che gridano vendetta. Come quello di Andrea, un bambino di 13 anni che, in vacanza con la parrocchia in una malga dell'Altopiano di Asiago, cade da una staccionata e resta paralizzato, con un'invalidità del 75%. Le assicurazioni del Comune e della parrocchia danno battaglia: non vogliono pagare. Al massimo, ma proprio al massimo, offrono 175 milioni di lire. Un'elemosina, per un ragazzino dalla vita rovinata. E la causa va avanti per anni, anni, anni. Giorno dell'incidente: 10 agosto 1990. Giorno della sentenza: 5 maggio 2004. Un calvario giudiziario di 13 anni, 8 mesi e 20 giorni. Uno schifo.

Va da sé che, in una realtà effervescente come quella vicentina, dove c'è un'impresa ogni 11 abitanti, il valore aggiunto pro capite è 3000 euro sopra la media nazionale, il tasso di disoccupazione non arriva al 3,5%, le imprese manifatturiere sono più di 10 ogni 1000 abitanti e una sessantina di comuni hanno oltre 500 aree industriali, ogni grana giudiziaria diventa un problema enorme. Come può un'azienda, magari aggredita sui mercati internazionali da una concorrenza agile, scattante e molto spregiudicata, impantanarsi in cause processuali (a tutela di un brevetto o di un marchio, per esempio) destinate a durare anni? Come può, se ha davanti lo spettro di casi abnormi come quello dello stilista Valentino Garavani, che in un tribunale meno disastrato di quello vicentino aspettò per 11 anni il primo verdetto d'una causa aperta sulla griffe contro un certo Guido Valentino che, giocando sull'omonimia, approfittava dell'equivoco?

Eppure da molto tempo è stato lanciato l'allarme. L'allora presidente degli industriali berici Valentino Ziche spiegò già qualche anno fa che non si poteva continuare così: «Il cattivo funzionamento della giustizia è entrato a far parte del calcolo economico di taluni operatori se non di intere categorie di operatori poco corretti». Vuoi i soldi? Fammi causa. Claudio Mondin, l'avvocato che ha chiesto la procedura fallimentare per il tribunale, dice che le cose sono perfino peggiorate: «Il furbo sa che la giustizia è lentissima, che lui non rischia sostanzialmente niente e che nove volte su dieci l'altro cederà. Così la mette giù piatta piatta: se vuoi ti do la metà, sennò fammi causa. Ne conosco tanti, che si regolano sistematicamente così. Di più: ormai è arduo perfino recuperare i soldi dopo un decreto esecutivo».

Colpa del Fato? No, di tante riforme ammucchiate alla rinfusa, di un sovraccarico di leggi e leggine, di un aumento mostruoso degli avvocati (i 221 iscritti all'ordine berico del '66 sono diventati 1060, più 398 praticanti: cinque volte di più, nonostante un aumento della popolazione inferiore al 13%) decisi a mungere alla generosa mammella di un'organizzazione territoriale assurda e sbilanciatissima verso il Sud. Uno squilibrio obbligato, là dove dominano mafia, camorra o 'ndrangheta. Ma insopportabile quando queste non c'entrano. Un esempio? Diceva lo stesso presidente del tribunale di Mistretta, in una recente relazione, che la cittadina messinese aveva una criminalità «senza particolari connotazioni», un allarme sociale «modesto», infiltrazioni mafiose «di nessun rilievo». Eppure a Mistretta c'erano allora 33,7 giudici ogni centomila abitanti contro i 5,4 di Vicenza. Sei volte di più. E la situazione ancora oggi è più o meno la stessa.

Non bastasse, proprio la città berica mostra quanto pesi, sul cattivo funzionamento della giustizia, il ruolo dei magistrati. Lo dice il caso del giudice Cecilia Carreri. Stando ai certificati medici (una montagna) la sua vita era un calvario per una «grave patologia lombo-sacrale con discopatie multiple da iperlordosi» che, in posizione eretta, determinavano «la rigidità del rachide cervico-dorso-lombare con contrattura della muscolatura paravertebrale». Una via crucis che imponeva alla poveretta la «necessità di astenersi da stazione eretta ed assisa protratta» e la obbligava a chiedere «una sospensione dal lavoro non breve per evitare l'aggravarsi ulteriore della patologia». «Non breve» quanto? Novantotto giorni nel 2004 più 9 mesi e mezzo nel 2005, spezzati da un periodo di ferie.

I colleghi costretti a farsi carico di lavoro supplementare e i cittadini stremati dai continui rinvii l'immaginavano nel letto di dolori quando a metà novembre del 2005, sul diario di bordo di «Mare verticale» (www.ceciliacarreri.it) usciva l'entusiastico resoconto della straziata lungodegente che raccontava una regata velistica nella quale era impegnata. Roba seria, che «Il Giornale di Vicenza» riassumeva così: «Nel giorno in cui il navigatore Soldini si ritira, prosegue la fantastica avventura di Cecilia Carreri e del francese Joe Seeten». Che emozioni, per la nostra lombo-sciatalgica! «È difficilissimo governare un 60 piedi che vola impazzito a fare il surf su onde oceaniche gigantesche. Sono stata molto al timone e vi assicuro che sentire la poppa sollevarsi di decine di metri e vedere la prua della barca inabissarsi dentro il mare dopo una vorticosa e velocissima planata è una delle esperienze più estreme della mia vita.»

Era troppo perfino per l'assai bonaria Sezione disciplinare del Consiglio superiore della magistratura. Che rifilava alla velista estrema, colpevole di avere causato un «grave danno alla immagine del magistrato e alla credibilità della istituzione giudiziaria», una punizione «esemplare». Cioè? Trasferimento d'ufficio e perdita di un anno di anzianità. Una sanzione che in un Paese serio (in America l'ex velocista Marion Jones è stata condannata dal giudice Kenneth Karas a sei mesi di carcere, carcere vero, solo per avere mentito al tribunale «nel tentativo di nascondere di aver violato la legge») sarebbe considerata un buffetto. Ma che la giudice-skipper ha accolto ribellandosi manco le avessero comminato ingiustamente vent'anni di colonia penale alla Caienna, a spaccare pietre coi ferri ai piedi.

E così, a raffica, ha detto: 1) Che «la giustizia ha tanti problemi seri e invece si perde tempo con questa storia della barca a vela». 2) Che «andare in barca a vela sembra diventato un reato». 3) Che lei non capisce: «Di che cosa devo vergognarmi? Di fare sport? Di aver portato i colori dell'Italia in Brasile?». 4) Che è tutta colpa dei colleghi invidiosi: «Che squallore!». 5) Che così facendo le hanno «impedito di lavorare».

Una reazione sbalorditiva. E rivelatrice, per quel furente stupore della giudicessa davanti a una condanna inaspettata, di come i magistrati italiani siano stati abituati dal Csm a sentenze non morbide ma morbidissime. La lombo-sciatalgia velica della Carreri si inseriva infatti in una situazione drammatica. Come spiega Luigi Ferrarella nel libro *Fine pena mai*, la penuria di magistrati è uno dei problemi centrali della giustizia alla quale mancano oggi «193 pubblici ministeri e 677 giudici». Un numero destinato nel 2008 ad allargarsi ancora, in attesa che nel 2009 entrino in funzione i 319 nuovi assunti, fino a un «buco» di 1300 toghe. Buco aggravato dall'esodo di altri 270 giudici temporaneamente fuori ruolo. Nei ministeri, nelle authority, nelle commissioni parlamentari... Voragine complessiva fino all'arrivo dei rinforzi: 1570 magistrati.

Uno su sei. In un Paese dove, come abbiamo visto, son calati moltissimo gli omicidi (un quarto di quelli di trent'anni fa) ma sono cresciuti moltissimo le rapine e altri reati che generano nella popolazione ansia e insicurezza. Colpa del Fato? Dei marocchini e dei rumeni? Dell'indulto? Senz'altro. Ma anche di uno Stato che non è riuscito a dare una stazione di polizia né uno straccio di caserma ai carabinieri di Ercolano, costretti da trent'anni a stare al piano terra di un condominio nel cuore della città dal quale possono accorrere in caso di una rapina o di un omicidio solo chiedendo a chi ha parcheggiato in seconda o terza fila: «Scusate, ci potete spostare la macchina?».

Una caserma nuova, a dire il vero, avevano cominciato a costruirla. Ma sapete dove? Lungo una stradina larga tre metri che si infila proprio lì in un sottopasso ferroviario largo due passi ed è regolata nel traffico bestiale da un semaforo che fa passare le auto solo a sensi alternati. Non bastasse, dopo aver tirato su la nuova caserma, fu fatta una scoperta fantastica: secondo la magistratura, indifferente alle autorizzazioni «per necessità militari» del Viminale, era abusiva. Tutto bloccato.

Per non dire di quella specie d'«indulto strisciante e quotidiano» denunciato da Giuliano Amato. Stando ai numeri del direttore generale dell'amministrazione penitenziaria Sebastiano Ardita, ripresi da Ferrarella, «se anche si somma la custodia cautelare prima delle sentenze all'espiazione della pena dopo il verdetto definitivo, il furto risulta determinare una permanenza statistica in cella di 7 mesi, la rapina o lo spaccio di droga un anno e 9 mesi, 2 anni e 2 mesi sono l'aspettativa media di prigione per una violenza sessuale, 3 anni e 9 mesi per un traffico di droga, 3 anni per l'associazione mafiosa, meno di 8 anni per l'omicidio o il sequestro di persona».

Con qualche caso limite che lascia esterrefatti. Come quello di Renato Di Felice, un palermitano che nell'ottobre 2003 assassinò con due coltellate la moglie, Maria Concetta Pitasi, una ginecologa cinquantenne durante l'ennesima lite davanti alla figlia. Non aveva mai avuto guai con la giustizia, era descritto come un uomo mite sottoposto dalla consorte a mille piccole angherie, era difeso dalla figlia: «Non ne potevamo più». Fatto sta che dopo due giorni fu mandato a casa, in attesa del processo, perché «non socialmente pericoloso». Risultato finale: ottenute tre riduzioni di pena per le attenuanti generiche, quelle della provocazione e quelle del risarcimento del danno alla sorella della donna (20.000 euro più i beni mobili della casa di famiglia) più lo sconto di un terzo dovuto al rito abbreviato e l'abbuono di 3 anni regalatogli dall'indulto, l'uxoricida si è ritrovato a dover scontare 2 anni in affidamento ai servizi sociali. Dopo avere fatto, in totale, 2 giorni di carcere. C'è un altro Paese al mondo dove si possano scontare due giorni per un omicidio? D'accordo che lei, la morta, era descritta come «scontrosa e difficile». Però...

Quanto ai tempi del processo civile, vale per tutte l'avventura di due pensionati settantenni di Foggia che nell'autunno del 2007, decisi a fare ricorso contro l'Inps, si sono sentiti dire: «Mercoledì no, giovedì no, la settimana prossima è piena, gen-

naio è già carico... Bene, l'udienza è fissata al 27 febbraio 2020».
Ma come: 12 anni di attesa per la prima udienza? Va da sé che la
cosa è finita sui giornali. E solo a quel punto i due vecchi sono
stati raggiunti da un contrordine: «Scusate, è stato un errore.
Anticipiamo tutto. Venite nel 2013». Cioè «solo» 5 anni dopo.
Quel giorno, se il buon Dio li manterrà in salute, se non saranno
a letto con l'influenza, se il giudice non avrà un dolore cervicale,
se il cancelliere non sarà in ferie, se gli avvocati non saranno in
agitazione, se l'Italia non sarà paralizzata da uno sciopero generale, se non mancherà qualche carta bollata, se non salterà la
corrente elettrica, Sua Maestà la Giustizia si concederà loro in
udienza.

Dopo di che, hanno loro spiegato, auguri! Di rinvio in rinvio, col ritmo delle nostre vicende giudiziarie, quando arriverà
la sentenza? Verso il 2020, se va male. Ma niente paura: sulla
base della legge Pinto potranno chiedere i danni per la lentezza
della giustizia. E ottenere l'«equa riparazione» per avere aspettato tanto. Certo, dovranno avere pazienza: dal 2003 alla metà
del 2007 i ricorsi di questo tipo sono infatti quadruplicati: da
5510 a oltre 22.000. Tanto che in certi posti come Roma ci vuole già oggi un'eternità (2 anni) per vedersi riconoscere il danno
d'avere atteso un'eternità.

Quanto ai soldi del risarcimento, ciao... Le somme che lo
Stato è costretto a tirar fuori continuano a montare, montare,
montare... Chissà se per i due vecchi di Foggia, quando arriverà
il loro turno, ci sarà ancora un centesimo. Il presidente di Cassazione Gaetano Nicastro, del resto, l'ha già detto: «Se lo Stato
italiano dovesse risarcire tutti i danneggiati dall'irragionevole
durata dei processi, non basterebbero tre Finanziarie». Diagnosi infausta confermata dal ministero dell'Economia. Secondo il
quale i cittadini che hanno «potenzialmente diritto all'indennizzo» per i processi interminabili sono «almeno 100.000» l'anno.
Mettete che abbiano diritto a strappare in media 7000 euro ciascuno e fate il conto.

Certo, non ci sono solo ombre, nella giustizia italiana. Di
più: se ogni giorno si compie il miracolo di tanti processi che
arrivano in porto, tante udienze che vengono aperte, tanti col-

pevoli che finiscono in galera e tanti innocenti che ottengono l'assoluzione, è merito di migliaia di persone perbene, giudici, cancellieri, impiegati, fattorini, che si dannano l'anima in condizioni difficilissime. Se non proprio disperate. Proprio quelle luci, però, mostrano quanto sia buio il contesto.

Prendete Bolzano: ha un buco negli organici del 45%, ogni invocazione a Roma è inascoltata; eppure è riuscita a ridurre l'arretrato, abbattere i tempi di attesa, dimezzare le spese con un taglio addirittura del 60% sui costi delle intercettazioni facendo apparire ancora più scandalosi i contratti stipulati separatamente dai diversi tribunali per l'affitto delle costose apparecchiature necessarie al «Grande Orecchio». Affitto che qui costava una cifra e lì poteva costare 18 volte di più. Non basta: da qualche anno il procuratore Cuno Tarfusser pubblica un bilancio degli uffici: costi, ricavi. Massimi investimenti sull'informatica, massimi risparmi sugli orpelli. «Come se fosse un'azienda.» Fino a ottenere un premio inimmaginabile: la certificazione europea del «Servizio Qualità». Un'esperienza che ha convinto il magistrato di una cosa: che se la giustizia funziona malissimo è perché, in nome dell'autonomia, sacrosanta ma stravolta, «nessuno risponde di niente».

Tanto meno certi suoi colleghi che mandano avanti gli uffici come fossero ancora nell'Ottocento, con pennino e calamaio e totale indifferenza per il resto del mondo.

Una macchina sgangherata e infernale. Che brucia quasi 8 miliardi di euro l'anno, scrive Ferrarella, «per impiegare in media 5 anni a decidere se qualcuno è colpevole o innocente; per far prescrivere da 150 a 200.000 procedimenti l'anno, record europeo; per incarcerare ben 58 detenuti su 100 senza condanne definitive; per dare ragione o torto in una causa civile dopo più di 8 anni, per decidere in 2 anni un licenziamento in prima istanza; per far divorziare marito e moglie in 7 anni e mezzo; per lasciare i creditori in balia di una procedura di fallimento per quasi un decennio; per protrarre per 4 anni e mezzo un'esecuzione immobiliare».

Ma certo che ci sono raggi di sole. A Milano, per esempio, dall'11 dicembre 2006 si possono emettere decreti ingiuntivi telematici. Risultato: già al primo anno, stando a una stima, i cittadini e le imprese con quei 3500 decreti ingiuntivi emessi hanno risparmiato almeno 12 milioni di euro, forse addirittura 14. Mai visto un investimento così redditizio: 100.000 euro spesi nelle nuove tecnologie, 12 milioni e più di euro restituiti alla collettività in un solo anno.

Qual è la lezione? Ovvio: bisogna investire sulle nuove tecnologie. Macché. Dovendo tagliare e non avendo il fegato di farlo dove si dovrebbe e cioè dove stanno le clientele, le amicizie, le reti di interessi, hanno via via deciso di tagliare in questi anni perfino le e-mail, gli accessi a internet, l'acquisto di programmi elettronici, la messa a punto di software specifici, l'assistenza informatica. L'ultimo somaro sa che se non puoi contare su un'assistenza efficiente, addio: il tuo computer è inutile come un'auto senza ruote. Bene: su questo fronte il ministero ha coperto nel 2006 «appena il 5% del fabbisogno annuale». Cecità.

Per non dire del casellario giudiziario. Doveva essere totalmente informatizzato entro il 1989, due decenni fa. E invece buona parte degli aggiornamenti viene ancora fatta a mano. Risultato: è impossibile colpire con la necessaria durezza chi, come una nomade arrestata 122 volte in varie città d'Italia per furti o borseggi e condannata via a sei mesi di carcere alla volta, ha accumulato una ventina di anni di prigione (sulla carta) senza scontarne un giorno. Come puoi controllare un mondo informe qual è quello dell'immigrazione in condizioni simili? Il prefetto di Brescia Anna Maria Cancellieri, nel 2003, allargava le braccia: «Il trucco dei falsi nomi per sottrarsi al foglio di via? Mi è capitata una prostituta che così è riuscita a evitare l'espulsione per 57 volte». Edith Nduonofit Chinyere, una «maman» nigeriana che ha fatto entrare clandestinamente in Italia centinaia di poverette buttate a fare le lucciole sulle strade, di nomi ne ha dati uno diverso a ogni arresto: 14. La rapinatrice Saima Omerovic 40. Per non dire di Lila Dragutinov, ammesso che si chiami così, di cui vale la pena di rileggere la prima riga di una vecchia notizia dell'Ansa: «Fermo numero 205 in due anni per una giovane nomade...». Duecentocinque fermi. Senza che mai pagasse pegno.

Colpa dei ministri che si sono succeduti ammucchiando «troppe riforme» spesso in contraddizione l'una con l'altra. Del Parlamento che ha via via affastellato leggi su leggi votando per esempio 19 modifiche alla custodia cautelare in tre decenni. Dei politici che non hanno mai trovato la forza, il coraggio, lo spirito di servizio per dare «insieme» una nuova forma condivisa al sistema giudiziario.

Un sistema così sgangherato che riesce a recuperare meno del 5% delle pene pecuniarie inflitte, con una perdita secca di 750 milioni di euro l'anno più altri 112 di spese processuali messe a carico dei condannati e non pagate. Così cieco che, taglia taglia, offre per le spese agli uffici giudiziari di Campobasso 138.000 euro e poi ne spende un milione, 7 volte di più, per risarcire i cittadini vittime della giustizia molisana troppo lenta anche per mancanza di fondi. Così pelosamente garantista da sprecare quantità immense e crescenti di denaro (da 4 a 70 milioni di euro l'anno in un solo decennio!) nell'assegnazione automatica di un difensore d'ufficio non solo a tutti gli stranieri «irreperibili», che magari portano un nome falso e saranno processati inutilmente fino in Cassazione, ma anche a un mucchio di mafiosi che dichiarano meno di 9000 euro di reddito e perfino ai latitanti. Fino alla beffa. Come quella dei boss mafiosi Leoluca Bagarella e Antonino Marchese che, imputati dell'omicidio del vicebrigadiere Antonino Burrafato, nell'autunno 2007 chiesero la ricusazione della Corte d'Assise d'Appello perché era prevenuta nei loro confronti visto che aveva revocato il gratuito patrocinio «al quale erano stati inizialmente stati ammessi».

E i magistrati? D'accordo che, in un contesto così devastato, è più difficile rilevare le responsabilità dirette e personali di questo o quel giudice, ma è possibile che non ci sia un magistrato che paghi sul serio almeno gli errori, le sciatterie, gli insulti al buon senso più macroscopici? Possibile che perfino chi si «dimenticò» in galera per 15 mesi un immigrato se la sia cavata con una semplice censura perché «era la prima volta»? Che non abbia pagato dazio neanche chi ha depositato sentenze «riguardanti cause decise più di sette anni prima»? Che abbia potuto essere promosso presidente di sezione di un tribunale piemontese un magistrato che aveva avuto due ammonimenti disciplinari per aver «ritardato sette anni la trattazione di un omicidio colposo» e perfino avere prestato soldi a usura a un pregiudicato? Che 3612 istruttorie aperte per accertare la responsabilità delle «toghe» in 3612 casi di indennizzo per processi troppo lenti si siano concluse con 3612 assoluzioni? Manco un colpevole? Manco uno?

E non è questione di un astratto rispetto per la giustizia. Come può battersi e vincere in un mondo globalizzato un Paese dove la causa contro il licenziamento di un dipendente viene discussa per 25 udienze? Dove la perdita di due mani sotto una pressa viene risarcita a Roma con 600.000 euro e a Milano con 420.000? Dove ci vogliono 1210 giorni (siamo terz'ultimi su 145 Paesi, davanti solo al Guatemala e all'India) per risolvere una causa di inadempienza contrattuale, cosa che in Francia richiede meno di un anno? Dove una richiesta di rinvio a giudizio viene decisa (è successo a Caserta) 9 anni dopo? Dove un fascicolo istruito da un giovane giudice nel 1959 torna sul tavolo di quello stesso giudice, nel frattempo promosso presidente del tribunale di Messina, nel 1999 e cioè quattro decenni più tardi? Dove, come ha raccontato Pierluigi Franz sulla «Stampa», un processo per la restituzione di un anello di fidanzamento è durato 19 anni e quello per una bimba contesa ha fatto lavorare 73 magistrati per un totale di 22 sentenze?

Non sono solo insulti ai cittadini: sono costi insopportabili. L'economia è sempre meno elastica? Colpa anche di casi come quello del gruppo industriale Vita Mayer, le cui procedure fallimentari hanno ancora degli strascichi trentun anni dopo la dichiarazione di insolvenza, o di statistiche da spavento quali quelle di Sciacca, dove un fallimento dura mediamente 34,7 anni. I mutui per la casa costano un punto e oltre in più che negli altri Paesi occidentali? Colpa anche del fatto che le banche, al di là della loro stessa ingordigia, hanno una percentuale di recupero del credito del 57% e impiegano mediamente 90 mesi (11 in Spagna, 6 in Danimarca) per riprendere l'immobile a chi non paga, anche se ha la Mercedes in garage. Le imprese faticano ad assumere a tempo indeterminato? Colpa anche del fatto che se assumi un somaro assenteista impieghi mediamente 696 giorni per licenziarlo: 36 volte il tempo richiesto in Olanda.

E sono soldi, soldi, soldi. Confartigianato, elaborando dati 2005 di Istat e Infocamere, ha fatto i conti: la lentezza delle procedure fallimentari, in media 8 anni e 8 mesi, costa ogni anno alle imprese artigiane un miliardo e 160 milioni di euro per il ritardo nella riscossione dei crediti più un altro miliardo e 170 milioni di euro di maggiori oneri finanziari per la necessità di prendere in prestito dalle banche quelle risorse che avrebbero già in cassa se i processi fossero più rapidi. Totale: 2 miliardi e 300 milioni di euro di tassa «lumaca» sui 6 milioni di imprese. Vale a dire 384.000 euro a società.

Davanti a un panorama così disperato, che ha radici storiche antiche («Non c'è palazzo di giustizia in cui il chiasso dei litiganti e dei loro accoliti superi quello dei tribunali di Napoli. Lì si vede la Lite calzata e vestita», scriveva Montesquieu quasi tre secoli fa) cosa dovrebbe fare una classe dirigente seria? Ovvio: concentrare ogni sforzo, ogni centesimo, ogni intelligenza sull'obbligo assoluto di risolvere il problema. Bene: dal dopoguerra in qua, i ministri di Grazia e Giustizia che si sono passati l'un l'altro la patata bollente sono stati 34. Quanto alla loro preparazione, forse è vero che non sempre è bene avere un medico alla Sanità, un pilota ai Trasporti o un carabiniere al Viminale. Ma da qui a mettere alla Giustizia, per motivi di bottega partitica, prima un ingegnere acustico come Roberto Castelli e poi un redattore Rai come Clemente Mastella...

10

Ho frodato i risparmiatori: embè?

In Usa decenni di carcere per un crac, qui 104 giorni per Tanzi

Ma ve lo vedete Calisto Tanzi cucire camicie per 42 centesimi di dollaro l'ora? Eppure in America va davvero così, con quelli come lui. E nessuno potrebbe spiegarlo meglio di John Rigas, il miliardario (meglio: ex miliardario) di origine greca che il 13 agosto 2007 ha cominciato a scontare nel penitenziario federale di Butner, del Nord Carolina, nella divisa da galeotto arancione come gli altri 1295 detenuti, i 15 anni di carcere che la magistratura americana gli ha appioppato per la bancarotta di Adelphia Communications, una delle prime cinque società negli Stati Uniti della tv via cavo.

«Ho ottantadue anni...», balbettò alla sbarra nel processo d'Appello. «Buon per lei», gli rispose secco il giudice distrettuale Leonard Sand, della Corte di Manhattan. Aggiungendo che se non fosse stato così vecchio «avrebbe ricevuto una punizione ben più grande». Minimo minimo cinque anni di galera in più. Come quella rifilata al figlio Timothy, entrato lo stesso giorno al Butner per passarci due decenni tondi tondi. Veri. Senza sconti.

«Hanno usato l'azienda come se fosse il loro salvadanaio», c'era scritto sull'ordine di cattura, la mattina in cui gli agenti avevano bussato alle loro porte. Era il 24 luglio 2002. E la loro cattura finì nei titoli di tutti i telegiornali americani, mentre un filmato li mostrava con le manette ai polsi come camorristi senza che alcuno osasse avanzare la minima e pelosa obiezione come quelle che si sarebbero levate dalle nostre parti. Non si gioca, negli States, coi soldi dei risparmiatori, degli azionisti, dei cittadini. E non gioca la giustizia: il 27 giugno 2005, meno di tre anni dopo gli arresti, il processo di primo grado era già chiuso. Altri due anni esatti e il 27 giugno 2007 era chiuso l'Appello. Conferma delle condanne, ordine a padre e figlio di presentarsi il 13 agosto al portone del carcere fissato e messa all'asta del palazzo da 30 milioni di dollari in cui aveva sede l'Adelphia, svenduto senza tante storie per una cifra nove volte più bassa.

Piercamillo Davigo, consigliere di Cassazione a suo tempo protagonista del pool Mani Pulite, l'ha visto il carcere di Butner: «La cosa che per prima mi colpì fu che tutti i detenuti sono in uniforme e quando passa una guardia scattano dicendo nome e numero di matricola: "Smith John, matricola 324, signore!". Poi mi colpì che il lavoro è obbligatorio. Il direttore mi spiegò che facevano camicie per le forze armate e occhiali da vista per i veterani a riposo. Mi pareva impossibile. Un prodotto troppo raffinato. Lui disse, fiero: "I nostri occhiali sono i migliori". "E come fate?" "Guardi", mi disse, "qui da noi i detenuti non possono ricevere soldi o pacchi dai parenti: possono comprare qualcosa solo col denaro che si guadagnano da soli, qua dentro. Stipendio a cottimo. Dedotto il costo del materiale che non passa il collaudo qualità." E se non basta, ammiccò, "li licenziamo". "Ma come?" "Sa, questi sono i lavori migliori. Meno fatica, più soldi. Possiamo punirli, facendogli fare dell'altro. O metterli in isolamento. Se non basta ancora possiamo trasferirli. Se uno è cresciuto al sole della Louisiana, per esempio, non si trova tanto bene in Alaska"».

Abituato all'Italia, Davigo sbarrava gli occhi. Omicidi? Rapinatori? Terroristi? No, gli rispose il direttore: «Grossomodo la metà è dentro per traffico di stupefacenti, l'altra metà è composta da colletti bianchi». Cioè? «Evasori. Prevalentemente evasori fiscali.» E vedendo lo sbigottito stupore del magistrato venuto dalla Penisola, dove un italiano su quattro dichiara di vivere con meno di 16 euro al giorno e solo lo 0,14% ammette un imponibile sopra i 200.000 euro a dispetto delle 65.000 barche di oltre 17 metri immatricolate, spiegò con solenne severità: «Sa, hanno mentito al popolo americano». Per terra, disegnata ovunque sui pavimenti, c'era una linea gialla: «Se un detenuto la passa spariamo».

Anche troppo, per carità. Nella nostra cultura d'impianto

cattolico, dove il perdono e la prospettiva del reinserimento sono più importanti dell'espiazione, la brutalità del sistema americano mette spavento. Basti rileggere, dal «Venerdì di Repubblica», la descrizione del penitenziario di Estrella, nella contea di Maricopa, in Arizona: «Accanto alla costruzione in muratura c'è anche una tendopoli realizzata per ovviare al sovraffollamento. (...) I detenuti vestono la divisa a righe bianche e nere che ormai si vede solo nei film d'epoca. Hanno catene ai polsi e alle caviglie che impediscono loro i movimenti per 23 ore al giorno su 24, sono controllati continuamente da microfoni nascosti, vivono stipati in cinque in celle di 10 metri quadrati, non possono ricevere visite, non hanno televisione, né radio. Quando escono per lavorare (otto ore al giorno per trenta giorni al mese a pulire strade, ridipingere chiese e attività simili e gratuite), si muovono in lunghe file in cui ciascun prigioniero è incatenato all'altro».

Un inferno. Regolato da Joe Arpaio, uno sceriffo di origine italiana, celebre in tutta l'America per i modi assai spicci. «Se sotto le tende hanno potuto starci i soldati americani, non vedo perché non siano confortevoli per dei detenuti...» D'estate sono un inferno a 50 gradi? Se ne frega. Niente caffè, niente sigarette, niente televisione se non film come *Il ritorno di Lassie* o *Le avventure di Paperino*, lavoro obbligatorio. Pasti da 45 cent al giorno (30 centesimi di euro) grazie all'uso di prodotti scaduti avuti in regalo, come la carne congelata cinque o sei anni prima.

Nei penitenziari americani, che alla conta del 2000 erano 1668 (84 federali, 1320 statali, 264 privati) ma sono in continua crescita, c'erano alla fine del 2006 due milioni e 370.000 detenuti. Vale a dire un americano su 126, una percentuale undici volte più alta che da noi. Ma i dati, come spiega Elisabetta Grande, la studiosa autrice del libro *Il terzo strike. La prigione in America*, vanno pesati bene: «Dall'ultimo rapporto del dipartimento di giustizia emerge che un uomo di colore su 33 è detenuto in via definitiva, mentre il rapporto per i bianchi è sei volte più basso: uno ogni 205».

Insomma: giustizia di classe. Chi ha i soldi e l'avvocato

buono, se ha commesso reati minori come guida in stato di ebbrezza e se non trova un giudice deciso a dargli una lezione, può comprarsi anche lì un trattamento di riguardo. E finire in prigioni a cinque stelle, private, che arrivano a vantare i loro comfort negli annunci pubblicitari.

Se sei povero o peggio ancora povero e negro, però, fottiti. «Three strikes and you are out», tre errori e sei fuori, spara la spietata regola presa dal gioco del baseball (se il battitore non prende la palla tre volte di fila deve uscire) che regge il sistema giudiziario americano. Al terzo reato grave, scatta il carcere a vita. In favore del quale, spiega Grazia Mannozzi, autrice con Davigo del libro *La corruzione in Italia*, si battono alcune multinazionali e una selva di imprese private che vedono in questa enorme popolazione carceraria un fantastico business. A partire dalla costruzione di nuovi penitenziari (chiavi in mano anche in tre mesi) e dalle forniture. Ma non solo: «Si tende a far lavorare il detenuto. Una delle caratteristiche è la selezione della popolazione su base razziale ed economica, come a volere gestire attraverso il carcere le fasce marginali. Siccome il detenuto è obbligato a lavorare, guadagna. E assume quel ruolo di consumatore attivo che il coatto marginale americano, da libero, manco si sognava».

«Moltissimi di quelli che sono dentro non sarebbero redditizi nella società. Rubano, scippano, vivono ai margini, non hanno soldi e non consumano niente», spiega Elisabetta Grande. «Quindi sono redditizi quando stanno dentro. Va da sé che le multinazionali ne approfittano. Ci sono imprese che chiudono i battenti nel mondo dei liberi e vanno ad aprire nei penitenziari per sfruttare i nuovi schiavi. Essendo privati, certo, devono dare loro il "minimum wage", un salario minimo che varia da Stato a Stato e in genere ruota intorno ai cinque o sei euro. Salario minimo che, tra l'altro, le lobby vorrebbero abolire. Ma a parte questo, vuoi mettere i vantaggi? Ti dicono, ridendo: "Oh my God! Che meraviglia. Mai nessuno che arrivi in ritardo, mai uno sciopero, mai uno che abbia il figlio malato..."»

Un sistema brutale. Per questo impressiona la durezza con cui la giustizia americana sbatte in galera, in queste galere, non

solo i lupi di periferia emarginati e violenti da noi spesso tollerati («molti intellettuali della sinistra sono ancorati al vecchio
schema ottocentesco della criminalità predatoria figlia della disoccupazione e della povertà», spiega il sociologo Marzio Bar-
bagli) ma anche i «colletti bianchi». Magari non nelle tende
dello sceriffo Arpaio, però in galera. Anche quelli che secondo
una certa destra nostrana commettono reati che non destano
allarme sociale. Ricordate Franco Frattini? «Nessuno grida per
strada "Oddio, c'è il falso in bilancio!". Tutti si disperano per
l'aggressione dell'ennesimo scippatore.»

Risultato di questa cultura: nessuno da noi, salvo rare eccezioni, va più in carcere per reati economici, finanziari, manage-
riali. Lo dimostrano, nel loro libro sulla corruzione in Italia,
Davigo e la Mannozzi. Che elaborando i dati dei casellari giudiziari dal 1983 al 2002, hanno accertato che tra le poche condanne per concussione (il reato più grave), quelle a più di 2 anni di galera con allegato il beneficio della condizionale, sono
appena il 22%. Tra quelle per corruzione propria (articolo 319)
meno ancora: il 7%. E tra quelle per corruzione semplice meno
del 2%. Direte: possibile? Possibile che in un Paese come il nostro, che nella classifica dei Paesi corrotti di Transparency International è messo peggio delle Barbados, dell'Estonia, di Ma-
cao o del Botswana, soltanto 2 su 100 condannati per bustarel-
le, che già sono pochi, abbia preso negli ultimi decenni più di
24 mesi di carcere?

Ovvio: la pena prevista per la corruzione va da 2 a 5 anni.
Il giudice, per prassi, sceglie di partire generalmente da una via
di mezzo, tipo 4 anni. Basta che il corrotto chieda il rito abbreviato o il patteggiamento, se proprio non ha la pazienza di tener duro, di rinvio in rinvio, contando sulla prescrizione o un
indulto, e già ha diritto allo sconto di un terzo: e siamo a 2 anni
e 8 mesi. Meno un altro terzo per le attenuanti generiche (che
non si negano a nessuno) e un altro sconto se si restituisce il
maltolto et voilà, siamo già saldamente al sicuro: sotto i 2 anni.
Con la condizionale e quindi senza galera.

A Reggio Calabria le condanne per corruzione negli ultimi
vent'anni risultano essere state due. Due! In vent'anni! In una

delle capitali della grande criminalità in quel Mezzogiorno in cui perfino i palazzi di giustizia sono stati a volte costruiti sulla sabbia e con cemento marcio.

Il fatto è, spiega Piercamillo Davigo, che «abbiamo una giustizia spaventapasseri. Da lontano fa paura, da vicino fa ridere. Da noi la reclusione ha il tetto massimo di 30 anni, in Germania 15. Ma lì li scontano. Da noi no». Figuratevi se un giudice spaventapasseri, impotente col funzionario comunale di Taranto o col manager della Popolare di Roccafischietta, può spaventare un grande finanziere, un grande banchiere, un grande imprenditore.

In America no, non va così. L'ex capogruppo repubblicano alla Camera Tom DeLay, grande amico di Bush, ha dovuto dimettersi da parlamentare, è stato incriminato e infine arrestato «solo» per avere usato nella campagna elettorale sua e di compagni di partito soldi regolarmente avuti da alcune grandi imprese ma che potevano essere adoperati «esclusivamente per coprire le spese amministrative del partito».

Da noi, in Italia, l'azzurra Tiziana Maiolo è arrivata a invocare «l'abolizione della custodia cautelare» e a sostenere che il versamento di 434.404 dollari dal conto Ferrido della Fininvest al conto Mercier di Cesare Previti e da qui al conto Rowena del giudice Renato Squillante non significava nulla: «Ammesso che sia vero: dov'è il reato? Ricevere e/o dare soldi non è un crimine. Bisogna vedere cosa poi ha fatto Squillante! Dove sono le prove? Fare regali non è un reato!».

E il protagonista principale di quella storia, l'ex ministro della Difesa Cesare Previti, condannato a 6 anni di reclusione per concorso in corruzione al termine del processo Imi-Sir dopo un tormentone giudiziario durato 9 anni (e graziato dalla prescrizione per l'evasione ammessa in Appello: «Perché non parlai della parcella nel 1997 ma solo ora? Perché non corro più rischi fiscali»), ha passato in totale 5 notti a Rebibbia prima di essere affidato ai servizi sociali. Fine.

Negli States, dopo un'inchiesta e un processo di due anni e mezzo, Sanjay Kumar, ex amministratore delegato di Computer Associates International, uno dei maggiori produttori di software aziendali mondiali, imputato per una frode contabile da 2,2 miliardi di dollari, si è beccato 12 anni di carcere e 8 milioni di dollari di multa. E il giudice del Distretto di New York, Leo Glasser, gli ha pure inferto una ramanzina finale: «La sua cupidigia merita una sentenza di spessore».

Ramanzina rifilata anche a Lord Conrad Black. Il quale, dopo aver regnato fino al 2004 come un monarca assoluto sul colosso editoriale Holliger International, la seconda conglomerata di quotidiani in lingua inglese del pianeta, proprietaria tra l'altro del «Jerusalem Post», del «Daily Telegraph» e del «Chicago Sun Times», è stato condannato alla fine del 2007 a 6 anni e mezzo di carcere per ostruzionismo nei confronti della giustizia e frode ai danni della sua compagnia per le spese personali milionarie scaricate sulla società.

«Lei ha violato i suoi doveri verso i soci», gli ha sibilato in aula il giudice Amy St. Eve, della Corte distrettuale di Chicago. «Francamente non capisco come una persona della sua statura, al vertice di un colosso editoriale, possa aver tenuto una condotta di questo genere.» Precisazione finale: «Lei deve iniziare a scontare la pena tra non più di 12 settimane». Non bastasse, l'ormai ex magnate è stato condannato a restituire 6,1 milioni di dollari e a pagare una multa di 125.000 dollari. Tra le accuse c'era quella di aver utilizzato l'aereo aziendale per andare, a spese degli azionisti, in vacanza con la moglie Barbara a Bora Bora. Immaginate se succedesse da noi: «Ma se l'aereo era a mia disposizione!».

Andiamo avanti? Il governatore dell'Illinois George Ryan, repubblicano potente, fu costretto a lasciare l'incarico, come ha raccontato Alexander Stille sulla «Repubblica», «per appalti concessi a persone amiche ottenendo in cambio doni e vacanze pagate. Condannato nell'aprile 2006, ha iniziato a scontare la pena di 6 anni e mezzo di detenzione nel novembre 2007, esauriti i gradi di giudizio». Stesso destino per Randall Cunningham, congressman repubblicano: «Condannato a 8 anni e 4 mesi per tangenti ed evasione fiscale, ha iniziato a scontare la pena entro un anno dalle sue dimissioni dal Congresso». E così il potente governatore del Connecticut John Rowland: «Fu costretto alle dimissioni nel 2004 per aver accettato che una ditta eseguisse gratuitamente lavori di ristrutturazione nella sua casa di vacanza. Nel marzo 2005, imputato di corruzione, fu condannato a un anno e un giorno di carcere. Entrò in cella 2 settimane dopo e scontò 9 mesi. (...) Quando Rowland, in generale molto stimato, fu costretto ad ammettere di aver beneficiato gratuitamente di costosi interventi di ristrutturazione della sua casa sul lago, undici dei quindici membri repubblicani del Senato del Connecticut hanno chiesto le sue dimissioni».

Ma come: anche i compagni di partito repubblicani? Alleati dei nemici democratici contro un loro collega? Certo, rispose Christopher Shays, senatore del Connecticut, alleato e intimo amico personale: «Rowland ha perso la fiducia della gente».

Jeffrey Skilling, amministratore delegato della Enron, il gigante dell'energia texana, era stato il maggiore finanziatore in assoluto delle campagne elettorali di George W. Bush fin dai tempi in cui il futuro presidente americano puntava a fare il governatore del Texas. Quando gli misero le manette per bancarotta, però, tutte le amicizie e i soldi e gli appoggi non gli servirono a nulla. Cinque anni di percorso giudiziario tutto compreso, dall'apertura dell'inchiesta al primo grado, dall'Appello al rifiuto finale della libertà vigilata. E batosta: 24 anni di galera. Che ha cominciato a scontare alla fine del 2006 nel penitenziario di Waseca, nel Minnesota.

Quanto alla Arthur Andersen, che per decenni era stata una delle più celebri multinazionali di revisione dei conti e consulenza, accusata di avere distrutto documenti del bilancio della società sotto inchiesta, fu costretta dalla Sec, la U.S. Securities and Exchange Commission, la Consob americana, a chiudere i battenti a partire dal 31 agosto 2002. Sette mesi dopo (sette mesi!) la scoperta dello scandalo.

Direte: ma nessuno urla al complotto, attacca i giudici, chiede il trasferimento per legittimo sospetto, accusa i magistrati di essere al servizio dei partiti politici avversari e invoca la legge Cirami e la legge Cirielli e la legge Pecorella e insomma starnazza come da anni starnazzano qui da noi tutti ma proprio tutti quelli che finiscono dentro un'inchiesta? Ma certo, risponde Stille, qualcuno c'è: «Alcuni imputati hanno cercato di dipingersi come vittime della stampa o dei pubblici ministeri locali di diverso orientamento politico, ma una volta emerse le prove inequivocabili dei reati commessi, sono stati abbandonati dai compagni di partito. Nel sistema americano i pubblici ministeri sono più apertamente politicizzati rispetto all'Italia. (...) I fini politici possono essere contestabili a livello individuale, ma ciò che conta sono i fatti. Se un pubblico ministero produce prove certe di un illecito, nessuno, neppure i più stretti alleati politici dell'imputato, può permettersi di ignorarle, indipendentemente dalla fonte da cui provengono».

E se si rifiuta di collaborare? Peggio per lui, spiega ancora Stille: «Il diritto di non rispondere è un vero e proprio diritto all'omertà lontano anni luce dal sistema americano. La Costituzione americana concede il diritto di non rispondere solo nei casi in cui l'imputato, rispondendo, incriminerebbe se stesso (in quel caso può appellarsi al celebre Quinto Emendamento). Ma anche questo non è un diritto assoluto: se l'accusa decide di dare l'immunità a un testimone, il diritto al silenzio per evitare l'autoincriminazione può essere sospeso. Un testimone che rifiuta di rispondere può essere mandato in galera per "contempt of Court" (oltraggio alla Corte) o falsa testimonianza. E condannato a una pena severa».

Tema: quanto pesa nella inesorabile caduta della nostra reputazione internazionale il fatto che non c'è un solo corsaro di un certo livello che vada davvero in galera? Prendiamo Giuseppe Ciarrapico, che il 13 aprile è stato trionfalmente portato dalle destre in Parlamento nonostante avesse, come ha scritto Marco Travaglio, «una fedina nera più nera della camicia nera». Processato via via per reati che vanno dalla truffa aggravata all'Inps (condanna in primo grado, condanna in Appello e prescrizione in Cassazione) alla violazione delle leggi sul «lavoro dei fanciulli e degli adolescenti», ha passato in carcere solo scampoli dei sette anni e mezzo di carcere accumulati con due sentenze confermate in Cassazione per il crac della Casina Valadier e per la bancarotta fraudolenta del Banco Ambrosiano. Scampoli. Non bastasse, per sfuggire ai piccoli azionisti cui deve un sacco di soldi ha fissato la residenza in una camera con servizi annessa al capannone industriale della tipografia del giornale «Ciociaria Oggi». Ripetiamo: quanto pesa l'inaffidabilità del nostro sistema giudiziario, incapace di fare rispettare le regole, sul calo degli investimenti in Italia?

Spiega il rapporto di gennaio 2008 della Banca d'Italia che rispetto a novembre 2006, «per i capitali esteri si è registrata una diminuzione degli investimenti diretti pari a 1470 milioni di euro e una diminuzione degli investimenti di portafoglio pari a 5242 milioni di euro, concentrata nel settore azionario». Conferma un'analisi del centro studi di Confindustria su dati dell'Unctad (United Nations Conference on Trade and Development) di febbraio 2008 che gli stranieri tra il 2000 e il 2006 hanno inciso sui nostri investimenti la metà che in Germania, meno della metà che in Spagna, un terzo che in Francia, un quarto che in Gran Bretagna. Ma la disfatta è generalizzata: non arriviamo a un terzo della media continentale. Perché un americano o un giapponese dovrebbe venire qui, se le regole non vengono rispettate e in caso di pasticci rischia di infognarsi in cause giudiziarie interminabili dalle quali magari uscirebbe beffato?

La lettera al «Corriere» mandata nell'aprile 2007 dall'ambasciatore Usa Ronald P. Spogli dopo il ritiro degli americani del colosso AT&T dall'asta per Telecom è sacrosanta. E pesa sull'Italia come un macigno: «Secondo i dati dell'Unctad, nel 2005 l'Italia ha attirato circa 20 miliardi di dollari di nuovi investimenti stranieri. La Francia oltre 60 miliardi. La Gran Bretagna, leader tra i Paesi più industrializzati, 165 miliardi. In qualità di ambasciatore degli Stati Uniti, mi interesso maggiormente degli investimenti del mio Paese, e anche in questo caso la situazione non è confortante».

Fino al 2005, proseguiva l'ambasciatore, «il totale degli investimenti americani in Italia ammontava a poco meno di 26 miliardi di dollari, ben al di sotto dei 324 miliardi in Gran Bretagna, degli 86 miliardi in Germania, dei 61 miliardi in Francia e perfino dei 43 miliardi in Spagna. Questi dati dovrebbero far riflettere. Gli investimenti non arrivano dove non sono ben accolti, dove le regole del mercato vengono cambiate continuamente. Modificare le regole aumenta il livello di rischio e rende molto difficile programmare le azioni future di un'impresa o di un singolo cittadino. Non conosco i dettagli della trattativa per Telecom, ma la lettera di rinuncia di AT&T esprime chiaramente il timore di investire in un mercato dove le regole sono imprevedibili».

Onestamente: possiamo dargli torto? Negli Stati Uniti, stando al conteggio tenuto dal «Washington Post», la Corporate Fraud Task Force, la struttura giudiziaria cui era stato affidato il compito di ripulire il mondo finanziario americano, nei primi due anni di attività aveva già «mosso 900 accuse di carattere penale» portando alla condanna oltre 500 «colletti bianchi». E poche settimane prima di scrivere il suo atto di accusa, Spogli aveva assistito a casa sua, negli Stati Uniti, alla condanna di «Bernie» Ebbers, il ricchissimo e potentissimo capo di World-Com, il gigante delle telecomunicazioni, a 25 anni di carcere dopo soli tre anni dall'incriminazione avvenuta nel marzo 2004. Inchiesta, processo di primo grado, Appello, condanna e ingresso in carcere nel giro di tre anni. Per un crac da 7,4 miliardi di euro.

Da noi, per un crac grande il doppio, 15,5 miliardi, il patron della Parmalat Calisto Tanzi ha passato in totale 104 giorni in galera. Soprattutto in infermeria. E non è detto che un giorno o l'altro ci ritorni. Esattamente al contrario di quanto successo in America, dove allo scoppio del bubbone finanziario destra e sinistra hanno varato la legge Sarbanes-Oxley (un democratico e un repubblicano: «inciucio giustizialista» direbbero i nostri ipergarantisti) tesa a infliggere condanne durissime per ridare fiducia al mercato, i nostri legislatori hanno via via alleggerito, soprattutto nella legislatura 2001-2006, tutte le regole intorno ai reati finanziari.

Spiegare ogni dettaglio, come fanno Paolo Biondani, Mario Gerevini e Vittorio Malagutti nel libro *Capitalismo di rapina* sarebbe molto interessante. Ma andiamo al nocciolo: con le norme attuali perfino la storica bancarotta del 1982 del Banco Ambrosiano guidato da Roberto Calvi, la cui sentenza definitiva in Cassazione è arrivata 16 anni dopo il tracollo dell'istituto di credito, non sarebbe stata punita. E il banchiere, invece che finire impiccato a Londra sotto il ponte dei Frati Neri, grazie alla ex Cirielli se la sarebbe cavata per scadenza dei termini. E magari oggi, sia pure anzianotto, starebbe a far prediche garantiste ai giudici dagli scranni della Camera o del Senato.

Gli autori di *Capitalismo di rapina* hanno buoni motivi per essere indignati, con le nuove norme sulla prescrizione. Prendete Giampiero Fiorani, l'ex boss della Banca Popolare di Lodi. Arrestato a metà dicembre del 2005, rimase in cella solo 116 giorni per poi essere assegnato agli arresti domiciliari per un altro paio di mesi e infine scarcerato a metà giugno, giusto in tempo per la stagione estiva in Costa Smeralda e le serate al Billionaire. Due anni dopo, grazie alla prescrizione, «non può più essere condannato per i fatti precedenti al 2000, come la scalata alla Banca Popolare di Crema, anche se li ha confessati». E c'è da chiedersi a questo punto se tornerà mai in cella.

Le probabilità sembrano minime. Soprattutto dopo l'indulto del 2006, votato da una maggioranza trasversale di destra e di sinistra, che si applica a tutti i reati commessi fino al 31 maggio 2006. In Italia infatti, spiegano Biondani, Gerevini e Malagutti, «basta chiedere il rito abbreviato per ottenere lo sconto automatico di un altro terzo della pena. E se dopo questi due tagli, l'indulto e l'abbreviato, la condanna effettiva scende sotto i tre anni, niente carcere: per i colletti bianchi senza altri precedenti (quindi non per i tossicodipendenti spacciatori né per i pericolosi ladruncoli per bisogno) è automatico "l'affidamento ai servizi sociali". Cioè un minimo di "lavoro rieducativo" tra un nuovo affare, una festa vip e un giro in Ferrari. Dalla pena finale vanno inoltre sottratti tutti i giorni effettivamente trascorsi agli arresti, anche domiciliari. Sommando i vari benefici, in pratica, Fiorani e i suoi amici rischieranno di tornare davvero in carcere solo se la Cassazione, prima della prescrizione rapida, dovesse confermare una condanna superiore ai nove anni e mezzo». Con l'aria che tira, campa cavallo...

Quanto a Sergio Cragnotti, la dichiarazione di insolvenza dei bond (le obbligazioni finanziarie) della Cirio per 1125 miliardi di euro che portò al crac costato la rovina a migliaia di risparmiatori, è dei primi di novembre 2002. Bene: il rinvio a giudizio dell'ex patron dell'industria alimentare, del banchiere Cesare Geronzi e di altri 33 imputati tra i quali il solito Fiorani, è arrivato solo alla fine di settembre del 2007. Dopo un'udienza preliminare durata un anno e 3 mesi. Sinceramente: c'è qualche italiano che si aspetta di vedere l'ex padrone della Lazio tornare in galera? Diciamolo: avanti così è probabile che la sfanghi. Col risultato che se la sarà cavata con 124 giorni di galera: uno per ogni 9 milioni di buco.

E non parliamo di Calisto Tanzi. Il progetto del pubblico ministero, spiega *Capitalismo di rapina*, era «di fare condannare Tanzi in tempi molto stretti per i reati di Borsa, prospettandogli così il rischio di restare detenuto per tutta la durata dei processi». Ma, per la scelta di un giudice di rifiutare il giudizio immediato, fallì. E a quel punto per il patron della Parmalat, che secondo lo stesso ex governatore della Banca d'Italia Antonio Fazio avrebbe rovinato soltanto nella nostra Penisola 85.000 risparmiatori, la strada è stata praticamente in discesa. Viavai di giudici, mucchi di imputati a giudizio, una quindicina di tronconi d'inchiesta avviati alle udienze preliminari, intrecci internazionali di ogni genere, milioni di fotocopie, interviste di gente come l'ex direttore finanziario Fausto Tonna che si lagnava d'essere stato «rovinato dai giornali», deposizioni fiume poi corrette e precisate e ritoccate sui soldi dati a un sacco di uomini politici, di destra e di sinistra... Insomma: un caos.

Ideale perché gli avvocati, attaccandosi a questo e quello, potessero tirarla in lungo tutto il tempo necessario ad arrivare alla prescrizione. Fino alla provocazione del marzo 2008, la richiesta di sentire 33.500 testimoni. Facciamo due conti? Pura ipotesi: interrogatori velocissimi, domande lampo, risposte lampo, venti testimoni a udienza. Totale: 1675 udienze. Mettiamo che i giudici, cocciutissimi, decidano di lavorare tutti i giorni salvo la domenica e le feste comandate solo a questo processo e che gli avvocati non si ammalino mai e che non ci sia un solo intralcio: 6 anni e mezzo. E prescrizione in cassaforte. Per lui, i suoi sodali e le grandi banche che tennero loro il sacco. Ma ci pigliano per i fondelli? Nooooo, ha risposto ostentando una faccia serissima l'avvocato Fabio Belloni: «Cominciamo a capire chi, come e dove ha provocato l'afflusso di denaro nelle casse di Parmalat e come in seguito si arriverà al passivo di 14 miliardi di euro». Bravo: «Cominciamo a capire...». Il resto del processo, verrà dopo. Fra dieci anni, fra venti, fra trenta... Che gli frega, a lui, che si faccia giustizia? Mica è pagato per quello.

Parola di Carlo Federico Grosso, il noto penalista che difende 32.000 risparmiatori italiani che avevano comprato bond Parmalat: «Il più grande scandalo finanziario del secolo finirà con patteggiamenti e risarcimenti ridicoli». Scommettiamo? Salvo clamorosi colpi di scena Calisto Tanzi se la caverà con quei 104 giorni di carcere. Uno per ogni 817 risparmiatori che secondo Fazio sono stati bidonati. O se volete uno ogni 149 milioni di euro finiti nella voragine.

Tiriamo le somme? Cragnotti & Tanzi, insieme, dopo avere rovinato decine di migliaia di persone, sono rimasti in galera quanto Florian Placu, un albanese incensurato, sposato con un'italiana, operaio modello, sbattuto tempo fa a San Vittore in attesa di estradizione a Tirana perché negli anni più violenti della crisi interna del suo Paese era stato accusato di tentato furto di una vacca, processato, difeso da un avvocato d'ufficio neppure laureato in legge e condannato in contumacia senza che lui ne sapesse niente in quanto già emigrato in Italia. Tentato furto di una vacca!

11

Perdono, perdono, perdono

Tutti condonati: evasori, abusivi, deltaplanisti...

Il mago Maurice vide nella sfera di cristallo che nel 2000 i poli del pianeta si sarebbero capovolti e l'Artide sarebbe finita sotto e l'Antartide sopra, tra lo sconcerto dell'orso bianco e di Babbo Natale. Il mago Gabriel, che zoppica in grammatica ma giura d'essere in contatto con meravigliose entità «eso ed eteriche», vide (testuale, strafalcioni inclusi) «il futuro della Russia che arriverà un uomo di cui darà prosperità, lavoro e benessere il cui nome è Etzin Karamazov». E a forza di prendere cantonate sul futuro il mitico Branko, il Signore dei Gemelli che con innata modestia persegue l'obiettivo di «dare anima ai corpi celesti», ha ricevuto la «Bufala d'oro».

È un peccato, però, che lo strepitoso premio inventato da quegli incurabili illuministi di Piero Angela, Umberto Eco, Silvio Garattini, Carlo Rubbia, Rita Levi Montalcini e Margherita Hack, riuniti nel Cicap (Comitato italiano controllo affermazioni paranormali) non sia mai stato assegnato ai vari ministri che si sono avventurati nei condoni. Nessuno infatti, a parte i ciarlatani notturni delle tv private, è riuscito a sballare tante previsioni quante ne hanno sballate loro.

Una Bufala d'oro andrebbe per esempio a Silvio Berlusconi. Il quale, appena tornato a Palazzo Chigi nel 2001, diede fiato alle trombe per annunciare un attacco frontale al lavoro sommerso. Che lui senza fisime moraliste considerava sì una ricchezza («Smettiamola di preoccuparci tanto: abbiamo un "nero" del 40%, vi sembra che la nostra economia non tenga?») ma le associazioni imprenditoriali vedevano come concorrenza sleale. Le condizioni offerte a chi accettava di emergere erano appetitose: colpo di spugna sul passato, un'imposta unica del 10% il primo anno destinata a salire appena al 15% nel secondo e al 20% nel terzo. Più vari sconti previdenziali e la possibilità che ogni «dipendente» occulto sanasse la propria posizione pregressa pagando 200.000 lire ed evitando controlli fiscali e previdenziali. Più di così!

Le previsioni della relazione tecnica al provvedimento berlusconiano, basata su una stima dell'Istat secondo cui in Italia ci sono 3 milioni e mezzo di lavoratori in nero (la stima del Cnel, il Consiglio nazionale dell'economia e del lavoro, è ancora più alta: 5 milioni), sprizzavano ottimismo: «A titolo molto prudenziale si può ipotizzare in 900.000 il numero di lavoratori che potranno aderire al programma». Quindi? «A fini cautelativi», rispondeva l'oracolo prudente, «si ipotizza l'emersione di 30 miliardi di euro di reddito. Con un gettito fiscale complessivo, alla fine, di 4 e mezzo.» Wow!

Nove mesi dopo, nella primavera 2002, fu partorito un topolino.

In un'Italia sede di circa un milione di imprese in nero, quelle emerse davvero furono 159. Per un totale di 430 lavoratori. Mezzo millesimo del previsto: peggio che il mago Antea. Di più: le 159 dichiarazioni erano solo «assaggi». Lettere d'intenti compilate da commercialisti per conto di anonimi clienti interessati sì a emergere però, tuttavia, vedi mai... Fatto sta che in Sicilia, dove secondo la Fondazione Curella i lavoratori sommersi erano almeno 420.000, le domande «d'assaggio» furono 20. Sulla carta. Ma in realtà, rise amaro Michelangelo Russo, presidente della Commissione all'emersione, quelle «davvero emerse, che io sappia, non esistono proprio».

Anche in Campania, le cifre furono pessime. Il Censis diceva che, in linea con tutto il Sud, il lavoro irregolare nella regione rappresentava il 92% in agricoltura, il 30% nell'industria, il 67% nell'edilizia, il 40% nei servizi destinati alla vendita per un totale del 49,7%? La segreteria regionale della Uil, catastrofista, parlava di «un milione e mezzo di lavoratori campani in nero»? Bene. In questo contesto le domande d'assaggio in quei primi 9 mesi furono 24. E quelle andate in porto? C'è chi dice 6, chi 3, chi 2. Boh...

«Qualcuno lascia perdere perché si spaventa, altri aspettano i prossimi ritocchi alla legge convinti che saranno ancora più favorevoli, altri, dopo aver visto tante proroghe, attendono già le prossime. Fatto è che non emerge praticamente nessuno», sospirò Paolo Porcaro, della Cna, la Confederazione nazionale dell'artigianato e della piccola industria. Per chi è cresciuto nella cultura del «nero» non è facile uscirne. Ci sono problemi fiscali, sanitari, culturali...

Per spiegare, spiegare, spiegare, le associazioni industriali indirono pubbliche assemblee. Ad Arzano, il «Nordest napoletano», se la ricordano con sgomento, la loro. In un paese di 41.000 abitanti con almeno 3500 imprese regolari di spicco e almeno 3000 in parte o del tutto irregolari, sapete in quanti si presentarono alla riunione? In 18, compresi oratori e cronisti. Pratiche d'emersione avviate e completate? Risposta imbarazzata del sindaco diessino, Nicola De Mare: «Mah, credo nessuna».

E Giovanni e Caterina e Pasquale e Sasà ti spiegavano, se giuravi di non scriverne il cognome, che erano gli stessi lavoratori spesso a non volere essere messi in regola: «C'è chi perderebbe la pensione reversibile, chi dovrebbe rinunciare all'assegno di lavoratore socialmente utile, chi sarebbe chiamato ad ammettere d'avere avuto un secondo posto mentre era in malattia o in cassa integrazione... Insomma, in troppi ci andrebbero a rimettere». Per non parlare della certezza del posto di lavoro: «Se sei in nero il padrone ti teme perché puoi denunciarlo, ma se lui emerge e ti chiede di firmare una carta in cui dichiari di non avere pendenze...».

Giulio Tremonti, a un certo punto, batté il pugno sul tavolo: «Ultima possibilità per l'emersione, poi partiranno controlli a tappeto contro chi non è in regola». Sì, ciao. La risposta degli industrialotti clandestini fece beffardamente il verso ad Alberto Sordi: «Mamma mia che impressione!». E quando mai lo Stato italiano avrebbe dichiarato sul serio guerra all'evasione?

Al momento di tirare le somme, qualche tempo dopo, il risultato era disastroso. Le imprese emerse con tutto quel bendi-dio di agevolazioni offerte furono 2700, in larga parte «semisommerse» e già iscritte all'Inps. Incasso totale: 6 milioni di euro. Pari allo 0,13% delle previsioni. Perché scomodare i cervelloni degli uffici studi? Tanto valeva chiedere al mago Otelma. O al mago Do Nascimento, il ciarlatano carioca che faceva da spalla a Vanna Marchi.

Vale per quella sanatoria, vale per le altre. L'ufficio studi della Cgia di Mestre, nel pieno della stagione dei condoni berlusconiani, fece una tabella sullo scarto che era stato registrato tra le previsioni e i risultati effettivi dei diversi «perdoni» varati in Italia dal 1973 al 2004. Una tabella esilarante, se non fosse tragica. Non una volta, neppure una, neanche per sbaglio, i nostri oroscopisti economici avevano indovinato. Calcoli tutti sballati. Raramente per difetto, come nel caso del condono fiscale tombale del '91/'92, quando gli introiti furono di oltre un quinto superiori alle aspettative. Quasi sempre per eccesso. Con capitomboli talvolta rovinosi. Condono valutario del 1976: 4% degli incassi preventivati. Concordato fiscale del 1994: 12,4%. Sulle scritture contabili del 1995: 2,7%. La disfatta avvenne però nel 1989. Quell'anno i nostri maghi non ne indovinarono una. E per ogni cento lire che si aspettavano ne incassarono 6 e mezzo dalla sanatoria sugli immobili, poco più di 3 da quella sulla tassa dei rifiuti e addirittura meno di 2 dalla «fiscale forfettaria». Una Caporetto.

Come mai? Lasciamo la risposta alla Corte dei Conti, che nell'ottobre del 2002 tira le somme dei vari condoni a partire da quello disastroso già citato per l'economia sommersa: «Prescindendo da considerazioni di ordine etico e limitandosi a quelle di ordine meramente finanziario», scrivono i giudici contabili, il ripetersi di continue sanatorie sempre più convenienti può «contribuire a diffondere il convincimento che questa non è l'ultima occasione per potersi mettere in regola». Insomma: visto che nessuno te la farà comunque pagare sul serio, perché sanare pagando oggi il 20% se magari domani ti chiedono il 10?

La prova provata arriva nell'autunno successivo quando, dopo un fastidioso tira e molla di giuramenti sul fatto che «mai e poi mai» sarebbe successo nulla di simile («Sarebbe profondamente immorale», diceva Sandro Bondi prima del dietrofront) il governo azzurro vara il condono edilizio. Che nasce, se vogliamo buttarla sul ridere, sotto auspici davvero incoraggianti. Cioè i dati che vengono dalla siciliana «sanatoria delle sanatorie». La convenientissima autocertificazione offerta dalla Regione ai 400.000 isolani colpevoli di abusi edilizi, che da anni lasciano ammuffire le pratiche dei vecchi condoni nella certezza che nessuno andrà mai a disturbarli, è stata accolta infatti così: 1,1% di adesioni a Palermo, 0,37% a Messina, 0,037% a Catania. Ad Agrigento i cittadini che temono le ire dello Stato e hanno scelto di chiudere il vetusto contenzioso sono 3 (tre!) su 12.000.

Il governatore Totò Cuffaro e i suoi amministratori si aspettavano entrate per 700 milioni di euro: dalle quattro città principali, scaduti i termini, ne arriva poco più di uno.

Un suicidio. Morale ma anche economico. Basta mettere a confronto i soldi incassati e quelli spesi per portare agli ex abusivi redenti tutte le opere di urbanizzazione.

Al Comune di Roma hanno fatto i conti: dal condono craxiano del 1985 e da quello berlusconiano del 1994 il Campidoglio ricavò, in moneta attuale, un totale di 467 milioni e mezzo di euro. Cioè 1503 euro per ciascuna delle 311.000 abitazioni abusive sanate, in gran parte villini tirati su a casaccio nel caos della più scalcagnata periferia capitolina. Contro una spesa per l'urbanizzazione primaria e secondaria di oltre 30.000. Sintesi finale: 28.500 euro di perdita per ogni casa condonata. Proprio un bell'affare...

Ma altrove è andata anche peggio. Basta prendere, ancora, il caso della Sicilia che con la Campania, la Calabria e la Puglia copre da sempre, accusa Legambiente, il 37% (qualche anno di più, qualche anno di meno) del panorama dell'abusivismo italiano. Nell'isola scoppiò la rivolta quando uscì il condono del 1985. Dissero che era troppo severo e bloccarono le autostrade e fermarono i treni e paralizzarono Palermo. «Non potremo mai pagare queste cifre!» E tutti i sindaci in coro, trainati da quello comunista di Vittoria: «Hanno ragione!». Il prezzo fissato per sanare era, per una casa media di cento metri quadri, 2 milioni e mezzo di multa più 6 e mezzo di oneri di urbanizzazione. Totale in valuta attuale: poco più di 4500 euro.

Ma c'era il trucco: degli oneri andava saldato subito solo il

10%. E la stessa multa andava calcolata sulla base di tabelle che sistematicamente furono, diciamo così, interpretate al ribasso. Risultato: 400.000 abusivi, in cambio di un anticipo certo non rovinoso che per cento metri quadri corrispondeva in moneta d'oggi a 450 euro e spiccioli, bloccarono per anni inchieste, espropri e minacce di abbattimento in attesa di chiudere la pratica successivamente. Quando? Successivamente. Ma quando? Successivamente.

Cioè mai. Nonostante la Regione, per accertare quante domande potessero o meno essere accolte, avesse assunto 1324 geometri e impiegati e ingegneri. Tutti precari poi confermati dall'assunzione definitiva con una spesa pari a oltre il doppio dei soldi incassati col condono. Bell'affare anche questo. Chiuso con quel sigillo finale della «sanatoria delle sanatorie» di cui dicevamo: 63 risposte su 17.000 a Messina, 3 su 12.000 ad Agrigento, 9 su 25.000 a Catania...

Una fonte al di sopra di ogni sospetto, e cioè la rivista on-line dell'Agenzia delle Entrate «Fiscooggi.it», ai tempi della seconda stagione di Giulio Tremonti al governo, ha calcolato che dal 1973 al 2003 lo Stato ha incassato con i principali condoni tributari, previdenziali, assicurativi, valutari ed edilizi 26 miliardi di euro. Fatevi i conti, spalmando la somma sui tre decenni e sul numero degli abitanti: 15 euro a testa l'anno. Vale a dire che una classe dirigente cieca, sorda e incapace di riforme serie, soprattutto di centrodestra ma anche di centrosinistra, ha devastato quel minimo di correttezza civica che esisteva in un Paese da sempre ostile allo Stato per rastrellare mediamente da ogni italiano l'equivalente annuale di una pizza e una birra.

Eppure lo hanno sempre saputo, gli uomini di governo, che questi condoni scassavano l'Italia. Basti rileggere la notissima filippica scritta anni fa sul «Corriere» da Giulio Tremonti: «In Sud America il condono fiscale si fa dopo il golpe. In Italia lo si fa prima delle elezioni ma mutando i fattori il prodotto non cambia: il condono è comunque una forma di prelievo fuorilegge (...). Non è neppure il caso di avviare una discussione sulla morale fiscale di un governo che fa ora ciò che appena ieri ha fermamente escluso perché immorale. È piuttosto il caso di passare oltre, per vedere se un condono fatto in questo modo e in questo momento sia soltanto una scelta di cinismo fiscale per tirare a campare o qualcosa di più e di peggio: una scelta di suicidio fiscale».

È pesato assai, al ministro dell'Economia berlusconiano, sentirsi rinfacciare per anni di avere predicato bene e razzolato male. «Credete che sia piacevole farli ed esporsi così alle critiche dei soloni?», si è sfogato tre giorni prima del trionfo elettorale del 2008. «In passato sono stato costretto, altrimenti non avevo i soldi per pagare le pensioni e la sanità.» Adesso basta, però: «Non ne faremo più.» Promesso? Promesso. Se n'è convinto, giura, anche il Cavaliere: «L'evasione è intollerabile». Quindi questa «sarà una stagione di forte contrasto all'elusione e all'evasione fiscale». Obiettivo: ridurla di un punto l'anno. Auguri.

Certo, non sono stati Craxi e Berlusconi a inventare le sanatorie. Il primo fu addirittura l'imperatore Adriano. Il quale, salito al trono nel 117 dopo Cristo con la benedizione dell'esercito esordì con un condono fiscale di massa che cancellò gli arretrati con l'erario degli ultimi sedici anni di tutti i cittadini dell'impero. I documenti comprovanti i debiti col fisco, si racconta, furono accatastati e dati alle fiamme: per una notte intera i falò arsero anche nelle province più remote mentre le folle festeggiavano. Rinunciando a riscuotere 900 milioni di sesterzi, pari al gettito fiscale di un anno intero, l'impero romano rischiò la bancarotta. Mai imperatore, però, e questo premeva ad Adriano, fu così popolare. Come popolari sarebbero stati, nei secoli a venire, tutti i suoi successivi imitatori. Almeno tra la plebe, povera o ricca, attenta solo al proprio interesse immediato.

Certo, c'è perdono e perdono. È difficile discutere per esempio l'opportunità, al di là di certe interpretazioni generose verso qualche feroce torturatore, dell'amnistia togliattiana che tentò di chiudere le ferite della guerra civile. Meno facile giustificare l'andazzo che fino al '92, quando fu approvata la legge che delegava i provvedimenti di clemenza al Parlamento, consentì al Quirinale di varare sette amnistie. Una ogni sette anni. Con effetti devastanti sulla percezione pubblica della certezza della pena.

«Ma le fanno all'estero?», chiederete voi. Sì. In casi eccezionali, però. E come prova di forza dello Stato, non della sua incapacità di prender di petto i problemi. Così è stato in Francia in occasione del bicentenario della Rivoluzione. In Germania nel decennale della caduta del Muro di Berlino per chiudere i conti col passato della vecchia Ddr. In Sud Africa dopo l'ascesa di un uomo come Nelson Mandela. Che in cambio pretese però che ogni amnistiato, bianco o nero, confessasse tutti i suoi delitti in un grande rito collettivo centrato sul perdono. Un'operazione politica straordinaria. Credibile proprio per questo: era unica. Inedita. Irripetibile.

Come straordinario fu il successo del primo condono italiano dei tempi recenti. Quello legato alla riforma fiscale di Bruno Visentini, quando aderirono quasi 3 milioni di contribuenti, versando nelle casse statali una somma pari, in valuta attuale, a 15 miliardi di euro. Un trionfo. Dovuto proprio al suo essere unico e irripetibile. Invece...

Invece, da allora, abbiamo assistito a uno stillicidio mai visto al mondo. Condono dei debiti contributivi e Inail. Condono delle rendite immobiliari. Condono delle squalifiche dei giocatori coinvolti nello scandalo del calcio-scommesse dopo la vittoria ai Mondiali di Spagna. Condono («perdono previdenziale», lo chiamarono) delle pensioni regalate a chi non ne aveva diritto, come quei parenti che si erano guardati bene dal segnalare all'Inps che il nonno era defunto. Condono degli arretrati sui bolli auto. Condono sui passaggi di proprietà di auto e moto. E poi, ancora, condono delle tasse sulla casa. Delle sanzioni per i manifesti abusivi affissi dai partiti. Dei canoni Rai non pagati. Delle multe date da Bruxelles agli allevatori che avevano sforato le quote latte. Fino al condono delle multe ai ragazzi appena patentati sorpresi dalla Stradale mentre, violando la legge, erano al volante di macchine di grossa cilindrata.

Va da sé che, in un contesto così, c'è chi è arrivato al microcondono personalizzato. Come Domenico Fumia, scampato solo grazie alla prescrizione alla condanna dopo aver preso in primo grado un anno e 4 mesi perché, come capo dei vigili urbani di Barcellona Pozzo di Gotto, in provincia di Messina, aveva deciso di sua iniziativa di abbuonare agli automobilisti multati metà dei soldi delle sanzioni.

Condoni, condoni, condoni. E su tutti, ovvio, quelli fiscali. Accompagnati puntualmente da diffide uguali identiche a quelle del forzista Renato Schifani dopo la sanatoria del 2002 varata dal Berlusconi premier e utilizzata dal Berlusconi imprenditore: «Siamo di fronte al giro di boa d'una riforma fiscale. Il cittadino sa benissimo che una volta varata non ci sarà più spazio per la clemenza». Sì, ciao. Uno dopo l'altro.

Fino all'ultimo regalo, concesso con la Finanziaria varata nel 2005, agli amministratori pubblici condannati dalla Corte dei Conti: un piccolo comma, il 231. Che stabiliva un ritocco assai utile per sindaci e assessori, direttori generali di Asl o presidenti di aziende miste beccati in castagna. Dopo essere già stati condannati a restituire i soldi sprecati in qualche porcheria riconosciuta dalla Corte dei Conti come danno erariale, i politici in questione possono chiedere in Appello di pagare tra il 10 e il 20% della somma fissata nella condanna. «Assurdo, i giudici potranno ben rifiutare una richiesta simile!», direte voi. Certo. Ma a quel punto possono pretendere dal condannato-appellante solo fino al 30%. Non un centesimo in più. La sola richiesta di uno sconto, infatti, dà diritto a un abbuono del 70%.

Una schifezza? Mai quanto lo «scudo fiscale» che, spacciato come necessario per dare una scossa all'economia dopo l'11 settembre, consentì a chi aveva illegalmente portato soldi all'estero di denunciarli pagando un obolo del 2,5%, poi portato al 4% con lo «scudo bis», quindi ridotto ancora al 2,5%. Un'elemosina. Che grazie a un dettaglio permetteva ai furbi di prendere due piccioni con una fava: mettersi al riparo da grane fiscali future e insieme lasciare tutto (soldi, quadri, gioielli, oro...) là dove stava e cioè nei caveau delle banche svizzere o caraibiche. Banche che, pur di tenersi i clienti, si fecero spesso materialmente carico dell'obolo al fisco italiano.

Punto sul vivo dalle critiche, Giulio Tremonti rispose orgogliosamente che quella misura era stata addirittura imitata da Berlino. Vero, con una differenza: che lo scudo fiscale tedesco consentiva il reimpatrio dei soldi esportati illegalmente pagando una tassa del 25%. Poi elevata al 35%. Quasi quindici volte l'ammenda nostrana. Quanto sia più severo il rapporto in Germania tra l'erario e i cittadini, del resto, lo dicono tre episodi. Il primo è la condanna a due anni di carcere, con la condizionale ma con l'obbligo di firmare a date fisse un registro di polizia, di Boris Becker, colpevole di evasione per aver dichiarato di risiedere a Montecarlo nonostante vivesse in realtà (come dimostrava una raccolta di ritagli di giornali di un fan) a Monaco di Baviera. Il secondo è lo spettacolare arresto di Klaus Zumwinkel, amministratore delegato delle Poste, ammanettato per evasione dopo un'irruzione all'alba di decine di agenti speciali nella sua lussuosa villa a Colonia. Il terzo è il metodo assai spiccio con cui il governo berlinese ha scoperto, nel febbraio 2008, i contribuenti con conti illegali all'estero: corrompendo con quattro milioni e mezzo di euro Heinrich Kieber, un ex dipendente della banca del Liechtenstein, per avere un elenco di 4527 clienti del Principato. Ve l'immaginate, a farlo da noi? Non bastasse, ai contribuenti onesti prussiani o bavaresi fu risparmiato il mal di fegato che gli italiani perbene provarono nello scoprire che all'estero, stando alle dichiarazioni stesse dei furbi, c'erano addirittura 59 miliardi di euro portati fuori dagli «spalloni». Per quasi il 60% finiti in Svizzera e per due terzi partiti dalla Lombardia, cioè la regione che rivendica in Milano la «capitale morale» del Paese.

Una scelta obbligata per sfuggire alle tenaglie di «Roma ladrona», dirà qualcuno. Sarà. Ma la storia dice qualcosa di diverso. Dice che gli italiani hanno una lunga tradizione di evasori. Lo scrive anche Mario Costa Cardol, storico collaboratore della «Padania», nel libro *Ingovernabili da Torino*. Dove si ricostruiscono i difficili inizi del nostro percorso unitario e si spiega che «l'accertamento si rivelò subito difettoso. Gli esattori si trovarono alle prese con contribuenti abituati da secoli a giustificare la frode fiscale come legittima difesa dai soprusi di un governo straniero. Già prima che l'Unità fosse compiuta, il Piemonte aveva avuto brutte gatte da pelare con le denunce dei liguri: Genova, di fronte al fisco, risultava tre volte più povera di Torino, mentre era vero piuttosto il contrario. Le denunce, che in Piemonte e in Savoia non si scostavano troppo dalla realtà, risultavano a Genova del tutto inverosimili. Genova, si sa, era mazziniana, e negare i soldi all'erario "piemontese" costituiva una virtù».

Se i liguri per non pagare le tasse al Regno d'Italia si appellavano alla scusa di essere repubblicani, i romani e gli ex sudditi dello Stato Pontificio invocavano quella di essere papalini e fedeli fino in fondo al divieto di collaborare coi piemontesi emesso dal papa dopo la presa di Porta Pia. I meridionali sostenevano di essere fedeli ai Borboni e la loro borghesia «viziata nel 1860 dai governanti garibaldini in cerca di popolarità (...) considerava un'offesa non già l'inasprimento, bensì la pura e semplice applicazione delle leggi tributarie». E i veneti dicevano di vivere nel rimpianto della Serenissima: «Co San Marco governava se disnava e se senava / coi francesi bona zente se disnava solamente / co la casa de Lorena no se disna e no se sena...». E col regno di Sardegna? «Chi lo ga in tel cul se 'o tegna!»

Abituati da sempre a pagare le tasse, continua Mario Costa Cardol, «i borghesi del Piemonte non si capacitavano del disinvolto ragionamento dei lombardi in materia fiscale». Di più: «Milano, che la geografia industriale e i suoi abitanti indicavano come capitale spontanea dell'Italia produttiva, entrava nella storia dell'unità nazionale come portabandiera dell'evasione tributaria». Insomma, diciamola tutta: per troppi italiani ogni scusa è buona per non dar soldi allo Stato. Mica quello di Prodi, Visco o «Roma ladrona»: qualunque Stato. Di Cavour e Ricasoli, Sella e Giolitti, De Gasperi e Depretis, Fanfani e Berlusconi. Non vogliono pagare e basta. Mai. A nessuno.

Prendete l'avvocato Attilio Pacifico, la spalla di Cesare Previti coinvolto con l'amico nei processi Imi-Sir (condanna a sei anni), Sme (prescrizione) e Lodo Mondadori (un anno e mezzo). Napoletano romanizzato, tutto può fare meno che la parte del laborioso settentrionale arrabbiato con «Roma ladrona». Eppure la sua difesa sul fronte dei clamorosi processi nei quali fu coinvolto, come spiegò in una sfacciata intervista data nei corridoi del tribunale, era centrata su un punto: «Embè? Sò un evasore. Allora? Qual è er probblema?». Lui mica le capiva le anime belle che ad ascoltarlo restavano scandalizzate: cosa c'era mai di strano se perfino certi giudici gli chiedevano di portare di nascosto pacchi di soldi all'estero? «Me ne diedero Antonino Vinci, Filippo Verde, Renato Squillante...» E rideva, ammiccava, dava di gomito. E tra gli sguardi tesissimi dei magistrati e degli avvocati giunti stremati agli ultimi round del processo Imi-Sir, l'avvocato accusato con Previti e Giovanni Acampora di avere comprato certe sentenze e incassato dagli eredi di Nino Rovelli una «parcella» di 67 miliardi di lire, ostentava un'incontenibile allegria.

Per ventisette mesi, udienza dopo udienza, rinvio dopo rinvio, s'era trascinato di acciacco in acciacco: «Un calvario». Ma quel giorno era in gran forma: pelle abbronzata, passo elastico, ricciolo giovanile. Così sicuro di averla ormai scampata da togliersi perfino lo sfizio di raccontare la sua versione. Che partiva dal fatto che lui, l'avvocato vero e proprio, non l'aveva fatto mai: «Mi sono occupato sempre di cose extragiudiziali. Fallimenti. Consulenze...». Più, si capisce, l'import-export di denaro: «Metta che uno avesse bisogno a Roma di riportare in Italia soldi che stavano fuori. Veniva da me, glieli facevo portare». Con gli spalloni... «Chiamiamoli portavalori. Gente a posto. Giacca e cravatta.» E se qualcosa andava storto? «Perché doveva andare storto?» Metta che alla frontiera beccassero il corriere... «C'era l'assicurazione. Il mio spallone, come lo chiamate voi, provvedeva ad assicurare il carico fino a 500 milioni.»

Lui, spiegò, tratteneva una percentuale «tra il 2,5 e il 3%». La stessa chiesta da Tremonti con lo scudo fiscale: «Aho, facevo lo scudo fiscale prima di Tremonti!». Minimo minimo evadeva. «Embè? Che mi volete fare? Dirò di più: il massimo era quando trovavi uno che ti chiedeva di fare entrare 500 milioni e un altro che ti domandava di farne uscire 500.» Così incassava il due e mezzo più un altro due e mezzo. «Senza grande fatica. Era un gioco di compensazione.» Per questo, rideva, era tranquillo: «Sono pacifico. Di nome e di fatto».

In America, più ancora che in Germania, lo sarebbe stato di meno. Certo, anche da noi c'è la legge «manette agli evasori» che tanti anni fa fu voluta da Franco Reviglio, il padre dello scontrino fiscale, per introdurre il sacrosanto principio applicato nei Paesi più civili secondo cui chi non paga le tasse rischia il carcere. Ma è sempre stata applicata «all'italiana». Nei primi due anni furono arrestate 93 persone. Poi gli schiavettoni scattarono in rarissimi casi. Anche perché nel 1988 un verdetto della Cassazione, su ricorso dell'imprenditore Paolo Meneghin accusato di non aver tenuto per un anno il registro delle fatture, stabilì che anche i reati fiscali per i quali era previsto l'arresto potevano essere sanati col pagamento di una semplice oblazione. Da quel momento, tana libera tutti.

Il fatto è che da noi, per gente come l'ex ministro leghista Francesco Speroni, «chi ruba al fisco non è pericoloso». In America sì, viene considerato tale. Di più: è un nemico della società. Combattuto senza pietà. Basti dire che se da noi sono finiti in galera sul serio, dopo tre gradi di giudizio, pochissimi evasori, negli Stati Uniti sono stati 9581 soltanto fra il 2000 e il 2005. Quasi duemila l'anno. Più altri 998 nel 2006 e 1112 nel 2007 soltanto per reati fiscali federali. Da aggiungere a quelli finiti in cella Stato per Stato, dalla California al Massachusetts. Con condanne esemplari: mediamente 30 mesi a testa. Ancora più salate le pene per i manager delle imprese che hanno evaso il fisco: 37 mesi. E vanno dentro sul serio. Già dopo la condanna in primo grado. Mica aspettano la Cassazione.

Perché lì pagano e qui no? Da dove viene questa differenza di severità non solo sull'evasione ma anche su tutto il resto? «È una faccenda tutta figlia delle indulgenze plenarie, sia in sede ecclesiastica che civile: non pago tanto poi ci sarà un condono. Un'indulgenza. Mi spiace dirlo ma è la cultura cattolica. Il sistema di gestione delle anime col bastone e la carota. L'inferno e l'indulgenza. La dannazione eterna e l'assoluzione», risponde Giorgio Bouchard, pastore valdese autore di *Chiese e movimenti evangelici del nostro tempo*.

Il buffo, prosegue, «è questo: nel mondo protestante siamo salvati dalla sola fede e le opere servono a poco, eppure c'è un rigore morale incredibile rispetto a noi italiani. E questo rigore è forte soprattutto in politica. Capita che un ministro si uccida perché ha rubato poca cosa. Mi dispiace per lui, non per il suo Paese. Nel mondo protestante vale il criterio che chi sbaglia paga. In America anche troppo, secondo me. Ma di norma lì un grande ladro va in galera. E io, da italiano, non posso che confessare un po' di invidia».

È innegabile che il cattolicesimo «assegna alla Chiesa e ai sacerdoti la possibilità di cancellare i peccati previa confessione e penitenza», concorda Ugo Volli, semiologo, docente universitario a Torino, presidente di Lev Chadash, l'Associazione per l'ebraismo progressivo in Italia. «L'uomo non è solo di fronte a Dio con la sua coscienza ma ha mediatori in grado di cancellare dal libro divino le sue malefatte. Che possono assolverlo. Condonargli la pena. Se non lo fa va all'inferno, se lo fa la storia finisce lì. Questa cosa qui non c'è né fra i protestanti né fra gli ebrei. Questo è il nodo centrale. Non voglio dire che sia tutto qui, ma questo è il nodo.»

Enzo Bianchi, il carismatico priore della comunità monastica di Bose, dissente: «Non credo ci sia una differenza teologica tra noi cattolici e i protestanti sul castigo e il perdono. È vero che da noi, sulle tasse e altre cose, c'è meno rispetto dello Stato. Questo sì. E su questo disconoscimento di Cesare (che, da cattolico piemontese, io non condivido affatto) non si può negare che abbia pesato l'ostilità della Chiesa. Qui c'è, purtroppo, una responsabilità della tradizione cattolica. Sul resto no. Credo invece che ci siano due anime nel cattolicesimo: una per la grazia a caro prezzo, una un po' più buonista. Che non si rende conto come la convivenza possibile si regga solo sul rispetto delle regole».

Intendiamoci: oltre a Sophia Loren, che fu l'eccezione a conferma della regola e anni fa passò 17 giorni nella prigione di Caserta per un'evasione di un milione e 156.000 euro in valuta attuale, anche qualche italiano è finito davvero in galera per non aver pagato le tasse. In America, però. Come Aldo Gucci, il fondatore dell'impero della moda. Aveva allora 81 anni ma il giudice non sentì ragioni e prima di concedergli la libertà sulla parola lo spedì per mesi in un penitenziario. Dove avrebbe potuto finire nell'estate del 2007 anche Arrigo Cipriani, proprietario col figlio Giuseppe del celeberrimo Harry's Bar di Venezia e di una catena di ristoranti tra i quali il Rainbow Room al Rockefeller Center, se non si fosse dichiarato pronto a pagare 10 milioni di dollari. «Potevamo andare in tribunale», spiegò Arrigo denunciando italianamente un «complotto» a Roberto Bianchin della «Repubblica». «Invece abbiamo preferito chiudere la vicenda. Signorilmente.»

Sarà. Su questa «signorilità» potrebbero avere inciso però alcune sentenze modello. Come quella emessa anni fa contro Leona Helmsley, la regina degli alberghi di New York che, forte di un'agguerrita schiera di commercialisti, diceva che «le tasse le pagano solo i plebei». Incastrata per un'evasione che non era neanche la metà di quella dei Cipriani e neppure un decimo di quella imputata dal nostro fisco a Diego Armando Maradona che pure va e viene dal nostro Paese senza essere ammanettato, fu condannata a 16 anni di carcere. «In cambio della libertà la mia cliente era pronta a risolvere da sola il problema dei senzatetto», si sfogò Alan Dershowitz, l'avvocato delle celebrità. «Era disposta a regalare alla città di New York tutti i suoi alberghi.» Niente da fare. E finì dentro sul serio, per un anno e mezzo, prima di ottenere una revisione della pena, nonostante fosse già sulla settantina.

Direte: perdoni, niente? Certo, a Narendra Rastogi, un manager indiano che gestiva la Allied Deals Inc, una grossa società commerciale, ed era stato inchiodato per una frode di 600 milioni con il risvolto di una forte evasione fiscale, i giudici hanno concesso all'inizio del 2008 un fortissimo condono. Rischiava una condanna a 865 anni. Grazie alla piena confessione e alla totale collaborazione, gliene hanno condonati 841 sbattendolo dentro «solo» per 24. Uscirà nel 2032. E ha pure ringraziato i magistrati.

12

I dipendenti pubblici? Dieci e lode a tutti

Il miracolo di San Precario: assunzioni per sanatoria dal 1859

Dopo essere stata licenziata 115 volte, la professoressa Lia Pacchioni è entrata nel 2008 sventolando il suo 116° contratto di assunzione con allegria. Cuor contento il ciel l'aiuta. Dice che la sua vita da supplente, se non fosse per le inquietudini della precarietà e la busta paga di 1240 euro al mese per 10 mesi e un totale di 12.400 l'anno, il costo di una Panda, non le dispiacerebbe affatto: «Giro dappertutto, frequento paesi diversi, conosco gente, imparo un sacco di cose...».

Ovvio: cambia continuamente materia... Ha insegnato l'abbecedario e le tabelline alle elementari, matematica alle medie e poi un po' di tutto in trentatré diversi istituti delle superiori della provincia di Modena: dalla geografia all'igiene, dalla dietetica alla chimica, dalle scienze naturali all'anatomia umana, dalla patologia medica all'ostetricia fino alla matematica per sordomuti («Avevo imparato il loro linguaggio, adesso sono un po' giù di allenamento») e alla tecnologia delle arti applicate in un istituto d'arte: «Lì fu duretta: struttura della serigrafia, sistemi delle rotative da stampa, fabbricazione della carta...».

Entrò in classe come supplente, la prima volta, nel 1973. L'anno in cui finiva la guerra del Vietnam, Mariano Rumor dava vita al suo quarto governo, Eddie Merckx vinceva il Giro d'Italia davanti a Gimondi e Maria Callas andava in tournée con Giuseppe Di Stefano. Da allora, millennio dopo millennio, è rimasta precaria.

Visti il vitalismo, la versatilità e lo spirito («Ogni volta che mi davano una materia nuova mi andavo a comprare i libri e me li studiavo perbene») è probabile che la professoressa ambulante non abbia spacciato troppi strafalcioni agli allievi via via incontrati. Ma esiste al mondo un altro sistema scolastico così mostruoso da chiedere a una docente di essere una tuttologa e di passare dalla biologia molecolare alla morfologia dell'Africa subsahariana, dal cefalotribo all'ipotenusa? «Al sindacato», confidò tempo fa, «dicono che potrei essere la prima precaria pensionata dopo un'intera carriera da supplente.» Errore: c'è già.

Si chiama Giancarlo Montemarani, è nato nell'aprile del 1941 sotto il segno dell'Ariete, insegna francese nelle scuole medie della provincia di Macerata e nell'estate del 2006 presentò la sua rituale domanda d'inserimento nella graduatoria dei supplenti per l'anno scolastico in arrivo. Spiacenti, gli risposero, ha più di 65 anni. Al che lui fece ricorso al Tar scovando col suo avvocato nei polverosi antri della burocrazia una leggina del 1955 (quando erano ancora vivi Bertolt Brecht e il brigante Musolino) che non era mai stata abrogata e consentiva al personale non di ruolo, diversamente da quello di ruolo, di restare in servizio fino ai settant'anni. E fu così che, avuta quella sospensiva che il Tar del Lazio non nega a nessuno, il prof. Montemarani ottenne le sue nuove supplenze per gli anni a venire. Col risultato che nella primavera 2008 ha festeggiato in cattedra, sia pur precaria, il suo 67° compleanno. Sempre nella speranza che il ministero gli regali l'assunzione definitiva così da poter andare finalmente in pensione.

Dategli atto: una sfiga pazzesca. Passare una vita intera ai margini del comparto pubblico italiano senza incrociare uno straccio di sanatoria meriterebbe una citazione nel Guinness dei primati. Nel mondo degli statali e soprattutto degli insegnanti se ne sono viste infatti di tutti i colori. A un certo punto, per esempio, decisero il raddoppio delle ore di musica alle medie: da una a due la settimana. Ahi: non c'erano professori diplomati a sufficienza. «Avanti quelli che sono agli ultimi anni di Conservatorio!», strillò il banditore ministeriale. Macché: non bastavano. «Avanti quelli che sono a metà degli studi al Conservatorio!» Non bastavano ancora. «Avanti quelli che hanno iniziato il Conservatorio o hanno già il diplomino di solfeggio!» E fu così che andarono «provvisoriamente» in cattedra, per essere definitivamente assunti dopo un parallelo corso pomeridiano di abilitazione, migliaia di «docenti» senza titoli e senza abilitazione. Con la conseguenza (un'aberrazione tira l'altra) che da un lato moltissimi di loro sono oggi «sovrannumerari» perché è calato il numero degli alunni e dall'altro molti docenti con in tasca il diploma di Conservatorio (più difficile da ottenere di tante lauree) e un paio di abilitazioni guadagnate coi concorsi, aspettano da quindici o venti anni l'assunzione e campano facendo supplenze in materie di cui a volte non sanno nulla, tipo storia del cinema e della televisione. In attesa anche loro dell'agognata sanatoria.

Quanti talenti sono stati buttati via? Quanti fuoriclasse sono stati umiliati? Quanti docenti straordinari come il mitico professor Keating del film *L'attimo fuggente* sono stati sprecati perché non sono mai riusciti neppure ad andare in cattedra e a un certo punto hanno mandato a farsi fottere il ministero, i sindacati e l'Italia intera rifiutandosi di lasciarsi mortificare nel calvario perverso della supplenza che tira un'altra supplenza e poi un'altra ancora e via così nella speranza di una sanatoria? È impressionante, ha scritto sulla «Repubblica» Michele Smargiassi, «scoprire che ancora oggi non solo il 46% del totale, ma perfino il 22% dei docenti delle scuole superiori non è laureato». Peggio: stando agli ultimi dati i non laureati, sul totale dei maestri e dei professori, sono addirittura il 51%. Oltre la metà.

Eppure, guai a dubitare della loro professionalità. Forti di un antico e scellerato patto con lo Stato (tu mi paghi poco e mi chiedi poco), stremati da decenni di disattenzione e fiaccati dal passare degli anni, i professori italiani non vogliono saperne, nella loro stragrande maggioranza, di essere giudicati. E sono rimasti fermi alle posizioni di Rosetta Visentini, una maestra di Ferrara che la mattina di un lontano febbraio del 2000 sfilava per le vie di Roma con migliaia di colleghi contro il tentativo del ministro dell'Istruzione Luigi Berlinguer di distribuire un premio agli insegnanti più bravi, finalmente selezionati attraverso un mega-concorso: «Insegno da 23 anni e non ho bisogno certo di un concorsone per essere valutata».

Sotto accusa, quella volta, era l'idea che come setaccio ci fosse una serie di quiz. Era un modo, tentò inutilmente di spiegare

Berlinguer, di usare uno strumento il più possibile «oggettivo» per «far emergere quella parte del corpo docente che ha sempre dedicato il suo tempo alla classe, senza fare rumore ma con dedizione e un aggiornamento didattico costante» aggirando il problema delle raccomandazioni, del familismo, del clientelismo che in certe aree del Paese rischiano di falsare ogni valutazione. Un metodo certo imperfetto. Che in qualche caso poteva far sorridere. Come si sorrideva anni fa a leggerne la deliziosa parodia nel libro *Come farsi una cultura mostruosa*, di Paolo Villaggio. Esempio: «Proust. a) Curiosa interiezione usata dai contadini della Vandea durante i pasti prima di vuotare un buon bicchiere di vino: "Proust!". b) Nome del purosangue del principe di Galles vincitore del Gran Premio dell'Arco di Trionfo nel 1933, '34, '35. c) Termine americano usato nel linguaggio economico internazionale per indicare coalizione d'imprese. Notissimo il "proust" dell'acciaio. d) Celebre scrittore francese sofferente di asma».

Fa ridere? Certo. Ma se un docente di letteratura francese mettesse la crocetta sulla a) scambiando Proust con *prosit* sarebbe lecito o no dubitare della sua preparazione?

Eppure scesero in piazza a decine di migliaia. Cantando il ritornello di Renzo Arbore: «Sì, la vita è tutta un quiz!». E al Senato il ministro fu messo in croce da tutti: l'articolo 29 sugli aumenti di merito andava abolito. E tutti, come ricorda una strepitosa notizia Ansa, andarono a portare la solidarietà al sit-in dei professori in rivolta davanti al ministero: dal nazional-alleato Gianfranco Fini al verde Paolo Cento, dalla forzista Valentina Aprea al neo-dicì Carlo Giovanardi. Tutti. E la comunista Katia Belillo spiegò di non essere lì solo perché ministro in carica ma di essere assolutamente d'accordo con «la giusta protesta contro il concorso e la selezione meritocratica dei docenti».

Quella era, la verità: il rifiuto di una selezione dei più meritevoli. Rifiuto confermato da Piero Bernocchi, storico leader dei Cobas della scuola: «Siamo contrari a ogni gerarchizzazione della categoria». Soldi uguali per tutti. Bravi e somari, sgobboni e lavativi. Tutti, indistintamente, vittime di un sistema scolastico nel quale l'unico colpevole è lo Stato e gli unici innocenti gli insegnanti. Costretti da un mondo cattivo a scovare tutti i trucchi possibili per mettere un piede dentro la scuola e poi puntare all'assunzione definitiva. Senza mai esser valutati. Come capita, soprattutto, nel caotico e pasticciato pianeta dei docenti di sostegno. Uno strumento introdotto con le più nobili intenzioni e diventato via via una sacca di improduttività dai risvolti spesso ridicoli. Di insulto al buon senso.

Dice una legge ormai svuotata che, salvo deroghe, deve esserci un maestro o un professore di sostegno ogni 138 alunni. Non è un numero buttato lì a casaccio: è basato sull'analisi della percentuale di bambini disabili più quelli disadattati più quelli che per motivi vari possono avere gravi difficoltà. E come è finita, grazie a quelle due paroline «salvo deroghe»? Che nelle medie ce n'è uno ogni 61 studenti e alle elementari uno ogni 77: al Nord ci sono province con un insegnante di sostegno ogni 100 alunni e passa e al Sud province come Trapani dove, denuncia un dossier di «Tuttoscuola», ce n'è uno ogni 42: più del triplo del previsto.

L'aiuto sacrosanto agli studenti ciechi, sordi, autistici o down, ci mancherebbe, non è in discussione. Anzi: l'andazzo danneggia per primi loro. Ma le cose hanno ormai preso una piega tale che qualche anno fa un gruppo di precari arrivò a occupare il provveditorato di Caserta. Non gridarono «Vogliamo più handicappati!», ma il senso era quello. E ottennero che, non essendoci abbastanza disabili per tutti gli appetiti, fossero aumentati almeno sulla carta: disabili figurativi.

Ma quella dei precari «di sostegno» è solo la punta dell'iceberg. Dietro c'è la storica incapacità della scuola italiana di «scegliere» i propri docenti. Fai un concorso per mille cattedre, partecipano in diecimila, sono dichiarati idonei in tremila, i mille vincitori piano piano entrano (molti non subito, anzi) e gli altri duemila si mettono in coda. Coda che si allunga via via che si fanno nuovi concorsi e si accumulano nuovi idonei e nuovi precari. Un meccanismo perverso, stravolto quasi ogni anno dai ricorsi collettivi di nuove categorie di precari benevolmente accolti dai Tar.

Sapete da quanto tempo si trascina questo gioco aberrante, che ha umiliato intere generazioni di maestri e professori bravissimi e carichi di buona volontà? Direte: dai soliti anni Cinquanta. Sì, ma dell'Ottocento. Fu infatti nel 1859 che, dopo aver deciso d'adottare l'impianto scolastico francese che chiedeva, a seconda del tipo di scuola, lauree o diplomi, venne introdotta la prima deroga: «In eccezione alla regola del concorso...» era previsto infatti: «il Re potrà chiamare a professori nei licei gli uomini che per opere scritte, o per buone prove nell'insegnamento, saran venuti in concetto di grande perizia nelle materie che loro sarebbero affidate».

Va da sé che, accettando la «grande perizia» dei docenti, non poterono negarla ai supplenti. E fu così che entrarono i «legittimati». Che come ha scritto lo storico Antonio Santoni Rugiu, «erano canonici, cappellani, liberi sacerdoti, avvocati, medici, geometri, agrimensori, ecc., che da anni insegnavano nel loro paese natio. Non avevano titoli legali, né ormai sarebbero stati disposti a sostenere esami di abilitazione».

Era l'inizio di una piaga che in un secolo e mezzo è andata in cancrena. L'unico che provò a spezzare sul serio il meccanismo, come riconoscono anche gli antifascisti, è stato Giovanni Gentile. Al quale gli stessi camerati fecero presto capire che non era proprio il caso di mettere nella cosa troppa passione riformatrice. Tanto è vero che durò una ventina di mesi. Dagli esordi del governo mussoliniano al 1° luglio del 1924. Al primo rimpasto era già fuori: grazie professore, vada pure.

Da allora tutto è rimasto immobile ed eterno. Con una spruzzatina di rinnovamento, ogni tanto, per rinfrescare l'aria. Come il periodico rilancio mediatico dell'Invalsi, l'Istituto nazionale di valutazione del sistema di istruzione. Il quale, fondato nel 1999, ci ha messo sei anni (la metà di quelli impiegati da Alessandro Magno a conquistare il mondo) per elaborare finalmente un questionario valutativo. Accolto dal Cesp, il Centro studi per la scuola pubblica, con la puzzetta sotto il naso: «Si tratta di test a crocette di italiano, matematica e scienze, uguali dalle Alpi a Pantelleria, didatticamente poveri e nozionistici, finalizzati a stilare graduatorie fra scuole, docenti e, chissà, forse anche fra gli alunni». Un test a crocette...

Ma chi le vuole, queste rilevazioni? Nessuno. Neppure i dirigenti scolastici. I quali, chiamati a dare il buon esempio, hanno accettato nel 2003 un progettino: quello di sottoporsi «in via sperimentale» (solo sperimentale) e volontariamente (solo volontariamente) a una «autovalutazione annuale effettuata dal dirigente scolastico stesso» mentre la valutazione «pluriennale» avviene «sulla base di un protocollo di comportamenti condiviso con il sindacato e le associazioni di categoria». Finalmente un quiz che piace a tutti. Domanda: come sei? Opzioni: 1) Pessimo. 2) Mediocre. 3) Discreto. 4) Bravo. 5) Bravissimo.

Le schedine da riempire chiedono per esempio all'autoesaminato quanto sia in gamba nell'«identificare con immediatezza i problemi che impediscono una corretta realizzazione di attività rientranti nelle proprie responsabilità». Oppure nel «riconoscere il livello di priorità degli interventi da realizzare». Indovinate: quale sarà il livello di autostima di chi risponde al questionario sapendo che tutti i suoi colleghi, per guadagnarsi il premio nello stipendio, traboccheranno di autoelogi? Tutti bravissimi.

Fatto sta che, da quando a cavallo fra gli anni Sessanta e Settanta furono abolite sia per i docenti sia per i bidelli (par condicio) le «note di qualifica», da decenni non c'è più alcun criterio di valutazione. Con la conseguenza, spiega Rosario Drago, dirigente e ispettore scolastico, che «dopo tanto tempo il diritto a non essere giudicati viene dato per scontato. Come fosse un diritto acquisito. E questo ha causato un sacco di guai dai quali sarà difficile, molto difficile uscire».

Quale sia il risultato lo spiega un rapporto di TreeLLLe su dati ministeriali del 2003: «Il 57% degli insegnanti attualmente in ruolo non ha mai superato un esame di concorso, come il 52% di coloro che oggi attendono il posto nelle graduatorie permanenti». Per carità: magari sono in grande maggioranza bravissimi ma è probabile o no che tra loro ci siano anche dei somari più somari ancora dei loro allievi?

Va così nella scuola, va così ovunque. Risultato sulla carta: siamo nelle mani di fuoriclasse. Lo dicono le pagelle dei massimi dirigenti ministeriali che stanno a Roma o sono sparsi in giro per l'Italia: su 3769 altissimi funzionari delegati a far funzionare la macchina statale, non c'è un ronzino, un somaro, un brocco. Tutti campioni. Capaci di raggiungere tutti gli obiettivi loro assegnati. Degni, per il loro lavoro, del massimo dei voti. E quindi del massimo dello stipendio.

I soliti criticoni diranno: non è possibile. E citeranno i tempi biblici di certi uffici ministeriali dove le pratiche si depositano così a lungo da dovere essere datate col carbonio 14 come la Sacra Sindone, l'assenteismo cronico, le cataste di carte ammucchiate nei corridoi impolverati... Eppure questo ha rivelato Luigi Nicolais, il ministro della Funzione pubblica del secondo governo Prodi: «Il tentativo di misurare l'efficienza di chi dirige gli uffici pubblici non ha dato i risultati sperati».

Un passo indietro. Siamo nel 1999. Il governo D'Alema vara la legge 286 per «privatizzare» la macchina amministrativa introducendo criteri che valgono in tutte le imprese da Oslo a Pretoria, da Seattle a Brisbane: questi sono i conti, questi sono i dipendenti, questi sono gli obiettivi da raggiungere, questi sono i tempi per farlo.

Il titolo, come sempre, è un delirio: «Riordino e potenziamento dei meccanismi e strumenti di monitoraggio e valutazione dei costi, dei rendimenti e dei risultati dell'attività svolta dalle amministrazioni pubbliche, a norma dell'articolo 11 della legge 15 marzo del 1997, n. 59». Le parole usate un diluvio: 3757. Poche meno di quelle spese da Giovanni XXIII per aprire il Concilio ecumenico vaticano II e il triplo di quelle utilizzate per la Dichiarazione d'indipendenza americana.

Il significato politico però è chiaro: prima che lo Stato affondi nell'inefficienza è assolutamente indispensabile innestare meccanismi che permettano di monitorare la situazione e selezionare meglio la classe dirigente. Arrivando via via alla scrematura che perfino nelle aziende private italiane c'è: di qua quelli bravi, di là gli scarsi.

Per dare una «spintarella» in più al progetto, viene deciso d'accoppiare la pagella positiva a un'integrazione dello stipendio. Tutto chiaro? Otto anni dopo, dicono le pagelle dell'amministrazione governativa, la situazione è quella che dicevamo: tra i massimi dirigenti non c'è un solo mediocre. Tutti fenomenali. Laboriosissimi, brillantissimi, scrupolosissimi, preparatissimi... E pronti a collaborare quale che sia il colore del governo. Purché nessuno metta in dubbio la loro professionalità. Meglio: la loro anzianità.

Quello è il criterio, nel mondo pubblico. Anzianità di attesa per essere infilati in un'infornata di precari, magari con la spintarella di un politico che chiede in cambio un po' di voti in famiglia. Anzianità di precariato per essere stabilizzati e assunti. Anzianità di assunzione per gli scatti nella carriera. Solo quella conta: l'anzianità. Lo scrive, a proposito della scuola, anche la Corte dei Conti rilevando scandalizzata come nel panorama dei Paesi industrializzati «l'Italia si caratterizzi per l'assoluta mancanza di ogni correlazione fra la dinamica retributiva e la valutazione del merito individuale».

Sapete quanto ha speso lo Stato nel 2007 per pagare presidi, maestri, professori, impiegati e bidelli? Trentanove miliardi e 188 milioni di euro. Una somma enorme. Quale azienda al mondo potrebbe fornire un servizio efficiente senza avere neppure il diritto di premiare i migliori e punire i peggiori? Eppure, scrivono i magistrati contabili, «per il personale docente non è prevista alcuna progressione di carriera legata a sia pur labili valutazioni del merito individuale, sostituita da una progressione economica correlata in modo automatico al raggiungimento di determinate anzianità di servizio».

Tutti uguali, tutti alla pari. Un egualitarismo cervellotico che umilia e demoralizza i migliori ma che, Luigi Berlinguer a parte (e pagò con la sconfitta, l'emarginazione, gli insulti) nessuno ha mai avuto il coraggio di toccare davvero. Né a sinistra né a destra. Sistema sovietico, dirà qualcuno. No: clientelar-sovietico. Fondato su decenni di gestione politica nel senso più deteriore. E su un progressivo annientamento dell'idea stessa del merito. Condiviso per quieto vivere da tutti. Trasversalmente.

Le sanatorie volute dai democristiani e dai socialisti, dai comunisti e dai missini, dai socialdemocratici e dai forzisti sono state decine. Come quella che nel 1983 col voto di tutto il Parlamento e la pelosa astensione del Pci spalancò la strada all'assunzione di massa di 100.000 precari delle Usl. Quella che nel '90 riconobbe lo status quo a un centinaio di farmacisti che in attesa di concorso gestivano in deroga il loro bancone da almeno tre anni. Quella che, quando l'Ente nazionale di assistenza al volo diventò un ente di diritto pubblico, sanò una serie di nomine dei dirigenti bocciate in precedenza dallo stesso Tar del Lazio, che è notoriamente di manica larga. Una schifezza bollata dalla Corte dei Conti come un esempio di «diseducazione civile» che legittimava «quanto attribuito in modo illegittimo».

E via così. Decine e decine. Per gli studenti bocciati alle prove di ammissione alle facoltà a numero chiuso, che si trascinò così a lungo tra promesse e resistenze che alla fine arrivò quando gli studenti esclusi avrebbero dovuto già essere al quinto anno. Per i portaborse del Friuli-Venezia Giulia, sistemati nel 2002 dal centrodestra con una leggina che consentiva di assumere in Regione chi aveva avuto un contratto provvisorio lavorando 120 giorni consecutivi nell'arco dell'ultimo quinquennio, leggina che l'opposizione denunciò come un trucco per caricare a vita sulle spalle dell'ente pubblico i collaboratori dei gruppi politici, dei consiglieri e degli assessori infischiandosene dell'obbligo di fare concorsi pubblici. Per i portaborse dei consiglieri regionali calabresi (funzionari di partito, autisti, figli, sorelle, cugini, cognati...) assunti in massa da Mamma Regione col via libera di tutti, Rifondazione compresa. Perfino per 750 «istruttori e piloti di deltaplani e aerei ultraleggeri a motore» che per anni avevano volato in assenza di alcun regolamento.

Alle Poste, sottratte da quando sono una società per azioni alle interferenze della politica clientelare di un tempo, sono arrivati a supplire all'impossibilità di una leggina con una specie di «sanatoria fai-da-te». Decine di migliaia di persone assunte qua e là negli anni con contratti a tempo anche brevissimi, magari di venti giorni, avevano infatti ammassato una valanga di ricorsi ai pretori del lavoro, i quali, si sa, ritengono non raramente di essere depositari del diritto di dispensare contratti come un ufficio di collocamento. Fu così che dal 2004 al 2007 vennero assunte 17.454 persone. Come se le Poste avessero ingoiato d'un colpo tutti i dipendenti della Banca Nazionale del Lavoro. Ma era solo un assaggio: se perdesse tutte le cause aperte nella primavera 2008, i precari assunti per ordine del giudice salirebbero a 57.282. Come arginare la «sanatoria giudiziaria» costata tra avvocati e spese legali nel solo 2006 la bellezza di 353 milioni, oltre metà dell'utile netto? Con l'impegno delle Poste, d'accordo col sindacato, ad assumere quanti avessero rinunciato a far causa incassando in cambio l'iscrizione in una graduatoria di aspiranti postini. Quel che dicevamo: la sanatoria fai-da-te.

L'andazzo è tale che, tampona qua e tampona là per non subire l'assedio di questi o quei precari (incrociando le parole «precari + protesta» l'archivio dell'Ansa restituiva ai primi di marzo 2008 addirittura 1144 documenti), il governo Prodi bis è arrivato, su pressione della sinistra, a varare la più massiccia sanatoria della storia per assorbire almeno in parte lo sterminato esercito di lavoratori «provvisori» ingaggiati via via dalle pubbliche amministrazioni dopo il blocco del turn over deciso negli anni Novanta. Quanti siano con precisione, questi precari sparpagliati nei Comuni e nelle Province, nelle Regioni e negli uffici del catasto, nessuno lo sa. Trecentomila, forse. O forse quattrocentomila. Boh... Certo è che si stabilì che ogni cinque dipendenti pubblici pensionati ne sarebbe stato assunto uno. E il 40% dei posti sarebbe stato destinato ai precari. Scelti con quale ordine: meritocratico? No, ovvio: anzianità.

E torniamo al tema: che futuro può avere uno Stato che da tempo immemorabile, salvo eccezioni, non riesce ad assumere nessuno perché è il più bravo ma è costretto a sistemare di volta in volta alla rinfusa i bravi e i mediocri, i volonterosi e i lavativi, tenendo conto solo della data in cui sono stati presi «provvisoriamente»? Una risposta paradigmatica può essere trovata in Sicilia. Dove l'incessante assunzione di nuovi precari e la variante clientelare all'egualitarismo di stampo sovietico hanno dato vita a vicende leggendarie.

Come quella di Zafferana Etnea. Dove la Regione decise di dare uno stipendio, sia pure ridotto, a 15 lavoratori socialmente utili perché salvassero dall'estinzione il «cirneco dell'Etna», un cane di rara nobiltà e bruttezza portato sull'isola tremila anni fa dai fenici e bravissimo, scrive l'*Enciclopedia di Catania*, «nella caccia al coniglio, che stana nelle più remote anfrattuosità laviche». Oddio, non che il cirneco rischiasse l'estinzione: c'erano quattro allevamenti nella sola Toscana. Ma qualcosa bisognava pur inventarsi, perché non si estinguesse la fedeltà politica dei prescelti. Ed ecco che ai 15 precari vennero affidati 8 cani, da allevare dentro quello che era stato il macello del paese. Ma le povere bestie, forse per la malinconia dell'ambiente o forse per l'eccesso di cure che ciascuno riceveva dai due appositi addetti, non vollero proprio saperne di essere salvate. E una dietro l'altra morirono. Costringendo i padrini politici a inventarsi, per i loro clienti, qualcosa d'altro.

Su queste cose, del resto, alle autorità siciliane non ha mai fatto difetto la fantasia. C'è chi è stato incaricato di progettare una macchina «schiudi-uova». Chi di contare quante automobili passavano in un giorno a un certo semaforo. Chi di monitorare tutte le fontanelle del borgo natio oppure «i tombini e le caditoie, cioè le feritoie nei marciapiedi che permettono il deflusso delle acque piovane».

E la storia delle ambulanze? La Regione Sicilia affida il servizio 118 a una società appositamente costituita dalla Croce rossa, la Sise, Siciliana servizi emergenza. La quale, dovendo dotarsi di 160 ambulanze, che via via saliranno a 280 cioè 31 per ogni provincia nonostante secondo la Corte dei Conti non ce ne fosse alcuna necessità, invece che comprarle per 50.000 euro l'una preferisce prenderle in affitto per 5 anni, manutenzione compresa, a 100.000 euro ciascuna. Quindi assume i dipendenti, dicono i magistrati contabili, prendendo «personale volontario, Lsu, precari a vario titolo, senza l'esperimento di alcuna procedura selettiva». Quanti autisti e portantini? Ben 3009: 11 per ogni lettiga. Più altri 301 (trecentouno!) dipendenti amministrativi. Assunti anche questi «per chiamata diretta, per lo più in via d'urgenza». Totale: 3310. Il doppio, sottolinea il dossier della Corte dei Conti, del personale della Croce rossa di tutte le altre regioni italiane messe insieme, personale che «per il servizio di trasporto infermi ammonta mediamente a circa 1650 unità». Il servizio, viste le continue polemiche, non è un granché: ma vuoi mettere la riconoscenza elettorale degli assunti, delle mamme, delle mogli, delle sorelle, dei cognati?

È un affarone, politicamente, la creazione, la gestione e infine la sistemazione dei precari. Ne sa qualcosa Leoluca Orlando, che da sindaco riempì l'intero Comune di Palermo di Lsu: «Fu un'operazione politica di cui non solo non mi vergogno ma mi assumo il merito». E i sindaci di Villafrati e di Comitini e di tutti gli altri Comuni di sinistra e di destra imbottiti di questi lavoratori in attesa di un contratto definitivo. Ma su tutti, inarrivabile finché non verrà scalzato da Raffaele Lombardo, resta il mitico Totò Cuffaro. Quello che, secondo il suo maggiore alleato fino alla pugnalata nella schiena, cioè Gianfranco Miccichè, è stato il perno di «un sistema clientelare che ha bloccato la Regione, che ha trasformato il lavoro da diritto a favore, che fa fuggire le imprese del Nord stanche di dover passare sotto le grinfie della politica».

Tutte accuse che «Vasa Vasa», in un libro-intervista di Francesco Foresta, rivendicò rovesciandole in note di merito: «La vicenda dei precari è un'altra di quelle favolette in cui vengo dipinto come l'orco cattivo che in maniera clientelare sfrutta le sacche dei disperati. Se ci andiamo a rileggere il contratto firmato con i siciliani ci accorgeremo però che ho semplicemente mantenuto gli impegni: avevo detto che avrei stabilizzato i precari e che non ne avrei fatti di nuovi. Ho fatto questo. Resistendo a tutto, anche a un'autobotte carica di benzina che alcuni esagitati volevano far saltare in aria davanti alla presidenza della Regione per intimidire il governo e costringerlo a nuove assunzioni. Quando mi sono insediato ho trovato un esercito di 77.000 precari, li ho ridotti a 22.000. Restano da sistemare quelli degli enti locali: ho proposto di stabilizzare i 7000 più anziani, quelli del cosiddetto articolo 23 e di rimandare l'assunzione degli altri 15.000 alla nuova legislatura...».

Bravi? Mediocri? Stakanovisti? Lavativi? Assunti per rendere più efficiente la macchina pubblica o per appesantirla? Boh...

13

Niente pagelle, siamo professori

Nove milioni di somari promossi, 574 telefonate per un supplente

Se tutti i somari fossero come Giuseppe Verdi, «avressimo» dei grandi compositori. Anche lo straordinario musicista di Busseto, infatti, scriveva degli strafalcioni. Nelle sue lettere alla famiglia Ricordi si possono trovare frasi fantozziane come «sperando che vadi di bene in meglio», una montagna di accenti sbagliati (stà, nò, fù, fà...) e catastrofici ruzzoloni quali appunto «avressimo».

Nel giudicarlo sul «Corriere» con indulgenza («Alcuni errori ortografici, che oggi squalificherebbero qualsiasi scrivente anche di modesta cultura, un secolo fa erano ampiamente tollerati»), il professor Luca Serianni, socio dell'Accademia della Crusca, teneva però conto della grandezza del genio nella lirica. Il *Nabucco* o *Il trovatore* valgono bene uno «stò».

Il guaio è che gli italiani che scrivono mostruosità come «avressimo» senza farsi perdonare componendo una sola nota del *Rigoletto*, sono milioni. Peggio: non sono somari solo nella lingua madre ma in tutte le materie. Soprattutto quelle scientifiche. Lo dicono i rapporti Ocse del Pisa (Programme for international student assessment) che ogni tre anni valutano la preparazione degli studenti quindicenni di tutto il mondo, e hanno approfondito a rotazione la cultura generale scientifica (nel 2000), la matematica (nel 2003) e le scienze (nel 2006), i cui risultati sono stati diffusi alla fine del 2007. Da spavento.

I nostri ragazzi, che già erano in matematica al 27° posto tra i loro coetanei di 57 Paesi (i membri dell'Ocse e 27 partner) sono retrocessi in scienze addirittura al 36° posto con 475 punti contro una media di 500. E lontanissimi dai migliori: finlandesi (563), estoni (531), olandesi (525), sloveni, tedeschi, inglesi, cechi... Un disastro. Soprattutto a causa del Mezzogiorno.

Come spiega la rivista «Tuttoscuola» diretta da Giovanni Vinciguerra, infatti, anche in questo campo c'è Italia e Italia. I ragazzi veneti e lombardi, per esempio, sono nettamente sopra la media internazionale e i quindicenni friulani e giuliani sono addirittura «secondi al mondo (dopo i finlandesi) in scienze e terzi in matematica e cultura generale scientifica, dopo la Finlandia e il Canada». Ma quelli del Sud e delle Isole trascinano l'Italia inesorabilmente verso il basso.

Nessuno in Europa e quasi nessuno al mondo, come ha scritto Salvo Intravaia sulla «Repubblica», è ignorante quanto i nostri quindicenni siciliani. Affondati in classifica a 423 punti sono infatti distaccati dai cinesi di Taipei di ben 126. Superati anche dai serbi, dagli uruguagi, dai turchi. La più agghiacciante è la tabella che illustra le varie fasce di preparazione. Fatta una scala da sei (i più bravi) a uno («uno studente che possiede conoscenze scientifiche tanto limitate da poter essere applicate soltanto in poche situazioni a lui familiari») i ragazzi isolani che si collocano al gradino più basso o addirittura al di sotto sono il 42%. Il doppio della media Ocse. Il quadruplo dei coetanei dell'Azerbaigian.

Ma oltre l'abisso meridionale è tutta l'Italia a mostrarsi in tragico ritardo sul mondo che corre. Tra gli studenti al di sotto del primo livello di alfabetizzazione matematica i nostri sono davanti, tra tutti i Paesi Ocse, solo alla Turchia e al Messico. E nel complesso affondano nel fango. Uno su tre non sa leggere un grafico o convertire una moneta in un'altra. Quattro su dieci si impappinano nella lettura di un testo discontinuo. Sei su dieci non riescono a spiegare da cosa dipenda l'alternarsi del giorno e della notte.

Umiliante. Ma non si parli di una sorpresa. Come ha spiegato Giuseppe Fioroni, che da ministro dell'Istruzione ha tentato di ripristinare un po' di severità e reintrodurre un minimo di criteri di valutazione sul lavoro dei professori, il docente dovrebbe «insegnare quello che ha studiato. Sembra un'ovvietà ma così non è dal momento che alle medie solo il 17% di chi ha la cattedra di matematica ha la laurea corrispondente. I risultati si vedono...».

Con dati un po' meno preoccupanti dei nostri, racconta Federico Rampini nel libro *Il secolo cinese*, gli americani si sono dati una mossa. E dopo aver notato che i cinesi sono saldamente ai primi posti nelle discipline matematiche cosa hanno fatto? «Più di 200 licei americani, dal Massachusetts al New Jersey all'Oklahoma, hanno adottato una soluzione radicale: importare in toto il sistema d'istruzione cinese, usando gli stessi manuali e gli stessi metodi didattici. Il modello più copiato in assoluto è il programma di matematica e scienze di Singapore. La ragione è semplice. La piccola città-Stato è etnicamente e culturalmente a maggioranza cinese, ma da decenni ha adottato un perfetto bilinguismo inglese-cinese, sia nelle scuole che nella vita pubblica. Questo bilinguismo rende più facile importare di sana pianta i programmi scolastici di Singapore negli Stati Uniti, senza bisogno di ricorrere a complesse traduzioni.»

Gli insegnanti americani che usano il «metodo Singapore», prosegue Rampini, «hanno scoperto che in Cina i programmi scientifici sono meno estesi ma molto più approfonditi. "Nella scuola media di Singapore" dice il professore di matematica Steve Keating citato dal "Wall Street Journal", "risolvono problemi di algebra che sono difficili perfino per me, e che in America vengono affrontati solo a fine liceo"».

Visti i numeri del rapporto Ocse, Fioroni sbiancò. Quindi diffuse un comunicato: «Abbiamo una scuola primaria di buona qualità su tutto il territorio nazionale, ma dal rapporto del Pisa emerge anche un acuirsi delle difficoltà nelle scuole medie inferiori e superiori. Basti pensare che alle superiori, in dieci anni, abbiamo scrutinato e mandato avanti circa 8 milioni e 800.000 studenti con lacune gravi o gravissime». Cosa cosa? Rileggiamo: «Alle superiori, in dieci anni, abbiamo scrutinato e mandato avanti circa 8 milioni e 800.000 studenti con lacune gravi o gravissime». Tradotto: aboliti gli esami di riparazione per dare vita al sistema dei «debiti» da recuperare attraverso corsi integrativi che sono stati istituiti in modo serio solamente in alcune aree di eccellenza e invece solo sulla carta nella maggior parte del Paese, abbiamo promosso nell'ultimo decennio

quasi 9 milioni di somari che un tempo sarebbero stati rimandati o addirittura bocciati. Nove milioni di asini. Pari a tutti gli
abitanti della Svezia.

E lo mette nero su bianco il ministero. Così preoccupato
della deriva scolastica che nel marzo del 2008 lancia un nuovo
allarme diffondendo i risultati del primo quadrimestre. Dai
quali emerge che il 70% degli studenti italiani è sommerso dai
«debiti». Di più, le insufficienze sono particolarmente vistose
proprio nelle materie di indirizzo: il 55% dei ragazzi del classico è carente in latino, il 65% di quelli dello scientifico va male
in matematica, l'83% di quelli del linguistico zoppica nelle lin-
gue. Prova provata della necessità assoluta di ripristinare, per
quanti limiti avessero, i vecchi esami di riparazione subito bol-
lati da Enrico Panini, segretario della Flc-Cgil, come «una scorciatoia improvvisata». E tornare a una scuola più severa.

Spiega l'annuario statistico italiano che mezzo secolo fa,
nel 1951-52, mentre stavamo prendendo la rincorsa per il
boom, la quota di bocciati alla maturità fu del 28,4%. Nel
2006, se escludiamo i privatisti (bocciati comunque solo in un
caso su 6), è stata del 2,8%. Dieci volte di meno. Ma anche qui
i dati vanno scomposti. Il rapporto del Pisa dice che gli studenti siciliani abissalmente ignoranti sono il quadruplo dei coetanei caucasici dell'Azerbaigian? I loro professori, distrattamen-
te, non se ne sono mai accorti. I bocciati alla maturità 2006 negli istituti classici, scientifici, magistrali e linguistici sono stati,
nell'isola, l'1,3%, con un record in provincia di Enna e di Messina di 0,9. Vi pare possibile? Nove bocciati ogni mille studenti
in un'area liquidata dai parametri Ocse come ricca di alcuni ge-
ni e tanti somari?

Lo stesso giorno in cui esplodeva qualche anno fa lo scandalo dell'esame di ammissione all'Ordine degli avvocati a Ca-
tanzaro, dove 2295 concorrenti su 2301 avevano copiato parola per parola lo stesso tema, un giornale pubblicava gli esiti della maturità nelle scuole del capoluogo calabrese. Bocciati:
1,16%. Ma molti istituti avevano fatto di meglio: tutti promossi i 133 ragazzi del liceo classico Fiorentino, tutti i 207 dello
scientifico Siciliani, tutti i 209 dell'Itis Scalfaro e così via: 19

istituti su 34 senza un solo trombato. Neppure uno. Fantastico il rendimento alle magistrali Cassiodoro: erano usciti col massimo dei voti (100 su 100) 34 giovani su 141 iscritti. Un genio ogni quattro. E vai!

Poi fai un sondaggio tra gli studenti e viene fuori che Aldo Moro fu assassinato non dalle Brigate rosse ma dalla mafia, che uno dei padri della Costituzione del '48 fu Silvio Berlusconi, che gli «anni di piombo» non c'entrano col terrorismo ma sono «un'era zoologica precedente a quella del ferro», che le Fosse Ardeatine sono «un fenomeno carsico» e ci fu ammazzato tra gli altri il generale Carlo Alberto Dalla Chiesa. Perfino un grande eroe della nostra storia quale Salvo D'Acquisto, il giovane carabiniere che si offrì al plotone d'esecuzione nazista per salvare 22 ostaggi catturati per una rappresaglia, viene additato tra le vittime delle Brigate rosse o dei sicari mafiosi che uccisero Giovanni Falcone o addirittura dei poliziotti omicidi della «Uno bianca». E il bello è che, alla domanda: «Quale materia aboliresti?», buona parte dei ragazzi risponde: la storia.

Fate un giretto negli archivi su internet e alla sventurata voce «credo che è», uno degli strafalcioni più orrendi della lingua italiana, troverete un pezzo della nostra classe dirigente. Clemente Mastella: «Credo che è la base stessa su cui poggia l'indipendenza della magistratura a essere messa a rischio». Roberto Calderoli: «Se il nostro obbiettivo era quello di lanciare un sasso nelle sabbie mobili, credo che è stato raggiunto». Massimo D'Alema: «Credo che è arrivato proprio il momento che la comunità internazionale accompagni paternamente israeliani e palestinesi a un tavolo». E potremmo andare avanti per pagine e pagine.

E così capita che un concorso per aspiranti magistrati, com'è accaduto ai primi di gennaio del 2008, riesca a trarre dal mazzo di 43.000 domande soltanto 322 giudici invece che 380 (e Dio sa quanto sarebbero necessari) per l'impossibilità di ignorare la stratosferica ignoranza, scusate il gioco di parole, di troppi candidati. «La conoscenza della lingua italiana era una pre-condizione per partecipare al concorso, ma alcuni candidati non ce l'avevano» si sfogò un membro della commissione d'esame, Matteo Frasca, «ci siamo trovati a fare la disarmante constatazione che in alcune prove c'erano errori di grammatica e di ortografia, oltre che di forma espositiva, testimonianze evidenti di una mancanza formativa, che non è emendabile. Se il mio maestro delle elementari avesse visto in un mio compito verbi coniugati come in certe prove che ci sono state consegnate, mi avrebbe dato una bacchettata sulle dita.» Qualche esempio? «L'addove.» «Risquotere.» «Un'altro» o «qual'è» con l'apostrofo. Roba da matita blu.

«Le origini di questo test catastrofico di massa» ha scritto sulla «Repubblica» Mario Pirani «debbono esser cercate molto indietro negli anni, quando dalle elementari in poi a questi bambini, via via diventati adolescenti e adulti, si è lasciato credere che potevano largamente infischiarsene del rispetto della lingua nazionale (ma anche delle altre discipline, dalla matematica alla storia). Legioni di maestri, insegnanti, professori universitari hanno loro elargito egualmente promozioni, diplomi, lauree, lasciandoli disarmati al momento della verifica col mondo esterno.»

Che ci sia stato un crescente e suicida lassismo è fuori discussione. Che sia solo uno strascico sessantottino è tutto da vedere. Se è vero che il delirio degli esami di gruppo e del «18 politico» era nato allora dentro la sinistra e che anni fa era stata Democrazia proletaria a chiedere non solo l'eliminazione degli esami di riparazione ma anche quella delle bocciature nella scuola dell'obbligo «e la loro sostituzione con interventi mirati di sostegno e recupero degli alunni in difficoltà», l'abolizione degli esami a settembre, che erano stati introdotti nel '23 da Giovanni Gentile, fu infatti decisa con un decreto quando a Palazzo Chigi c'era Silvio Berlusconi. E a metterci la firma (la conversione in legge appoggiata dalla sinistra sarebbe arrivata col governo Dini) fu Francesco D'Onofrio, un democristiano di lungo corso. Era il 26 agosto del '94, i ragazzi rimandati erano ormai alla vigilia delle prove e l'annuncio che anziché presentarsi potevano accumulare «debiti formativi» diede vita a esplosioni di giubilo.

Cosa pensasse dell'abolizione mamma Filomena, vegliarda professoressa di lettere che al figlio ministro rimproverava pubblicamente di «usare poco il punto e virgola», non si sa. Certo è che D'Onofrio si andò subito a schiantare su un'avventata dichiarazione al telegiornale: «Vorrei che ne parliamo». Al che il critico letterario Giovanni Mariotti alzò ironico il sopracciglio: «Prepariamoci: dopo aver discusso l'opportunità di abolire i voti e il liceo, presto dovremo discutere anche l'opportunità di abolire il congiuntivo». Il ministro saltò su seccatissimo: «Non ho sbagliato nessun congiuntivo. Non è colpa mia se la prima persona plurale tanto dell'indicativo che del congiuntivo presente sono uguali». E la professoressa Katia Petruzzi, ispettrice ministeriale, si precipitò solerte a dar ragione al capo: «L'uso del presente contiene un'idea di immediatezza e di realizzabilità, mentre l'imperfetto conferisce una connotazione di eventualità...».

Mai stato facile, governare la scuola italiana. Non è un pezzetto del Paese: è molto di più. È un mondo. Che come ricorda la combattiva associazione TreeLLLe di Attilio Oliva, «rappresenta il luogo di lavoro o di studio di oltre un sesto dell'intera popolazione». Un pianeta, tra pubblico e privato, con poco meno di 9 milioni di studenti, oltre 900.000 insegnanti, circa 10.000 dirigenti e, nella sola scuola statale, oltre 250.000 impiegati, tecnici, bidelli.

Se va male la scuola, al contrario di quanto pensano certi industrialotti convinti che conti solo «laurà», va male l'intera società. Come spiegano nel loro *Contro i giovani* Tito Boeri e Vincenzo Galasso, «nei Paesi dove si studia in media dodici anni c'è un livello di reddito pro capite otto volte superiore a quello dei Paesi in cui mediamente si studia la metà, vale a dire sei anni».

Il capitale umano è tutto, nelle società moderne. Ed è lì che vedi come una scuola alla deriva sia lo specchio di un Paese alla deriva.

La manutenzione dei cervelli: ecco cosa è mancata. Quella che Carlo Carboni in *Elite e classi dirigenti in Italia* chiama la manutenzione del capitale umano. E non lo dicono i soliti criticoni. Ma i numeri. Gli studi. I sondaggi. Come quello di «Panorama» che dopo la deflagrazione degli umilianti confronti internazionali del 2006 ha riproposto cinque dei quiz del Pisa a cento professori di scienze delle medie e delle superiori. Cose facili facili. Almeno per chi viene pagato per insegnare quella materia lì. Un banalissimo «test a crocette didatticamente povero e nozionistico», direbbero i cervelloni che inorridiscono all'idea di ogni valutazione di merito. Esempio: «Perché la fermentazione fa lievitare la pasta?». Quattro risposte possibili: a) «La pasta lievita perché funghi unicellulari si riproducono al suo interno.» b) «La pasta lievita perché si produce un gas, il biossido di carbonio.» c) «La pasta lievita perché la fermentazione trasforma l'acqua in vapore.» d) «La pasta lievita perché si produce alcol che si trasforma in gas.»

Chiaro? Bene: due docenti su tre hanno sbagliato risposta, che in questo caso era la b). Di più: in tre casi su cinque la maggioranza ha fatto una figuraccia. E perfino il test più facile («Qual è il ruolo dei batteri nella carie dentale?» Soluzione: «Producono l'acido») ha visto più di un insegnante su sei ruzzolare rovinosamente.

Svillaneggiati, i docenti di scienze naturali hanno ribattuto piccati per bocca della loro presidentessa nazionale, Anna Pascucci, che ha sbuffato con Giulio Benedetti del «Corriere»: «Non penso che gli insegnanti di scienze siano così ignoranti. In queste statistiche non si sa mai chi sono le persone intervistate e che cosa si vuole sondare. (...) Certamente hanno poco tempo per aggiornarsi: solo cinque giorni l'anno». Aggiornarsi? I sei docenti e mezzo su dieci che sono pagati per insegnare scienze e che non sanno come mai «un telescopio con una lente di grande diametro permette di osservare le stelle che hanno debole intensità luminosa» sono così somari perché non hanno la possibilità di aggiornarsi? Quattro secoli dopo Galileo Galilei? Diciamola tutta, piuttosto: nel patto scellerato con lo Stato, di cui abbiamo già parlato (tu mi paghi poco e mi chiedi poco), molti docenti finiti in cattedra solo per anzianità di supplenza e di precariato includono il diritto a una certa ignoranza: «Per quello che mi pagano do anche troppo».

Che i docenti italiani siano pagati meno della media europea è verissimo. Secondo i dati del rapporto Education at a glance 2005, spiega «Il Sole 24 Ore», «lo stipendio annuale di un insegnante italiano con 15 anni di servizio non supera i 30.000 dollari, contro i 40.000 di spagnoli e inglesi, i 50.000 dei tedeschi, i quasi 60.000 degli svizzeri e gli 80.000 guadagnati in un anno dai docenti delle scuole lussemburghesi. Nella classifica delle retribuzioni, l'Italia supera l'Islanda, il Messico e la Repubblica Ceca, mentre gli stipendi in Svezia e Grecia sono quasi uguali a quelli italiani».

Di più: l'anzianità come unico criterio pesa così tanto che gli insegnanti delle medie di Australia, Danimarca, Inghilterra, Nuova Zelanda e Scozia raggiungono la busta paga più alta dopo sette o nove anni di carriera, mentre da noi «non si arriva al gradino più alto prima dei trent'anni di servizio».

È altrettanto vero che i nostri docenti hanno buoni motivi per lagnarsi di molte cose. La prima è che l'Italia destina alla formazione dei suoi giovani, cioè a quella cosa vitale per il nostro futuro che occupa tra professori, studenti, impiegati e bidelli un cittadino su sei, solo il 4,6% del prodotto interno lordo contro il 7,4 della Svezia, il 7,6 della Norvegia o l'8,4 della Danimarca, che non a caso comandano le classifiche di preparazione e di competitività senza tante lagne sulla Cina e i dazi.

«Tuttoscuola» ha fatto i conti: «L'incidenza della spesa per l'istruzione sulla spesa pubblica totale si è ridotta nel 2006 all'8,8%. Nel 1990 era pari al 10,3%». Vale a dire che «se la spesa per scuola e formazione fosse cresciuta in questo arco di tempo secondo la media della spesa pubblica totale, oggi ci sarebbero quasi 11 miliardi di euro di risorse aggiuntive per l'istruzione ogni anno».

La seconda cosa su cui gli insegnanti hanno ragione è che il contesto è fondamentale e certo non collabora nell'educazione dei figli una società come la nostra, penultima tra i Paesi Ocse per numero di laureati (11% tra le persone di età compresa fra 25 e 64 anni: siamo davanti solo alla Turchia e dietro anche al Cile o al Messico) e in coda anche per numero di diplomati e perfino di alfabetizzati, visto che un quarto della popolazione ha appena la licenza elementare e 800.000 persone risultavano ancora al censimento del 2001, incredibile ma vero, incapaci di leggere e di scrivere.

Quanto pesa questa «irresponsabilità» di troppi genitori? La risposta è in *Mal di scuola* di Marco Imarisio, che mostra come sia cambiata l'Italia del bullismo rispetto ai tempi in cui il Regolamento scuole elementari del Comune di Bassano del 1906 stabiliva: «È obbligo degli alunni portare rispetto e prestare obbedienza ai maestri, ai superiori e a chiunque presiede alla sorveglianza delle scuole; di serbare buon contegno e di mostrarsi bene educati non solo nella scuola, ma anche negli atrii, nei cortili e per le vie».

Un solo episodio tra mille, accaduto nel 2007 al quartiere San Paolo di Bari: «A metà febbraio il preside Ugo Castorina fa sequestrare undici cellulari ad altrettanti studenti di una terza classe e appena rientrato in ufficio scrive una circolare per proibirli durante le ore di lezione. All'uscita i genitori dei ragazzi marciano inferociti per riprendersi i telefonini dei figli. La macchina del preside viene bloccata e circondata, volano insulti e manate. Un assedio, con i carabinieri che si devono mettere fisicamente in mezzo per evitare il linciaggio».

Il preside si salva, ma ancora non può immaginare quello che succederà dopo qualche giorno. «Il 3 marzo, è un sabato, quando suona la campanella insieme agli scolari entrano anche il padre e il nonno di un ragazzo di seconda. Vogliono ritirare una pagellina, che sanno già non essere delle migliori. Castorina dice loro di aspettare nella sala d'attesa. Il nonno replica in modo poco conciliante: "Vieni fuori che ti dobbiamo ammazzare". Il padre non apre bocca, parte con una testata, pure il nonno si dedica con zelo alla missione. Intervengono professori e bidelli, un insegnante si prende un pugno in faccia, Castorina finisce invece al pronto soccorso...»

La terza cosa su cui i nostri docenti hanno totalmente ragione è che la politica ha colpe enormi. Da una parte, infatti, ha per la massa degli insegnanti, degli impiegati, dei bidelli un'esorbitante attenzione elettorale: sul personale della scuola, come dimostrano mille episodi di complicità, si possono vincere e perdere le elezioni. Dall'altra, incassati i voti, se ne infischia (salvo eccezioni) di «come» la scuola funzioni. E lo dimostra, al di là di ogni dubbio, il modo in cui è stato gestito per un secolo e mezzo dopo l'Unità un ministero centrale e delicatissimo come l'Istruzione.

«Dal 1860 ci sono stati 33 ministri della Pubblica istruzione, ciascuno desideroso di distinguersi rovesciando l'opera del predecessore. Il danaro è stato lesinato; e lo Stato e i Comuni, prodighi in ogni altra cosa, hanno fatta economia nel più fruttifero degl'investimenti nazionali», scrivevano scandalizzati nel 1901 H. Bolton King e Thomas Okey nel libro *L'Italia di oggi*. E proseguivano: «Il Parlamento, che ha profuso milioni in spese militari e in lavori pubblici improduttivi, dà alle scuole la parte loro con mano avara».

Parole che sembrano scritte oggi: «Certi Comuni possono trovar modo di costruire case comunali, sussidiare teatri, elevare monumenti e spendere per luminarie e fuochi artificiali», eppure «non si vergognano di alloggiare le loro scuole in stalle e lasciano che i maestri attendano il loro meschino stipendio...». E il grande Ernesto Nathan confermava nel 1906 in *Vent'anni di vita italiana attraverso all'«Annuario»* che la Spagna spendeva allora per l'istruzione il 4,4 del suo Pil, l'Austria il 4,7, la Prussia il 5,8, la Francia il 6,1, la Baviera il 7,5, la Gran Bretagna il 10,1 e l'Italia un miserabile 2,8. Un settimo di quanto spendeva in cannoni, corazzate e armamenti vari.

Un secolo dopo, non è cambiato molto. Persino il fascismo, che in vent'anni (a parte gli interim mussoliniani) vide ruotare solo 3 ministri della Guerra e 2 degli Esteri, arrivò a cambiarne 8 alla Pubblica istruzione. E nel solo dopoguerra la girandola è stata tale da farne contare fino a oggi 35. Quanto alle scuole «stalle», spiega il Quaderno Bianco di Fabrizio Barca, c'è da mettersi le mani nei capelli. Stando alle stime ministeriali nel 2001, e le cose non sono cambiate affatto, anzi, «circa il 57% delle scuole italiane non possedeva un certificato di agibilità statica, né igienico-sanitaria, e oltre il 73% era privo di certificato di prevenzione degli incendi». Con differenze abissali: hanno il certificato di conformità dei vigili del fuoco 70 edifici scolastici a Forlì, 7 a Isernia. Non dovrebbero chiudere occhio, i politici, sulle condizioni della scuola italiana. Eppure nell'aprile 2008, mentre Silvio Berlusconi e Walter Veltroni si davano battaglia, «Tuttoscuola» denunciava: «La scuola, la più grande "azienda" del Paese, è la grande assente di questa campagna elettorale. I Paesi più avanzati considerano strategico l'investimento nel capitale umano, da noi invece...».

Detto questo, il sistema di inserimento e di gestione degli insegnanti è indifendibile. E si fatica a capire come sia possibile che perfino i maestri e i professori più bravi, preparati, generosi (grazie a Dio tantissimi) non si rivoltino contro l'appiattimento rassegnandosi, di fatto, allo status quo. E alla proroga suicida del patto scellerato di cui dicevamo: poco per poco. Mentre gli scolari calavano tra il 1960 e il 1995 da 4 a 2 milioni e mezzo, spiega un quaderno di TreeLLLe, i maestri elementari sono aumentati del 40% schizzando fino a 255.000. Quanto alle medie, mentre gli alunni aumentavano in quegli anni del 50%, i professori sono più che raddoppiati. Risultato: se nei Paesi Ocse ci sono mediamente 7,5 insegnanti ogni 100 allievi, in Italia 9,1.

E anche se gli studenti italiani passano a scuola più ore dei loro colleghi (prova provata che conta «come» si passano, dato che gli islandesi stanno sui banchi molte meno settimane l'anno ma ci stracciano in tutte le classifiche), i docenti hanno carichi di lavoro nettamente più bassi. Nelle medie inferiori, per esempio, 594 ore l'anno contro una media Ocse di 704 ore. Come se lavorassero un giorno in meno la settimana. Tanto che la paga oraria dei nostri, al contrario dello stipendio complessivo, è più alta della media Ocse. Come più generosa è la pensione, che fino qualche tempo fa si poteva avere nella versione «baby» (la stessa moglie di Umberto Bossi, alla faccia di «Roma ladrona», lasciò la scuola dove insegnava quando aveva 43 anni) e ancora oggi secondo TreeLLLe è pari «al 95% dell'ultimo stipendio, contro un indice attorno al 70% della maggior parte degli altri Paesi europei».

Il tutto avendo a che fare con classi più piccole, quindi teoricamente più facili da governare: 21 alunni in Italia, 23 in Europa, 24 nei Paesi Ocse. E anche se i valori cambiano, la sproporzione è simile in tutta la scuola, sia pure con marcate differenze fra il Nord e il Sud, dalle materne alle superiori. Insomma, accusa TreeLLLe, «se il nostro sistema educativo dovesse avere una media di studenti per insegnante pari a quella europea ci si troverebbe di fronte a oltre 250.000 insegnanti in soprannumero».

Sempre lì torniamo, alla domanda di tutto il comparto pubblico, dai trasporti alla sanità: qual è l'obiettivo? Servire il cittadino (in questo caso lo studente) o distribuire posti di lavoro? Nei Paesi seri, servire il cittadino. Da noi no: i ragazzi, tranne un po' di diciottenni, non votano. Gli impiegati, i bidelli e i professori sì. Va da sé che la pretesa che siano all'altezza di insegnare si è via via ridotta.

«Da cosa dipende il buco dell'ozono?» chiese qualche anno fa la rivista «Terra» a un campione di 420 professori delle scuole medie inferiori e superiori. «Dalle eclissi», rispose un docente su cinque. No, il buco è solo «un'invenzione delle aziende per vendere creme solari», corresse un interrogato su sei. Altri dissero che della cosa non si erano mai interessati. Sintesi finale: che si trattasse di «un danno all'atmosfera causato dagli agenti inquinanti» lo sapeva solo il 17%. Meno di un sesto.

Sulla carta, il modo di eliminare i professori somari ci sarebbe. Dal '99, un giovane laureato per fare l'insegnante deve frequentare le biennali Ssis, scuole di specializzazione biennali. Sono una trentina, hanno sede nelle università e sono a numero chiuso. Sulla carta. Ma di fatto, in nome dell'autonomia, ogni Ssis si regola come gli pare. Alla Statale di Milano, per dire, nel 2007 c'erano 800 posti ma hanno deciso di coprirne solo 650: «Il livello degli altri aspiranti era troppo basso: non potevamo ammettere degli asini», spiega il direttore Claudio Citrini. «Il punto è che dovremmo insegnare solo la didattica sperando che la materia, essendo laureati, la conoscano già. Ma così, spesso, non è. Abbiamo trovato gente preparatissima. Fantastica. Ma anche qualcuno che vorrebbe andare in cattedra e scrive "cristianizzazione" andando a capo con "zzazzione" e aggiungendo perfino una quarta zeta.»

«Avevamo 230 posti a disposizione ma abbiamo accettato

solo 150 candidati per non ammettere persone preparate in modo insufficiente», conferma Giuliana Albini, responsabile dei corsi di Lettere. E spiega che sì, quelli che sono usciti in questi anni dalla Ssis milanese sono «insegnanti eccellenti» anche se poi «purtroppo non sono ancora riusciti a entrare di ruolo» perché c'erano da sistemare prima i precari. Il problema più grave, sospira, sono proprio loro. I precari. «Ci hanno imposto ondate di supplenti, anche di cinquanta o sessant'anni, che avevano insegnato le materie più svariate. E senza numero chiuso: dovevamo prendere tutti, bastava avessero fatto 365 giorni di supplenza. Lì il livello era davvero basso. Gente che scrive "all'ora" con l'apostrofo.» «Cento chilometri "all'ora" non è corretto?» «Sì, ma non se scrivi "all'ora ho fatto..." oppure "all'ora mi ha detto...".»

All'Università Cattolica, stessi problemi: «Metà dei nostri corsisti ha ottime conoscenze, l'altra metà gravi lacune», ha confidato il responsabile Giovanni Gobber, «per matematica, la situazione è tragica».

«Dalle Ssis escono eccellenti e pessimi futuri insegnanti», scrive Gennaro Carotenuto, docente di Didattica della storia contemporanea all'Università di Macerata. Ma «la differenziazione tra i migliori e i peggiori è di uno o due punti nelle future graduatorie: nulla. Tutto è appiattito. Oggi in Italia ci sono facoltà umanistiche che arrivano a dare anche il 70% di 110 e lode ai loro laureati. È uno dei frutti dell'autonomia: dovendo soddisfare il cliente, ricompensiamo con la patente di genio – voti altissimi – l'offerta di una laurea squalificata. Alcuni laureati continuano a essere eccellenti, altri, anche con lode, sono men che mediocri. Chi li screma se l'Università non lo ha fatto? Questo è il dramma.»

Guai a varare una vera selezione meritocratica, però. Si infiammerebbe una rivolta. Tutti uguali. In graduatoria. Dove l'unica cosa che conta è l'anzianità. Col risultato che per trovare un supplente, racconta «Tuttoscuola», la segretaria di una scuola in provincia di Latina alla fine del 2006 è arrivata a fare 574 telefonate. «No, grazie.» «Non posso.» «Ho da fare.» «Oggi no.» Cinquecentosettantaquattro telefonate. Una volta almeno, fino al 2000, chi rifiutava una supplenza doveva fornire un motivo valido o slittava in fondo alla graduatoria. Adesso no. Puoi anche pensare che visto il sole stupendo è meglio andare in spiaggia e non succede nulla. Dire di no è un diritto sindacale. Altro esempio? Ancora in provincia di Latina. L'anno è appena iniziato e saltano fuori due supplenze per maternità. Allettanti, sulla carta. La segreteria della scuola, come la legge le impone, manda in giro 103 telegrammi. Niente da fare. Finché una signora risponde: «Accetto io». «Si presenti domani mattina...» «Non posso, sono incinta.» «Ooooh, no!» Legge alla mano, infatti, nel preciso momento in cui la aspirante supplente incinta ha detto «sì» il posto spetta a lei. Che da quell'istante ha diritto a essere pagata come facesse scuola. Solo che se ne sta a casa mentre l'istituto deve cercarsi un terzo insegnante che finalmente troverà alla 316ª riga della graduatoria. Una cattedra, tre stipendi. Proprio un bell'affare, per le pubbliche casse.

Ogni anno, spiega la rivista di Giovanni Vinciguerra, «si può stimare che le spese per telegrammi possono arrivare a circa 50-60 milioni di euro. È forse una stima di costi massimi, ma dà un'idea di come una procedura burocratica possa portare a sprechi di risorse che proprio la Finanziaria potrebbe evitare imponendo criteri diversi di procedura». Più il lavoro dell'«assistente amministrativo» (così lo chiamano) che in ogni istituto si occupa solo di questo. Per un totale, stimato da «Tuttoscuola», di altri 36 milioni di euro. Più le bollette per le telefonate. Un delirio. Del quale fanno le spese soprattutto i ragazzi. Dopo anni di promesse e promesse del ministro di turno, all'inizio dell'anno scolastico 2007/2008, per esempio, il solito carosello di insegnanti ha visto ruotare 200.000 docenti. Col risultato che uno studente su tre ha cambiato uno o più insegnanti. Alla faccia della continuità didattica.

Va da sé che, parallela alla progressiva avversione nei confronti di alcune regole minime (quali appunto quella che il rifiuto immotivato di una supplenza comporti una penale) e nei confronti di ogni forma di giudizio professionale, trionfa l'ostilità nei confronti di ogni forma di provvedimento disciplinare. Stilare l'elenco dei maestri e dei professori che se la sono cavata spesso senza neppure una ramanzina nonostante avessero dato pessimi esempi educativi sarebbe troppo lungo.

Basti ricordare la storia di una docente di un istituto superiore del Nordest, il cui nome ci è stato negato per un'insensata interpretazione della privacy, che da dieci anni non riescono a rimuovere nonostante gli scatti di ira che la spingono a urlare ai ragazzi (il lettore e il buon pastore ci perdonino) frasi tipo «ma che cazzo dici!», «ma porcodd(censura), non hai studiato neanche oggi!», «ma dioca(censura), cosa vi insegno a fare!». Meriterebbe il licenziamento? Ovvio. Niente da fare.

Per non dire dello scandalo, reso notissimo da Pietro Ichino sul «Corriere», del «Professor M.», cioè Mario Fogliani, finalmente licenziato nel 2007 (in attesa di ricorso...) dopo una lunghissima e durissima battaglia nella quale l'uomo aveva accanitamente difeso il suo diritto di farsi gli affari propri: 72% di assenze nel 2002/2003 e 61% l'anno successivo. Con l'aggravante della strafottenza, che superò ogni limite quando, il giorno dopo essere arrivato nella scuola in cui era stato trasferito per assenteismo cronico, chiese al preside l'autorizzazione a «svolgere una seconda attività». Domanda che, respinta, lo fece all'istante ammalare di nuovo.

E il professore che fa lezione dando le spalle agli studenti? Marco Imarisio nel suo libro ha riportato il verbale dell'ispettore. Terrificante. Si spiega che il docente insegna a voce bassissima, faccia al muro, le mani abbandonate lungo i fianchi, e che gli studenti, dopo avergli urlato per settimane «alzi la voce!», alla fine si sono stufati e hanno cominciato a lasciarlo solo nell'aula vuota. Che soffre d'«incapacità didattica conclamata». Che «la sua conoscenza della materia si è totalmente diradata nel tempo». Che agli allievi che lo implorano di spiegare di nuovo qualcosa perché non hanno capito niente risponde: «Stessero attenti, imparerebbero. Io spiego, e a chi non segue metto un due sul registro». Insomma: un disastro. Ma niente da fare: la richiesta di «dispensa dal servizio» viene bloccata da un ricorso. E il professore resta lì, a bisbigliare faccia al muro con le spalle rivolte agli studenti. Prova provata che l'unica cosa che conta è la marmorea intoccabilità sindacale del suo posto. E i ragazzi cui viene impedito di imparare? Chi se ne fotte...

Niente spiega l'andazzo nella scuola italiana e l'eccesso

spropositato di garantismo, forse dovuto anche alla massa enorme di sindacalisti, quanto un rapporto della Corte dei Conti. Dove si racconta che, perfino nei confronti dei docenti con sentenza confermata in Cassazione, «ben il 45,4% dei condannati definitivi è sfuggito alla applicazione della sanzione disciplinare» e che «del restante 54,6% appena il 16,9% è stato effettivamente espulso mentre il 6% è stato adibito a compiti diversi dopo sei mesi di sospensione» o addirittura reintegrato là dove stava, magari (in un caso virgola uno su cento!) con una «riduzione dello stipendio per sei mesi».

Uno schifo. Che aumenta alla lettura di alcuni episodi. Come quello di un professore che, raccolti dagli studenti dell'intero istituto, molto grande, i soldi per le gite scolastiche, «si appropriava delle somma di lire 57.015.690». Bene: condannato penalmente e proposto dal consiglio di disciplina per la destituzione, il professore se la cavò. Come mai? Perché secondo il Consiglio superiore del ministero la concessione da parte della magistratura del «beneficio della sospensione condizionale e della non menzione» implicava «un giudizio secondo il quale il docente si asterrà nel futuro dal compimento di atti illeciti analoghi». Risultato: sei mesi di sospensione. E reintegro. Alla faccia della funzione educativa: qual è il messaggio agli studenti? Che neanche i ladri vengono cacciati.

Per non parlare di un bidello sporcaccione. Condannato per «numerosi atti sessuali nei confronti di allieve tutte minori di anni 14, tra cui una in condizioni di inferiorità psico-fisica», tutti «all'interno dell'istituto scolastico». Sapete come è stato punito? Con una «sospensione dalla retribuzione per un periodo di due mesi», poi con un'altra di «10 giorni dal servizio», quindi un'altra ancora «per giorni 3» e infine il trasferimento. In un carcere? No, in un'altra scuola.

14

Lauree belle, lauree fresche, prezzi buoni!

Università in crisi: dai concorsi taroccati agli atenei fai-da-te

Scrive quel gran pettegolo di Procopio che l'imperatrice Teodora «era così priva di pudore che nessuno la vide mai vergognarsi». E aggiunge, vatti a fidare se è vero, che «partecipava a banchetti con più di dieci giovani nel pieno delle loro forze e dissoluti di professione e, dopo aver giaciuto per l'intera notte con tutti i commensali e averli sfiniti, passava ai loro servi, che potevano essere una trentina». Senza arrossire mai.

Anche il «professor» Gaetano Motta non è mai arrossito. Eppure la storia di come è andato in cattedra, ma soprattutto di come a questa cattedra si è imbullonato insieme con una sfilza di raccomandati come lui, è forse la più incredibile e spudorata che mai si sia sentita. Capace da sola di illustrare in che condizioni versi l'università italiana. C'è chi dirà: «È un caso limite!». Può darsi. Ma c'è un posto solo al mondo dove una schifezza simile poteva accadere: il nostro sistema universitario.

Tutto comincia nel 1988 quando viene bandito un concorso con in palio 16 cattedre. Un concorso truccato, vinto da 16 figli di papà o raccomandati di ferro. E seguito nel 1992, per ulteriori 9 cattedre, da un altro bando taroccato. Due storie brutte, finite con la condanna nel '95 di una serie di baroni. Primo fra tutti, sia per la durezza della pena («durezza» si fa per dire: un anno e otto mesi) sia per il ruolo, Giovanni Motta, bollato nella sentenza come il «despota» dell'Otorinolaringoiatria napoletana. E padre del nostro Gaetano, uno dei beneficiati dell'«aiutino».

Cinque anni dopo, finalmente, arriva l'Appello: condanne confermate. Un altro anno e a fine 2001, sospiratissima, ecco la Cassazione. Che ribadisce la colpevolezza degli accusati e sottoscrive il verdetto precedente. Dove si parla degli imputati come di uomini «affetti da delirio di potere», «convinti che il loro rango accademico li rendesse impunemente "legibus soluti"» e consentisse di disporre «delle cattedre della loro materia come loro più conveniva, quasi si trattasse di beni privati di loro esclusiva pertinenza».

Una vergogna, denunciano indignati gli autori della sentenza. E scrivono di «cinismo autoritario». Di «livelli inimmaginabili per la fantasia dell'uomo medio». Di «criteri del tutto abnormi». Di «totale assenza di correttezza, di senso etico, di rispetto della legge». Di «arbitrio, illegalità e falso» che «coprono l'intero arco dei lavori concorsuali» perché «nulla, neppure un atto è stato fatto secondo legge». E giù aggettivi: «Abnorme, aberrante, assolutamente inammissibile».

Sono schifati, i giudici, da quella «profonda e amorale illegalità» e dalla «dolosa "professionalità" con cui gli imputati avevano architettato, nel corso di circa un paio di anni, la falsificazione dei risultati del concorso». Soprattutto da lui, il potente barone Giovanni Motta, uomo «altamente egocentrico, posseduto da un'incontenibile sete di potere e da un'innata tendenza a misconoscere e calpestare gli altrui diritti». Per non dire della «spocchiosa sicumera corruttiva del Motta figlio». E della viltà dei colleghi del «despota» che mai avevano osato opporsi al taroccamento delle prove preferendo la scelta di convivere con il dispotico barone «variamente strisciando per terra al suo cospetto, senza mai contraddire il suo volere». Come un docente che aveva fatto mettere a verbale: «Dovevo salvare il culo, altrimenti tutti i cattedratici italiani avrebbero visto in me la persona che denunziava una situazione anomala».

Ora: se avesse avuto per le mani una sentenza così dura che sanciva «la falsità del verbale conclusivo», cosa avrebbe fatto un ministro serio di un Paese serio? Avrebbe scaraventato tutti, i baroni che avevano falsato la gara e i «professori» andati in cattedra col trucco, fuori dalla porta a calci nel sedere. Qui no. Avuto in mano il verdetto, il ministro dell'Istruzione e dell'Università Letizia Moratti e i suoi collaboratori chiedono al Consiglio di Stato: cosa dobbiamo fare? Intanto, i sedicenti «vincitori» fanno ricorso al Tar e alla Corte d'Appello contro la prospettiva di essere degradati. E così passano altre settimane, altri mesi, altri anni...

Nel frattempo, non bastasse il figurone già fatto, il «professor» Gaetano Motta si guadagna un'altra apparizione sui giornali. Alla fine del 2001, forte del ruolo di direttore della clinica otorinolaringoiatrica dell'Ospedale Gesù e Maria della Seconda Università di Napoli, decide di chiudere per ferie dal 22 dicembre al 2 gennaio. Come se invece di una clinica fosse padrone di una tabaccheria. «Come si è permesso?» saltano su indignati alcuni colleghi. Lui fa spallucce. E spiega di «aver chiesto alla Direzione sanitaria l'autorizzazione per chiudere la clinica ma di non aver mai avuto alcuna risposta negativa». E i pazienti che erano in lista per il ricovero? Dov'è la lista? Mistero misterioso: qualcuno l'ha rubata!

Fatto sta che il 28 aprile del 2006, cioè 18 anni dopo il concorso (diciotto!), la cosa finisce finalmente per la decisione finale sul tavolo di Antonello Masia. Chi è? Il direttore generale del ministero. Uno che, dopo 37 anni ai piani alti della pubblica amministrazione, si permette di dire: «I ministri passano, i direttori generali restano». Culo di pietra come pochi, alla giornalista Francesca Patanè che gli chiedeva dello scandalo dei baroni che mettono in cattedra figli, mogli, cognati e parenti vari rispose che, per carità, «non bisogna dare alle baronie un significato così negativo. Il "barone" era quello che "faceva" scuola, che formava i giovani, che li portava avanti e riusciva a farli arrivare alla cattedra. Poi c'è la degenerazione, certo, ma questo è l'aspetto patologico. Io però, quando penso al barone, penso al "maestro"».

Soave difensore del sistema italiano («Non credo alle classifiche internazionali») dice che in questi anni i casi di nepotismo «saranno stati cinque, sei, sette» e ha qualche perplessità solo sul business delle università telematiche. Tranne, si capisce, la Marconi: «È la prima istituita e secondo gli attuali dati in mio possesso, ha quasi 7500 iscritti».

Insomma, una bellissima realtà! E chi è la direttrice generale della Marconi che, ai tempi dell'intervista, risultava aver fatto la bellezza di 30 bandi di gara per docenti ma di averne a carico 2 soli? Aida Croce, dirigente lei pure, per anni, del ministero. Nonché moglie del nostro direttore generale.

Ma torniamo al concorso bufala. Con in mano tutte quelle sentenze che dichiarano la nullità dei concorsi, condannano i colpevoli come autori di «plurime e prolungate condotte criminose» e ordinano la rimozione dei sedicenti vincitori, cosa decide Masia in quei giorni di fine aprile 2006 in cui la Moratti ha già un piede fuori dal ministero perché punta a fare il sindaco di Milano, il governo Berlusconi è in scadenza e il nuovo ministro prodiano deve ancora arrivare?

Padrone del campo, decide che «visto che la sentenza penale non annulla automaticamente l'atto amministrativo senza la pronuncia del giudice amministrativo, mai intervenuta» e che «l'annullamento di un atto non può fondarsi sulla mera esigenza di ripristino della legalità, ma deve tener conto della sussistenza di un interesse pubblico», il concorso taroccato «non» va annullato.

Cosa cosa? «L'annullamento di un atto non può fondarsi sulla mera esigenza di ripristino della legalità»? Eppure proprio così scrive, l'ineffabile direttore generale, fottendosene del messaggio devastante lanciato agli italiani perbene e soprattutto ai «suoi» studenti universitari. Dunque il nostro Motta e tutti gli altri «professori» promossi in quel concorso taroccato, che magari nel frattempo si sono guadagnati la qualifica di ordinari da altre parti e regolarmente, conservano le loro cattedre. Prese con un esame truffa. Seriosissimo commento della rivista «Università Oggi»: «Chi ha avuto, ha avuto, ha avuto / chi ha dato, ha dato, ha dato / scurdammoce 'o passato / simmo 'e Napule paisá!».

Il bello è che nel frattempo gente come Paolo Puxeddu, il presidente della commissione del concorso truffa del 1988, ha continuato come niente fosse a far parte di altre commissioni. E a restare coinvolto in altre faccende ambigue, come la nomina nel 2001 a professore associato all'Università di Cagliari (nomina annullata dal Tar di Sardegna) di suo figlio Roberto, messo in cattedra da una commissione della quale facevano parte Antonino Roberto Antonelli e Alberto Rinaldi Ceroni, cioè due dei docenti promossi nella gara taroccata dell'88 presieduta da papà Puxeddu. E lo stesso Gaetano Motta, «dopo» essere stato destituito da numerose sentenze della magistratura penale e della magistratura amministrativa ma non dal ministero, ha avuto la faccia tosta, con l'appoggio indecente dei diversi atenei, denuncia «Università Oggi», di fare parte delle commissioni di più concorsi, perfino di quello per un posto di associato «vinto da suo fratello Sergio presso l'Università di Messina».

Un esempio tra tanti. Tantissimi. Davanti ai quali è obbligatoria una domanda che certo Masia non s'è posto: quale rispetto, quale stima, quale devozione possono avere i discepoli per maestri come questi che magari sono bravissimi e hanno poi vinto correttamente altre cattedre ma portano comunque impresso questo marchio iniziale? Quale fiducia nei concorsi può avere un giovane genio che vorrebbe fermarsi invece che andarsene all'estero? C'è poi da stupirsi se l'università italiana viene bollata perfino da un ministro in quel momento in carica, Fabio Mussi, come «un bordello»?

Le cronache di questi anni sono stracolme di denunce giornalistiche. Come quella di Attilio Bolzoni sulla «Repubblica»: «La stanza numero 24 è quella del professore Giovanni Tatarano, ordinario di Diritto privato. Suo figlio Marco insegna lì accanto, nella stanza numero 4. Sua figlia Maria Chiara riceve gli studenti proprio di fronte a papà, nella stanza numero 12. Tutta la famiglia in un corridoio. (...) Ma mai tanti e mai tanto esimi come i Massari, nove tra fratelli e nipoti e cugini, probabilmente la tribù accademica più numerosa d'Italia. Benvenuti all'Università di Bari, benvenuti nella città dove in pochi intimi si spartiscono il sapere e il potere».

Strepitoso l'incontro in portineria: «Buongiorno, dov'è la stanza del professor Girone? Girone chi?, risponde spazientito il vecchio custode di Economia e Commercio. Girone Giovanni il Magnifico Rettore o Girone Raffaella che è sua figlia? Girone Gianluca che è suo figlio o Girone Sallustio Giulia che è sua moglie? In ordine, stanza numero 3, stanza numero 26, stanza numero 58, stanza numero 13. E aggiunge, sempre più infastidito il custode: Poi se vuole parlare con un altro parente stretto dei Girone, ci sarebbe pure il dottore Francesco Campobasso, associato di Statistica, che è il marito della professoressa Raffaella, quinto piano, stanza numero 19».

Sono decine le inchieste penali, amministrative e disciplinari aperte su concorsi pilotati. Decine. Con un sacco di arresti. In buona parte, certo, riguardano il Sud. Ma infangano trasversalmente tutta la Penisola, come denunciano una serie di scandali anche a Firenze, Roma, Siena o Bologna, dove i giudici hanno dovuto aprire un'inchiesta sulle minacce pesantissime al professor Emilio Campos, direttore della prima clinica oculistica del Policlinico, sottoposto a pressioni micidiali (compresa una busta di pallottole arrivata alla vecchia madre...) perché, secondo la magistratura, non si rassegnava a dare la cattedra di Oftalmologia alla moglie di un altro professore.

Per non parlare di altri episodi illuminanti quali le intercettazioni in cui Paolo Rizzon (ordinario di Cardiologia a Bari ma dal cognome venetissimo) commenta con vari colleghi tra i quali Mario Mariani, un luminare di Pisa, un concorso pilotato in cui ha lasciato le penne Eugenio Picano: «Era il migliore, l'abbiamo fregato».

Certo, le prove truccate non sono una novità assoluta. Ricordate *La scomparsa di Majorana* dedicato da Leonardo Sciascia al genio della fisica che Enrico Fermi (incredibilmente trombato lui stesso al primo concorso) paragonava per intelligenza pura a Newton e Galilei? Vi si racconta che a un certo punto, nonostante non gliene importasse nulla, Ettore Majorana per il «gusto di guastare un gioco preparato a sua insaputa» decise di partecipare a un concorso. Solo che anche in quel 1936-37 «la terna dei vincitori era stata già tranquillamente decisa, come d'uso, prima della espletazione del concorso; e in quest'ordine: Gian Carlo Wick primo, Giulio Racah secondo, Giovanni Gentile junior terzo. (...) Le conseguenze della sua decisione erano evidenti: egli sarebbe riuscito primo e Giovannino Gentile non sarebbe entrato in terna. Di fronte a questo pericolo, il filosofo Giovanni Gentile svegliò in sé le energie e gli accorgimenti del buon padre di famiglia dell'agro di Castelvetrano: dal ministro dell'Educazione nazionale fece ordinare la sospensione del concorso; e fu ripreso dopo la graziosa eliminazione da concorrente di Ettore Majorana, nominato alla cattedra di Fisica teorica dell'Università di Napoli per "chiara fama"». Tu quoque, Gentile...

Mai, però, il degrado è stato vistoso quanto adesso.

Accusano Tito Boeri e Vincenzo Galasso: «Nei concorsi universitari italiani sono ancora frequenti i casi di commissioni che, prese nel loro complesso, hanno meno pubblicazioni del candidato poi bocciato a favore del candidato locale. Nel 2003-04, in sedici concorsi a professore ordinario di Economia è accaduto ben otto volte! Nei concorsi a professore ordinario di Economia a Modena e Reggio Calabria del 2003 i commissari e i vincitori non avevano alcuna pubblicazione nelle prime settanta riviste internazionali mentre è stata giudicata inidonea una candidata con pubblicazioni su due tra le riviste più prestigiose, come l'"American Economic Review" e il "Journal of Political Economy"». Bocciata, ha sbattuto la porta accettando un posto in una delle principali università statunitensi.

Un destino simile a quello di Clemente Marconi che nel 2005, racconta Marco Imarisio sul «Corriere», proprio nel giorno in cui veniva nominato professore emerito alla Columbia University «per le ricerche archeologiche sulle metope di Selinunte», ricevette a New York una lettera dalla Regione Sicilia: «Gentile collega, siamo giunti alla conclusione che Lei non possiede i requisiti accademici per entrare nel nostro staff. La sua domanda per un posto da archeologo ai Beni culturali siciliani viene pertanto respinta, cordiali saluti».

Intendiamoci: le università italiane sono piene zeppe anche di eccellenze. Di docenti straordinari, preparatissimi e umanamente carichi che riescono miracolosamente a tirar su allievi formidabili che poi vanno in cattedra alla Columbia o in altre grandi università mondiali. E non mancano le facoltà che, grazie alla generosità di rettori e docenti, spiccano luminose. Ma sono tutti fiori, bellissimi, che nascono da un impasto fangoso di inefficienze, clientele, baronie, assenteismi.

Sono impietose, le statistiche internazionali. Nella classifica Academic Ranking of World Universities 2007 della Shanghai

Jiao Tong University sui migliori atenei del mondo (che vede in vetta gli americani Harvard, Stanford e Berkeley seguiti dal britannico Cambridge e dal Mit di Boston) non riusciamo a piazzarne neppure uno dei nostri nei primi cento. E dobbiamo accontentarci di avere la Statale di Milano, quella di Pisa e la Sapienza di Roma nella fascia indistinta tra il 102° e il 150° posto. Padova e Torino tra le prime duecento, il Politecnico milanese, Bologna e Firenze nelle prime trecento e giù giù giù... Totale: 20 atenei tra i primi 500. Gli altri 74 riconosciuti dallo Stato inesorabilmente fuori.

Direte: e i nostri fiori all'occhiello come la Bocconi o la Normale di Pisa? Lì si vedono i limiti di queste classifiche. Che per i parametri usati (l'opinione di centinaia di professori più il numero di premi Nobel e medaglie Fields, numero delle ricerche citate, numero di articoli pubblicati sulle riviste specializzate e così via) tendono a privilegiare le strutture più grandi. Detto questo, gela comunque il sangue scorrere anche una seconda classifica, la Wur 2007 (World University Rankings) compilata dal «Times» di Londra in collaborazione con «Qs», l'agenzia Quacquarelli Symonds, partendo dai voti assegnati da 5101 accademici di tutto il pianeta più tutti i criteri di cui dicevamo sopra.

Bene: anche qui è prima Harvard. Seguono Cambridge, Oxford, Yale e giù giù tutte le altre. E anche qui non abbiamo una sola nostra università nelle prime cento. Bologna è al 173° posto, la Sapienza di Roma al 183°, Padova al 312°, Pisa al 325°, Firenze al 329°, Trieste al 374°, Pavia al 388°, Siena al 394°. Fine. Le altre, fuori. Obiezione scontata: non avranno un occhio di riguardo per l'America? Può darsi. Anzi, sicuro. Però nelle prime 500 ce ne sono 40 inglesi, 40 tedesche, 34 giapponesi, 23 canadesi, 21 francesi, 12 olandesi...

La prova che non val la pena di raccontare a noi stessi che si tratta di classifiche filoamericane inattendibili perché privilegiano i giganti, è proprio nella «hit parade» europea della Shanghai Jiao Tong. Dove piazzano tra le prime cento università continentali solo Bologna (20ª, dopo Uppsala o Linköping), Pisa (55ª), la Sapienza di Roma (78ª) e Firenze, malinconicamente inchiodata all'82° gradino dopo la finlandese Oulu, l'austriaca Graz o il Politecnico di Praga. Pochino, per chi ogni giorno gonfia il petto: «Noi, che abbiamo avuto Archimede di Siracusa! Noi, che abbiamo dato al mondo Leonardo da Vinci! Noi, che abbiamo donato alla scienza Galileo Galilei!».

Qual è il punto? Che se anche i giudizi dei professori stranieri alla base di queste classifiche fossero ingiusti, essi rivelano una perdita di reputazione drammatica delle nostre università. Immeritata, forse. Ma drammatica. E confermata da una tabella dell'Ocse, ripresa dall'«Annuario Scienza e Società 2008», che spiega come nel 2005 in Nuova Zelanda fossero stranieri 29 iscritti agli atenei su 100, in Australia oltre 20, in Svizzera e in Gran Bretagna circa 18, in Germania 11 e così via. Noi eravamo quart'ultimi, davanti solo a Slovenia, Turchia e Polonia, con 2 studenti stranieri su 100. Un tredicesimo, secondo l'European Commission, degli Stati Uniti. Un quinto scarso della Spagna. Un terzo del Portogallo. «E ci credo!», ridacchia amaro Alessandro Figà Talamanca, docente di Analisi matematica alla Sapienza di Roma e profondo conoscitore del nostro sistema accademico. «Fino all'anno scorso uno studente straniero che avesse voluto iscriversi alla "Sapienza", e per farlo si fosse collegato al nostro sito internet, avrebbe trovato una procedura tutta in italiano e la prima domanda era: "Qual è il tuo codice fiscale?". Mettiamo che fosse un genio dell'elettronica di Bangalore: come prima domanda gli chiedi in italiano il codice fiscale?»

E non parliamo dei professori. «La bilancia commerciale dei cervelli, per usare una metafora economica, è in perdita», spiegò un giorno Fabio Mussi. Quanto, lo dice uno studio di Pantelis Kalaitzidakis: nei duecento migliori dipartimenti economici del mondo (in testa, come sempre, c'è Harvard) i docenti stranieri, cioè assunti anche se non hanno il passaporto del Paese in cui insegnano, sono mediamente uno su quattro. Tra i quali molti italiani, che all'Università del Minnesota arrivano a essere il 16%. La tabella dei Paesi è ancora più impressionante: nelle facoltà di Economia citate, sono stranieri 64 docenti su 100 a Singapore, 50 in Messico, 38 in Australia, 36 in Cina e in Canada e via a calare fino all'Italia. Dove ogni 100 docenti abbiamo un immigrato: uno! Cioè un trentesimo dell'Inghilterra, della Svizzera o dell'Austria. Un quattordicesimo della Francia. Un ottavo dell'Irlanda.

Perché dovrebbero venire qui? Ne *Lo splendido isolamento dell'università italiana*, Stefano Gagliarducci, Andrea Ichino, Giovanni Peri e Roberto Perotti spiegano che i nostri atenei sono quasi impossibilitati, per pastoie burocratiche varie, a prendere stranieri. Fossero pure premi Nobel. È come nel calcio, dicono. Quando una squadra scadente del paesino di Villautarchia preferisce acquistare un brocco piuttosto che Ronaldinho. Perché? Ovvio: «La "squadra" di Villautarchia non gioca un campionato, ma solo amichevoli, spesso truccate; riceve un contributo fisso dalla federazione indipendentemente dai risultati; e gli spettatori di Villautarchia non hanno alternative: o vanno allo stadio locale, o non vedono partite di calcio. Prendere Ronaldinho scombussolerà la tranquilla vita dei giocatori, che si allenano solo una volta alla settimana; toglierà la leadership della squadra al vecchio capitano quarantenne; e farà risaltare l'inadeguatezza dell'allenatore... Perché crearsi tutti questi problemi, quando prendendo un giocatore di serie C si fa piacere a un dirigente locale, che è amico del sindaco in scadenza e che farà vincere il presidente del Villautarchia alle prossime elezioni comunali?».

Niente Ronaldinho, niente giovani talenti.

Dice una serie storica ministeriale che nel 1926 nei nostri atenei c'erano 2401 professori di ruolo e incaricati (poi sono cambiati meccanismi e qualifiche ma almeno un'idea delle cose l'abbiamo), 3155 nel '36, 3594 nel '46, 5080 nel '56. E la Commissione Ermini del '62, quasi alla vigilia del periodo sessantottino e del via all'università di massa, fotografò 2067 professori di ruolo, 3208 incaricati temporanei e 8497 assistenti (di ruolo, incaricati o straordinari) per un totale di 13.772 insegnanti. Oggi, tra ordinari, associati e ricercatori, siamo a oltre 60.000: cinque volte di più. Paradossalmente, però, invece che svecchiarsi il corpo docente si è via via incanutito.

Ma si può vincere una guerra mandando al fronte i vecchi? Solo un vecchio di grande fascino come Umberto Veronesi poteva lanciare questa domanda, alla Giornata per la ricerca sul cancro del 2007. Eccolo, uno dei punti dolenti del nostro sistema. Lo denuncia il governatore della Banca d'Italia Mario Draghi, ricordando scandalizzato che l'Italia investe da anni nella ricerca poco più dell'1% del Pil, una quota bassissima e sprecata con una distribuzione dei soldi così assurda che non avrebbe senso investire di più «senza l'adozione di criteri di assegnazione fondati sul merito». Lo dimostrano, inequivocabili, i numeri ufficiali. In linea con quelli generali dell'università italiana.

Se i professori ordinari in cattedra con meno di 35 anni sono 11 (undici!) su 19.864, cioè lo 0,05% contro il 16% in Gran Bretagna, il 7% abbondante in America, l'11% in Francia (dove al contrario i docenti con più di 65 anni, che da noi sono quasi un quarto scendono rispettivamente all'1%, al 5,4% e all'1,3%), anche nella fascia dei ricercatori il panorama è sconfortante. Oltre la metà dei 23.128 addetti italiani ottiene il titolo di dottore di ricerca tra i 30 e i 34 anni, uno su tre accede alla carriera verso i 38 e l'età media è di 47. Per non parlare di realtà come il Cnr. Dove, denunciava mesi fa il «Corriere», 32 su 107 dei direttori (o facenti funzione) di istituto hanno più di 67 anni (uno passa l'ottantina), l'età più frequente è 68 anni e solo 14 stanno sotto i 55. Di più: una trentina sono allo stesso tempo docenti a tempo pieno in qualche ateneo e direttori a tempo pieno al Cnr. Prodigi dell'ubiquità che sapevamo tra le virtù solo di Sant'Antonio da Padova, San Pietro d'Alcantara, Santa Caterina de' Ricci... Di più ancora: oltre la metà occupano la loro posizione da più di dieci anni e diversi addirittura da più di venti.

Paolo Rossi, docente di Fisica teorica e modelli matematici a Pisa, ha studiato le carriere di tutti i docenti pisani dal 1965 in qua. Bene: dei 744 ordinari, quelli entrati di ruolo nel 1966 avevano allora mediamente meno di 34 anni, quelli entrati nel 2003 ne avevano oltre 54. E non troppo diversi sono i dati per gli associati e i ricercatori. In pratica, gli ordinari si sono insediati con un'età media più alta di 5 mesi per ogni anno che passava. Avanti così fra un paio di decenni, vale per Pisa ma più ancora per altri atenei, andranno in cattedra i nonnetti.

Su mille occupati, quelli che lavorano nella ricerca scientifica sono circa il 6% in Francia e in Germania, il 5% nel Regno Unito, il 6% nella media europea, il 9,5% negli Stati Uniti, il 10% in Giappone e il 2,8% in Italia: molto meno della metà della media dei Paesi Ocse. In termini assoluti, stando ai dati del ministero, abbiamo 70.000 persone impegnate sul fronte della ricerca in Italia contro le 160.000 in Francia, 240.000 in Germania, 150.000 in Gran Bretagna, un milione e 200.000 negli States, 650.000 in Giappone. C'è poi da meravigliarsi se, come ha denunciato il direttore della Normale Salvatore Settis, «al Cnrs, il Cnr francese, quasi un terzo dei ricercatori sotto i 30 anni è italiano» perché «noi li formiamo e loro se ne vanno»?

Costa come minimo mezzo milione di euro creare, con almeno 21 anni di studio dalle elementari al perfezionamento, un dottore di ricerca. Un investimento massiccio. Sul quale uno Stato serio, consapevole di quanto sia vitale per il proprio futuro, dovrebbe scommettere. Macché. Apri il giornale e leggi che è italiano Paolo De Coppi, lo scopritore delle staminali «amniotiche» (benedette come «etiche» dal Vaticano) che dopo essere stato ricercatore in Olanda e negli Stati Uniti è diventato, a 35 anni, primario al Great Ormond Street Hospital di Londra. E poi che è italiana Valentina Greco, che a 34 anni è una delle ricercatrici di punta della Rockefeller University di New York, salita agli onori per avere pubblicato una ricerca sulla clonazione di topi con l'uso del nucleo di diversi tipi di cellule staminali. E poi ancora Ilaria Falciatori, che dopo aver lasciato la Sapienza di Roma ha fatto parte con Pier Paolo Pandolfi, un altro italiano fuggito giovane in America e oggi direttore del laboratorio dello Sloan-Kettering Cancer Institute di New York, del gruppo scopritore della «sorgente delle staminali».

Tutta «crema» fatta scappare. E certo non recuperabile con progetti quali quello del 1999 per il rientro dei «cervelli in fuga» vanificato dalle resistenze dei baroni. Resistenze così rocciose che dei 460 giovani faticosamente riportati in Italia, solo una cinquantina erano riusciti nel 2006 a superare le forche caudine del Cun, il Consiglio universitario nazionale.

Come aggirare quelle forche? Ci prova l'Airc (l'Associazione italiana per la ricerca sul cancro), per quanto può, con alcune decine di borse di studio. Ci riprova lo Stato con un progetto voluto dal professore-senatore Ignazio Marino che, scottato lui stesso dall'emigrazione forzata, ha messo a punto una serie di meccanismi per aprire almeno un pertugio ai giovani ricercatori. Sedici milioni di euro. Da distribuire attraverso una commissione di «dieci membri tutti al di sotto dei 40 anni e metà dei quali provenienti da centri di ricerca stranieri». Auguri.

Fatto sta che, di tutta l'operazione «rientro dei cervelli» per far tornare i giovani emigrati, resterà memorabile il «rientro» dalla Mongolia di un sessantenne che non se n'era mai andato da Trieste se non per vari viaggi nelle steppe dove aveva raffreddato gli antichi bollori sessantottini: l'«eccellentissimo professor» Aldo Colleoni. Al quale l'Università di Macerata aveva affidato una cattedra del cui stipendio, in base alla normativa del '99, si doveva fare carico per il 95% lo Stato. Per il rettore dell'ateneo marchigiano Roberto Sani, il primo a battersi per il nuovo acquisto, il neodocente aveva tutte le carte in regola. A partire dall'«idoneità accademica di pari livello conseguita all'estero in istituzioni di alta qualificazione».

E dove l'aveva guadagnato, questo pezzo di carta essenziale per i pignolissimi membri del Cun per i quali conta di più essere centravanti titolari del Trebaseleghe che riserva di Ibrahimović nell'Inter, professori ordinari a Campagnalupia che associati ad Harvard? In Mongolia. Lo diceva un pezzo di carta con scritto sopra «University Zokhiomj» di Ulaanbaatar, che certificava come Colleoni avesse insegnato lì «as ordinary regular teacher». E chi certificò (al di là delle sottigliezze sulla parola «ordinary»...) che quel documento era veritiero? Sempre lui, Colleoni, nella veste di console onorario della Mongolia a Trieste.

Ma non basta. Saltò fuori che l'ateneo di Macerata ci teneva tanto, a prendere Colleoni, che già prima aveva raggiunto una convenzione con una società che s'impegnava a investire, su quella cattedra, la bellezza di 800.000 euro. Una società seria? Ma certo! Fondata con un capitale minimo dieci giorni dopo (dopo!) la firma dell'accordo. Scava scava, dall'ambasciata italiana a Pechino arrivò la conferma, riportata nel decreto di Mussi che annullava la nomina: lo Zokhiomj non era affatto un'università ma un'istituzione privata parificata post-studi secondari. Da ridere. Se non fosse per un dettaglio che la dice lunga sulle condizioni in cui versa il nostro sistema universitario. E cioè il destino parallelo di Carlo Ginzburg.

Chi sia Ginzburg lo ricordano tre righe di Wikipedia: «Ha studiato alla Normale di Pisa, quindi al Warburg Institute di Londra; ha insegnato Storia moderna all'Università di Bologna e poi nelle Università di Harvard, Yale e Princeton e University of California». Di più: è l'autore di una ventina di libri, alcuni dei quali celeberrimi come *Il formaggio e i vermi*. Bene: per riconoscere la sua «chiara fama» e dare il via libera a Salvatore Settis che l'aveva chiamato a insegnare alla Normale, il Cun si prese due mesi di tempo e ben tre sedute. E alla fine sbloccò l'iter con l'astensione di due professori. Astensioni che con Colleoni non c'erano state.

È tutto un paradosso, il mondo delle nostre università. A partire dal loro numero. Che obbliga a spartire le risorse, poche, per alimentare non chi meglio amministra i soldi e le eccellenze, ma un'infinità di piccole realtà locali che nessuno riesce più a contare. Erano 41, fino a una decina di anni fa, gli atenei italiani. Adesso, nonostante alcuni siano stati recentemente aboliti (come l'Università degli studi europea F. Ranieri fondata a Villa San Giovanni da un certo Francesco Ranieri che l'aveva intitolata a se stesso: «Perché uno dovrebbe andare a studiare alla Bocconi quando con 15 euro al giorno può ottenere una laurea a casa nostra?») sono saliti a 94.

E ci trovi l'Università Kore di Enna, che è stata fortissimamente voluta dal ras diessino Mirello Crisafulli, che si è data come rettore l'ex ministro Salvo Andò e opera con tre soli ordinari e tutti gli altri professori, diciamo così, a tempo. E l'università telematica Telma, il cui sito rimanda a una serie di negozi di articoli ortopedici. E poi l'università telematica Universitas mercatorum fondata dalla Unioncamere, e ancora la viterbese Tuscia e l'Insubria varesina...

Per non dire delle sedi distaccate, delle facoltà decentrate o dei corsi di laurea breve. Come l'Igiene dentale a Tricase e l'Economia dell'azienda moderna a Casamassima e le Tecnologie agrarie tropicali a Ragusa e via così col coinvolgimento di borghi e contrade sempre più minuscoli. Come Poggiardo, seimila anime in provincia di Lecce, che ha voluto a tutti i costi un distaccamento della Lum, Libera università mediterranea, che fa gonfiare il petto al sindaco, Silvio Astore: «Il nostro paese è oramai una meravigliosa realtà accademica d'eccellenza e concorre a pieno titolo a un rilancio culturale del tessuto socioeconomico del territorio». D'eccellenza! A Poggiardo! Giurisprudenza, orecchiette e zeppole!

«Sa cosa sogno?» ride il costituzionalista Augusto Barbera, tra i critici più duri di questa proliferazione che avrebbe portato le «città universitarie» a sfondare la barriera del mezzo migliaio. «Sogno di trovare all'ingresso dei paesi il cartello "comune de-universitarizzato".»

Mica facile: ormai non c'è sindaco, da Vipiteno a Lampedusa, che non sia infettato dal virus dell'«universitarite». Basti ricordare alcune delle ultime richieste di nuove università. Tra le quali spiccava la «Libera università umanitaria euromediterranea "Mater vitae et veritatis"» a Mirabella Eclano, provincia di Avellino. Borgo che potrebbe finalmente non aver più complessi d'inferiorità nei confronti della bresciana Esine, della pavese Torrazza Coste, della bellunese San Vito di Cadore, della ciociara Sora o dell'agrigentina Bivona.

Ci sarebbe di nuovo da ridere se il livello dei docenti (ci sono materie tipo Operatori per la pace o Tappeti erbosi), non andasse automaticamente in senso inverso: più sono le cattedre, più bassa è la preparazione di chi insegna. Ovvio. Col risultato che i ragazzi, adescati col miraggio di un pezzo di carta da prendere senza faticosi e sofferti traslochi nelle città più grandi, si ritrovano alle prese con docenti improvvisati che a volte non sanno nulla.

E come se non bastasse il diluvio di università vere e quasi vere, si è via via aggiunto a un acquazzone di atenei dai profili incerti. A volte perfino già condannati dall'authority per pubblicità ingannevole. Il fatto è che l'«affare» delle università telematiche, nel caos, può essere un affare davvero. Gli studenti fanno tutto in internet (lì scaricano le lezioni registrate dei docenti, lì trovano le esercitazioni da fare, lì partecipano ai forum didattici, lì «chattano» con la controparte) e possono teoricamente vedere questo o quel «prof.» solo il giorno dell'esame. Quindi basta una sede neppure troppo grande, un po' di professori part-time, uno staff che abbia dimestichezza con internet ed è fatta. Senza alcuna necessità di metterci decine di milioni di euro. E neppure di assumere i docenti in pianta stabile, se è vero che la Pegaso e la Giustino Fortunato e la Leonardo da Vinci e la Unitel e la Iul sono nate, stando alla banca dati ministeriale, senza un solo insegnante di ruolo.

Perché questa corsa? Il miele che attira le api, quelle buone e quelle meno buone, è la possibilità di rastrellare una quantità mai vista prima di «aspiranti dottori». Merito di una riformetta che permette un po' a tutti di «mettere a frutto il proprio lavoro». Facendosi riconoscere, sulla base dell'esperienza accumulata come ragionieri o guardie forestali, giornalisti o vigili del fuoco, impiegati catastali o carabinieri, una gran quantità di crediti formativi universitari (fino a 140, prima che Mussi imponesse un tetto massimo di 60 su 180) così da poter puntare a una laurea con pochi esami.

«Avevamo la fila alla porta di gente che voleva laurearsi e ci proponeva mille o duemila iscritti a botta» racconta Francesco Paravati, responsabile del marketing della Uninettuno. «Il delegato di un gruppo di agenti di custodia arrivò a dirci chiaro e tondo: la laurea ci serve solo per passare di grado. Non daremo fastidio a nessuno, non faremo danni usandola. Le altre ci riconoscono cento, centodieci crediti... Perché voi no?»

C'è chi sperava che fosse solo una fiammata. Macché. A metà del 2007, per fare un esempio, l'ateneo di Messina ha fatto una convenzione con la Cisl. Basta avere il diploma di scuola media superiore, lavorare negli uffici isolani dei ministeri, delle Asl, della Regione, delle agenzie fiscali, degli enti pubblici e delle università e avere in tasca la tessera del sindacato di Raffaele Bonanni e ci si ritrova con 60 crediti formativi al secondo anno di Giurisprudenza, Scienze politiche, Statistica, Economia o anche altre facoltà. E se uno è della Cgil o del sindacato di destra Ugl? Peggio per lui: che studi, il somaro.

Le convenzioni coi sindacati, del resto, non sono una novità. Il sito internet della telematica Unisu contiene un elenco di convenzioni letteralmente sterminato. Si riconoscono crediti formativi agli iscritti alla Uil Poteri locali, al Sindacato nazionale autonomo beni culturali e ambientali, al Sindacato italiano lavoratori polizia locale, all'Ugl enti pubblici, al Sindacato autonomo della presidenza del Consiglio e dell'Autorità di vigilanza sui lavori pubblici, ma anche alla Rsu della Provincia di Agrigento. Ma dal sindacato all'universo delle associazioni il passo è breve. Ed ecco che l'Unisu ha siglato convenzioni anche con l'Associazione italiana maestri cattolici, l'Associazione romana vigili urbani, l'Associazione nazionale consulenti tributari, l'Associazione dipendenti ministero dell'Interno, l'Associazione nazionale assistenti amministrativi o il Centro formazione professionale Ente Padri Trinitari. Un mercato: avanti siori e siore! Lauree belle, lauree fresche! Prezzi mai visti!

Tira da matti, il gioco del dottore. Va da sé che, in un contesto in cui perfino atenei «seri» allestiscono bancarelle regalando crediti omaggio ai clienti, si è infilato di tutto. Compresi gli «atenei» taroccati. Messi sotto inchiesta a decine dall'Antitrust.

La Libera Privata Università di Diritto Internazionale dell'Isfoa, Istituto Superiore di Finanza e Organizzazione Aziendale, stracolmo di lettere maiuscole come fosse un poderoso ateneo traboccante di storia, gloria e onori, scrive per esempio nel suo sito di voler «diffondere i principi dell'Open University, programma di matrice anglosassone» grazie a un metodo che «fonda le sue radici nel concetto secolare, iniziato dai filosofi greci, che l'istruzione superiore deve essere in sintonia e in armonia con la vita personale e professionale di ciascun allievo». E dice di avere sedi nella Quinta Strada di New York (New York!) e nel Principato di Monaco (Monaco!) e a Sofia (Sofia!) e perfino nella Repubblica di Nauru, in Polinesia (la Polinesia!). E dov'è il cuore di questo ateneo ricco di storia? In Rruga Tefta Tashko 104/6, a Tirana.

Alla Libera Università Internazionale G. W. Leibniz, con sedi a Milano, Roma, Bergamo e Lamezia Terme, hanno preso in prestito il nome del pensatore tedesco non a caso: entrato all'Università di Lipsia a 15 anni, laureato in Filosofia a 17 e dottore in Legge a 20, era il testimonial giusto: qui si fa in fretta. Come non fidarsi, di un nome così? Di un simbolo con la penna e il compasso? Di un ateneo fondato «nei primi anni '90 del secolo scorso» a Santa Fe, nel New Mexico, che dice di avere un «rettore» e un «senato accademico» e una «direzione accademica»?

L'Antitrust l'aveva già sanzionata nel 2003, per quelle parole, specificando che la sedicente «università» «non gode di alcun riconoscimento o accreditamento in Italia e che i titoli dalla stessa rilasciati non possono qualificarsi quali titoli aventi valore legale» quindi la pubblicità «poteva trarre in errore». Due anni dopo, dice l'authority, si era già «riproposta senza cambiamenti di sostanza».

Del Cetus (Centro di tecnologia universitaria straniera) basta vedere la sede principale: cinque vetrine a piano terra di un brutto palazzone al numero 2220 di via Aurelio Di Bella, estrema periferia di Palermo. Roba da bottega caccia e pesca. Come possa essere la sede distaccata, che sta a Caltanissetta, potete immaginarlo. Eppure il sito internet e il marchio con quel berretto a punte da dottore e le dichiarazioni d'intenti, secondo l'Antitrust, non lasciavano dubbi: «Le espressioni presenti nella pagina web quali "facoltà di Economia e Management", "facoltà di Ingegneria e Scienze fisiche", e i relativi titoli ottenibili, quali "dottore in Economia", "dottore in Scienze ambientali", contribuiscono a suscitare nei consumatori il convincimento che Cetus permetta di conseguire titoli aventi valore legale».

Una balla.

Due giorni dopo la pubblicazione della foto della sgangherata sede sul «Corriere», arriva una lettera del, chiamiamolo così, rettorato. Così indignato e così sgrammaticato che per rendere l'idea di quanto sia somaro occorre disinstallare il correttore automatico del computer: «Ma ciò che più mi lusinga è come, un noto e serio quotidiano quale sia il "Corriere della Sera", abbia potuto pubblicare un tale articolo senza che vi sia stato alcun input da parte dell'Ufficio del Garante, relativamente al nostro sito. (...) A questo punto, sorge spontanea la domanda: Chi? e Perché scrivere che i Titoli da Noi rilasciati sono Lauree taroccate, o pezzi di carta senza valore, visto che in realtà viene rilasciato a garanzia dello stesso, il trascript del programma di studi, la Dichiarazione del Segretario di Stato di Washington, il sigillo Notarile del Governo del Distretto della Columbia ed in oltre la traduzione giurata rilasciata dal Tribunale di Palermo. Inoltre le comunico che non è affatto vero che le Università che rilasciano i Titoli non siano accreditate secondo l'ordinamento statunitenze, e ciò è dimostrabile, così come sono autorizzate dagli Stati competenti. (...) In virtù di tutto ciò, esiggo le sue scuse...».

Minchia, direbbe il segretario di Stato di Washington (ma ve la vedete Condoleezza Rice che firma le lauree del Cetus?), che razza di «qultura!».

Il fatto è che queste patacche vengono spacciate per cose serie non solo da reucci del mattone come Stefano Ricucci («laureato» in Economia e Commercio alla European Institute of Technology di San Marino legata a «un dipartimento della Clayton University, sita nel Missouri», che non ha un solo studente ed è traslocata come sede legale a Hong Kong) ma anche da un po' di politici nostrani.

Come il chiacchierato diessino Vladimiro «Mirello» Crisafulli che, evaporata l'inchiesta sul suo incontro filmato con un boss mafioso in un albergo, ha scritto sulla «Navicella parlamentare» di essere dottore «ad honorem» alla non meno chiacchierata Constantinian University. O il senatore biancofiore Mauro Cutrufo, che porta all'occhiello una «laurea honoris causa in Scienze Politiche presso la University of Berkley». Ammappete, direte voi: la celeberrima Berkeley californiana! No: Berkley senza la «e» tra la «k» e la «l». Una sottomarca. Per quelli di bocca buona.

L'ex ministro Mario Baccini è andato ancora più in là. E dopo avere scritto opere fondamentali quali *Dall'antico agro portuense all'area metropolitana di Roma Nord-Ovest*, dice la «Navicella», è stato «insignito del titolo di professore emerito di Relazioni internazionali dall'Università Cattolica dell'Honduras Nostra Signora Regina della Pace». Perdindirindina, direbbe Totò, un altro cervello in fuga!

Ma torniamo alle lauree «vere» vendute sulle bancarelle da troppe università che contemporaneamente pretendono di essere serissime: se queste «lauree belle, lauree fresche» valessero quanto la carta per incartare il pesce, amen. Chi se ne importa. Il guaio è che, in un Paese come il nostro in cui l'intera carriera nell'immenso settore pubblico dipende non dal merito ma dal cumulo di «carte», una laurea sudata soldi e fatica ad Harvard vale quanto una laurea in offerta «discount» agli iscritti Cisl di Messina.

Certo, anche all'estero ci sono atenei assurdi, ridicoli, sgrammaticati. Ma lì, se hai in mano una laurea a Stanford ti spalancano le porte, se ne hai una della F. Ranieri di Villa San Giovanni te la tirano dietro con le uova marce. Francesco Giavazzi lo ripete da anni: «Eliminiamo il valore legale delle lauree e le famiglie cominceranno a chiedersi se il professore dell'università locale è veramente bravo».

Macché. Tutti, più o meno, sullo stesso piano. Gli atenei ottimi e quelli pessimi. A spartirsi una distribuzione di soldi a pioggia che, disperdendosi in mille rivoli, finisce per salvare chi all'estero verrebbe giustamente lasciato avvizzire e per assetare invece i migliori, che coi pochi soldi a disposizione non possono assolutamente stare al passo dei grandi campus mondiali.

Per non dire di «come» è stata a volte interpretata l'autonomia. Un episodio fra mille: la grandeur, ai tempi in cui era rettore a Teramo prima di trasferirsi alla Sapienza di Roma, di Luciano Russi. Il quale, ha raccontato Alessandro Misson sul mensile «Il Cittadino», spese 396.660 euro per ristrutturare il suo ufficio e comprare l'auto blu. Non una macchina qualsiasi: una Mercedes S320 super-accessoriata con televisori al plasma (anteriore e posteriore), «fax posteriore Possio, business consolle con presa 12 volt, telefono posteriore Nokia 6090, climatizzatore automatico per sedile posteriore, sound system Bose» e via di questo passo, per un totale di 93.000 euro.

Gli altri 300.000 euro se ne andarono per l'ufficio del magnifico e della segreteria, con cucinino. Qualche voce: 54.391 euro per «librerie e boiserie in noce massello con appliques alle quattro pareti», 8448 per «due divani in pelle modello Chesterfield tre posti», 33.259 per «rivestimento soffitto in noce massello cassonato», 3563 per «blocco cucina», 6500 per un «tappeto Isphahan lana/seta», 8000 per «due lampadari Boemia 12+6 luci», 17.000 per un olio su tela del pittore abruzzese Francesco Paolo Michetti. Mettetevi al posto suo: con tutte quelle spese, povero rettore, come poteva trovare i soldi da investire nella ricerca e nella didattica?

Niente, però, rende l'idea di quali abissi possa toccare l'università italiana, facendo mettere le mani nei capelli a tanti rettori, docenti, ricercatori bravissimi, quanto la vicenda della Scuola d'alta formazione europea Jean Monnet di Caserta. La quale, mentre la Finanziaria 2008 tagliava alle università 90 milioni di euro, veniva benedetta da un'allegra grandinata di denari. Dati così, fuori dai circuiti normali. Come un regalo extra. Grazie a un emendamento dell'allora senatore unionista ribelle Roberto Manzione che, a riprova di come in queste cose destra e sinistra spesso pari sono, fu contestatissimo dal forzista Mario Ferrara ma appoggiatissimo dal nazional-alleato Mario Baldassarri. Emendamento che ripristinava, stavolta da sinistra, il già sconcertante finanziamento concesso all'ateneo casertano dal governo di destra (totale fissato nel 2005: 3 milioni e mezzo di euro in un triennio) fin dalla nascita. Quando, imperante Letizia Moratti, la Jean Monnet venne alla luce grazie a un curioso sortilegio scoperto solo di recente dal commissario anticorruzione Achille Serra.

Dice la legge che l'istituzione di una nuova facoltà debba avere il via libera del Consiglio universitario nazionale che può negare l'autorizzazione entro tot mesi, scaduti i quali vale la regola del silenzio-assenso. E cosa accade, alla nascita dell'ateneo casertano? Che il Cun prima non si accorge che scadono i termini del silenzio-assenso, poi stende un parere pesantissimo che boccia la nuova facoltà. A quel punto già salva. E pronta ad accogliere un po' di studenti e, soprattutto, un mucchio di professori: 50 docenti più 32 ricercatori avviati all'assunzione nella primavera del 2008. Totale: 82 insegnanti per 360 allievi. Uno ogni quattro, anche a causa del fatto, scrive il durissimo rapporto del Commissariato, che c'è «più di un corso svolto a beneficio di un solo studente».

E chi sono questi professori? Uno è Gennaro Terracciano, ex magistrato del Tar, ex capo di gabinetto della Funzione pubblica, ex presidente dell'Unire (l'ente che gestisce le scommesse ippiche) ed ex rettore della Vanoni, la Scuola superiore dell'Economia e delle Finanze. Incarico, quest'ultimo, che grazie a una leggina consentiva agli insegnanti di essere parificati ai docenti universitari. Peccato che, al momento della nomina, quella leggina fosse abrogata da anni. Ooops! Mai accorti!

Più divertente ancora, però, è il curriculum degli altri professori, ricostruito sulla «Stampa» da Guido Ruotolo. Il preside Gianmaria Piccinelli è figlio di un ex deputato democristiano; Antimo Cesaro è figlio dell'onorevole forzista Luigi; Tommaso Ventre è figlio dell'eurodeputato azzurro Riccardo; Maddalena Zinzi è figlia dell'ex sottosegretario alla Salute casiniano Domenico Zinzi; Carmine Petteruti è figlio del sindaco unionista di Caserta Nicodemo che all'«università» ha concesso un palazzo spettacolare al Belvedere di San Leucio... E via così.

È scritto anche nella relazione dell'«Anticorruzione», nero su bianco: «Frequenti rapporti di parentela, affinità o coniugio legano nel 50% dei casi il corpo docente con personalità del mondo politico, forense o accademico».

Che gli frega, a Caserta, se le classifiche internazionali ci umiliano? Harvard, Stanford e Cambridge saranno pure meglio, ma 'o figlio 'e Petteruti lo vulimmo sistemà?

15

Prostate d'oro, primari tesserati

E al San Camillo un letto costa come una suite al Plaza di New York

In sala operatoria preferite affidarvi a un chirurgo democratico o forzista, socialista o mastelliano? Se la domanda vi sembra demenziale, toccate ferro: i primari sono scelti così, per la tessera, sempre più spesso. E non lo dicono i «grillini», i giornalisti rompiscatole o i bastiancontrari: lo dicono loro stessi, i medici.

Come quei nove luminari che qualche tempo fa, guidati da Silvio Garattini, firmarono una lettera pubblicata dal «Corriere» sotto un titolo per niente disfattista: *Manifesto per la rinascita della sanità*. Dov'era scritto: «Il direttore generale, che ha sostituito il Consiglio d'amministrazione nel 1995, doveva dare dinamicità, rispondere in prima persona delle sue scelte (e del bilancio). Ma presto ci si è accorti che direttori generali si diventa solo se vicini a questo o quel partito. È necessario, invece, separare la politica dalla gestione e scegliere i direttori delle Asl e degli ospedali sulla base delle competenze. La questione dell'appartenenza a un partito non riguarda solo il direttore generale. A loro volta i direttori generali scelgono i primari e i direttori di dipartimento privilegiando il criterio di appartenenza politica piuttosto che le competenze. È forse il problema più grave della sanità italiana».

Certo, ci sono un mucchio di altri problemi. E non c'è giorno che passi senza che i giornali diano uno scossone al nostro morale: *Paziente in coma rifiutato da nove ospedali. Troppa anestesia: sei miliardi al bambino rimasto cieco e paralizzato. Ricoverato per una faringite: morto. Respinta da 30 ospedali, muore.*

Decine, centinaia di casi. Sui quali indugiamo ormai solo quando appaiono incredibili, come quello di un poveretto spirato all'arrivo al pronto soccorso mentre lo scaricavano dalla terza ambulanza. La prima, vecchia e sgangherata, si era fermata. La seconda, vecchia e sgangherata, lo stesso. La terza era accorsa troppo tardi. Il più grave però, come denunciano Garattini e gli altri, è quello: l'uso politico della sanità. O se volete, con parole più crude, l'uso politico del ricatto sul dolore.

Eppure il «Libro verde sulla spesa pubblica» messo a punto per Tommaso Padoa-Schioppa da una commissione guidata da Gilberto Muraro dimostra che l'Italia spende per la sanità, in rapporto al proprio Pil, più o meno quanto gli altri Paesi dell'Ocse: il 9%. È vero che stanziano di più la Francia (11,1%) o la Germania (10,7%), ma siamo più o meno in linea. E dobbiamo dire che lo siamo, in vaste aree del Paese, anche nei servizi: reparti ottimi, dottori preparati, macchinari lucenti di ultimo modello, tempi di attesa che dovrebbero accorciarsi ma sono già decenti se non buoni.

Dove proprio non ci siamo è sulla spesa privata, che per cinque sesti è diretta, cioè rimborsata dallo Stato senza coperture assicurative o mutue integrative. Sulle medicine, per le quali spendiamo oltre il 20% dei fondi, cioè meno della Spagna (quasi il 23) ma molto più del 16 e mezzo della Francia o del 15 della Germania. Su certe prestazioni specialistiche come le Tac. Cosa abbiamo di diverso noi italiani per farne quasi 28 per milione di abitanti e cioè il doppio dei tedeschi e degli spagnoli, il triplo dei francesi, il quadruplo degli inglesi? Boh...

E perché da noi le degenze pesano per il 42% del totale contro una media Ocse del 35? Come mai un posto letto costa mediamente 200.076 euro l'anno a livello nazionale ma 327.521 al San Camillo di Roma? Ce l'avete presente, il San Camillo?

Cronaca del «Messaggero», fine febbraio 2008: «Una signora di 93 anni arrivata in ambulanza alle 8.30 e visitata otto ore più tardi. Una ragazza che cammina nervosamente avanti e indietro perché da cinque ore non ha notizie del padre. Una donna di 60 anni "dimenticata" in sala d'attesa mentre da ore aspetta di essere ricoverata. Nel primo pomeriggio sono oltre 50, tra pazienti e familiari, le persone in attesa. (...) Poco più in là c'è una signora che scuote la testa: "È un vero schifo. Mio marito è dentro da sei ore per un problema a un piede e io non riesco nemmeno a capire se sta bene"».

Domanda: come diavolo fa un letto in un ospedale così, censurato perfino per i servizi igienici nel dossier dei carabinieri dei Nas, a costare 900 euro al giorno, cioè quanto una room di lusso al mitico Plaza di New York o il doppio dell'esclusivo Alvear Palace Hotel di Buenos Aires dove appena sei in camera ti bussa alla porta un signore che si presenta come il tuo maggiordomo e si offre di lucidarti le scarpe? Diranno: ma qui ci sono chirurghi d'eccellenza e apparecchiature d'avaguardia e farmaci costosissimi... Altro che maggiordomo! Resta la domanda: come fa a costare il doppio di una camera negli ospedali lombardi (166.228 euro) e comunque più che in qualunque altro nosocomio italiano, comprese certe strutture altoatesine dove le corsie profumano di lavanda? Vale per il grande complesso romano, vale per il Cardarelli di Napoli e gli altri centri campani: come fa un posto a costare lì 70.000 euro l'anno in più che in Friuli-Venezia Giulia?

Misteri. Tutte le contraddizioni della nostra sanità sono un mistero. Come la leggenda di un'Italia tracimante di posti letto. Stando a Eurostat 2005, ne abbiamo 401, cioè molti meno del tetto massimo fissato con la Finanziaria del 2005 in 450 letti ogni centomila abitanti. L'Agenzia sanitaria nazionale contesta e dice che in realtà sono 467? Siamo comunque lontani dalla media europea: 590. Peggio: ne abbiamo metà che in Germania (846), quasi la metà che in Francia (735), in Finlandia (704) o in Belgio (745). Tanto è vero che stanno sotto di noi solo la Spagna (339) e la Gran Bretagna (389).

Ne avevamo 602, una dozzina di anni fa. Eppure, dice il «Libro verde» analizzando i 519 presidi italiani (cinquecentodiciannove!) e censurando il tasso di occupazione dei letti piuttosto basso (74%), i tagli hanno dato risultati deludenti: «L'entità dei costi fissi è tale per cui la riduzione dei posti letto, sebbene costituisca un intervento di razionalizzazione dell'offerta complessiva, non può dare tuttavia rilevanti effetti di riduzione dei costi nel breve periodo».

In compenso, grondiamo di medici: 636 ogni centomila abitanti, dati 2005, contro una media che negli altri 26 Paesi d'Europa è di 460. Per non parlare degli infermieri, che secondo l'Agenzia sanitaria nazionale sono, sempre ogni centomila persone, 1494. Fatto sta che al capezzale dei 214.000 letti pubblici complessivi (day hospital, degenza ordinaria e a pagamento) contati dall'Annuario statistico sanitario 2005, si affollano (compresi gli amministrativi) 648.000 persone: tre per ogni letto. Volendo contare solo quelli occupati, quattro.

Mai come in questo caso, però, vale il discorso dei polli di Trilussa: «Me spiego: da li conti che se fanno / seconno le statistiche d'adesso / risurta che te tocca un pollo all'anno. / E se nun entra ne le spese tue / t'entra ne la statistica lo stesso / perché c'è un antro che ne magna due».

In alcuni centri d'eccellenza lamentano una drammatica carenza di medici e infermieri? A Palmi, dicono le più recenti statistiche ministeriali, ci sono 268 dipendenti per 28 letti utilizzati: 9 addetti e mezzo a ricoverato. Il doppio che al Niguarda di Milano. Così come la statistica dei polli trilussiani vale per la ripartizione delle qualifiche.

Un ascesso a un molare, ammettiamolo, può essere meno doloroso di un rimorso. La storia è ricca di figure in odore di santità che hanno accettato serenamente i più strazianti supplizi carnali perché più insopportabile sarebbe loro sembrato il supplizio del peccato. Ma è normale che il ministero della Salute stipendi più sacerdoti che dentisti? Sia chiaro: tutto regolare. Tutto stabilito dal Concordato tra Stato e Chiesa cattolica rivisto nel 1984 e tradotto in una serie di protocolli tra le Regioni e le diocesi. Ma è possibile che su 105.652 medici presenti negli ospedali gli odontoiatri a disposizione di chi non è benestante e non ha una mutua integrativa, siano solo 163 e cioè poco più di un terzo dei 417 «assistenti religiosi»? Boh...

Vale per i cappellani, vale per i primari. All'ospedale universitario della Federico II di Napoli, per esempio, nell'incessante dedizione alle sofferenze dell'umanità, hanno messo a disposizione dei pazienti un primario ogni tre ricoverati scarsi. Direte: si guarisce meglio che coi dottori semplici? No, ma vuoi mettere la soddisfazione?

I letti teorici sono mille, ma quanti siano occupati al giorno il sito internet non lo spiega. Cinquecento, dicono i sindacati. Se le cose stanno così, i dati messi on-line dall'azienda (800 medici, 170 dirigenti sanitari, 1150 infermieri più 1280 tecnici, ausiliari e amministrativi) offrono un quadro che la dice lunga. Quasi 2 medici più 2 infermieri (abbondanti) più 3 addetti a ricoverato.

Si dirà che ci sono gli ambulatori e il day hospital e tante altre cose. Può darsi. Ma possono giustificare quell'abbondanza di primari, saliti alla somma stratosferica di 220, cioè uno ogni 4 medici o se volete, come dicevamo, ogni 3 ricoverati? No, no, no, «non si chiamano primari!» ha spiegato ad Alessandra Baroni del «Corriere del Mezzogiorno» il preside di Medicina della Federico II Giovanni Persico: si chiamano «responsabili di area funzionale». Di più: non fanno solo le 18 ore di attività in corsia o al capezzale dei malati. Devono anche tenere lezioni agli studenti. Quindi? Quindi lo scandalo non è poi così scandaloso.

Grazie. Ma nel confronto con Padova, dove l'insegnamento di medicina pare precedente alla fondazione dell'università del 1222, i conti non tornano. I primari o «responsabili di area funzionale» che dir si voglia sono infatti un terzo: 79. E oltre ad andare in cattedra seguono 1759 posti letto, occupati mediamente per oltre il 90%. Risultato: un primario ogni 20 ricoverati medi. Sette volte (sette volte!) meno che alla Federico II. E allora?

I conti non tornano, in realtà, per tutti i primari d'Italia. A partire dalla clamorosa sfasatura tra universitari e ospedalieri che fa schiumare di rabbia questi ultimi che lavorano solo nei reparti senza essere anche professori. Una frattura traumatica. I primi possono andare in pensione a 72 anni (o addirittura a 75 in Toscana) e i secondi devono andarci a 65. I primi sono solo un quarto dei dottori impegnati in corsia e nelle sale operatorie ma, accusa l'Anaao Assomed (l'Associazione medici dirigenti), «dirigono il 58% delle strutture complesse e il 55% dei Dipartimenti assistenziali integrati». I primi hanno in pratica il primariato allegato automaticamente alla cattedra, i secondi devono passare le Forche Caudine, capricciose e politiche, dei direttori generali. E via così.

Peggio, denuncia Carlo Lusenti che dell'Anaao è il segretario, «gli scandali continui dei concorsi universitari truccati nelle 41 (quarantuno!) facoltà di Medicina finiscono col ricadere sui policlinici», dove arrivano a volte «primari di chirurgia che non vanno mai in sala operatoria e forse non ci sono mai entrati». Per non dire, appunto, della moltiplicazione dei primariati. Non solo al Sud.

Certo, negli ospedali più sgarrupati del Meridione la cosa fa impressione. Prendete Vibo Valentia. Vecchio, brutto, sporco, scrostato, finito su tutti i giornali per una catena di episodi da incubo.

C'è una lettera riservata del direttore sanitario Pietro Schirripa (a lungo braccio destro di monsignor Giancarlo Bregantini, quando era vescovo di Locri) che dice tutto. E parla di 98 «documenti di rilevante interesse» dati ai carabinieri e 132 contestazioni disciplinari contro i dipendenti e le ditte appaltatrici delle pulizie e della lavanderia e 12 rapporti di allarme «tutti ignorati» e «126 principali richieste di adeguamento degli impianti», dall'aria condizionata nelle sale operatorie alla potabilizzazione dell'acqua, e delle ispezioni dei Nas che hanno «individuato 803 infrazioni penali».

Un quadro apocalittico. Con venature di humour britannico quale il racconto di una «grave infestazione di formiche in Rianimazione» con un insetto «rinvenuto addirittura mentre camminava su un tubo orotracheale di un paziente!» e risolto, tra risse, scandali e minacce di licenziamento, con «un medico che attestò che le formiche non sono tossiche».

E tutto perché? Perché «dieci anni fa fu decisa la dismissione dello stabilimento ospedaliero» per fare un ospedale nuovo «e da allora, esattamente come alla ThyssenKrupp di Torino, si è ritenuto di non spendere più in adeguamenti e sicurezza».

Gli allora responsabili della Asl, Michelangelo Lupoi e Rodolfo Gianani, assicurarono nel 1999 al «Corriere» che di ospedali nuovi ne avevano anzi in mente due: uno a Nicotera (a 40 chilometri di tornanti dall'autostrada) per farne «un "Gaslini" del Sud ed evitare i viaggi della speranza al Nord» e uno, appunto, a Vibo per un totale di 100 miliardi di lire: «Anche noi come a Padova abbiamo previsto di metterci un anno e mezzo a costruirlo!», spiegava l'uno. «Un anno e mezzo!», gli faceva eco l'altro. Un decennio dopo, non è stata ancora posata la prima pietra.

E non sono state ancora chiuse le decrepite strutture di Vibo e Nicotera più quelle (un po' di ricoveri, un po' di day hospital, un po' di ambulatori) di Soriano, Tropea, Serra San Bruno e Pizzo Calabro. Dove svetta immortale l'opera incompiuta più incompiuta del pianeta: l'ospedale iniziato nel '49 (l'anno dello schianto del «Grande Torino» a Superga) e mai aperto nonostante gli amministratori avessero già comprato centinaia di scarpe, col tacco alto da spogliarellista, per le infermiere da assumere. E avessero già fatto installare l'ascensore della sala operatoria che si apriva sventuratamente in faccia a un muro, col risultato che la barella poteva entrarci solo verticalmente. Il che, col paziente intubato e sotto anestesia, sarebbe stato un po' difficile. Sono ancora tutte lì, quelle sei strutture ospedaliere. Esattamente come dieci anni fa. Sei costosi rottami sanitari per una provincia di 170.000 abitanti. Quelli di due quartieri romani come il Prenestino e il Tuscolano.

Per questo Vibo è il posto giusto, per capire. Perché puoi vedere, in un contesto allucinante che neppure le persone di buona volontà sono riuscite a cambiare, come sia stata stravolta la «nuova organizzazione dell'ospedale moderno». Ricordate? Si era detto: basta poltrone a vita, basta baronie, basta automatismi. D'ora in avanti, ai medici, solo incarichi a tempo da tre a cinque anni. Premi in carriera e in denaro ai più meritevoli. Valutazioni periodiche. Retrocessione dei somari. Introduzione di sei «fasce». Spiegarle una a una non ha senso. Basti dire che, grossomodo, le tre superiori sono: dirigente di struttura semplice (una specie di «viceprimario»), dirigente di struttura complessa (il primario di una volta), dirigente dipartimentale, con incarichi amministrativi. Più le «medaglie» di «alta specializzazione» che portano un po' di soldi e possono essere orgogliosamente appuntate come medaglie sul petto.

Cosa è successo, nel tempo? Che come sempre, all'italiana, i premi sono stati spartiti e distribuiti a pioggia. Per dare qualche soddisfazione. Per garantire un ritocco agli stipendi. Per consolare i depressi. Un po' ovunque. Dalla Lombardia alla Sicilia. Risultato: a Vibo, dove i dipendenti dell'azienda ospedaliera sono oltre 1900 per 191 ricoveri medi giornalieri, ci sono 40 primari, 85 dirigenti di strutture semplici e 153 medici ad «alta specializzazione». Compresi molti che, allo stesso tempo, non possono esercitare perché hanno il certificato di inidoneità. Come un ostetrico che non può assistere ai parti perché va in agitazione. O un chirurgo che si è fatto esentare dalla sala operatoria perché ha un debole per il vino.

I soliti terroni, diranno i razzisti. Falso: l'idea del «todos caballeros» è passata ovunque. È passata a Roma, dove un primario del Santo Spirito è arrivato a fare una denuncia penale contro il segretario generale di «CittadinanzAttiva» Teresa Petrangolini che dopo essere entrata nelle commissioni di due Asl laziali decisa a sottrarsi al giochino del «tutti uguali, bravissimi, premiati», non gli aveva dato il massimo dei voti. Ed è passata, l'idea, a Milano, dove la clinica Mangiagalli, accusa un documento dell'Anaao, ha meno di 800 letti e oltre 500 medici, in larghissima parte «graduati».

Non bastasse l'ambizione personale, ci si è messa anche una leggina che, inserita nell'ultimo decreto «milleproroghe» del Berlusconi bis, consente agli atenei di aggirare il divieto a spendere più del 90% del bilancio in stipendi. Dice dunque quella leggina, regalo della lobby parlamentare universitaria, che fanno eccezione i soldi dati a chi fa assistenza sanitaria negli ospedali. Più ne risultano fare assistenza in corsia, pagati o meno, più gli atenei possono aggirare i limiti. Da quel momento, ovvio, tutti in camice bianco! Sulla carta. Come se lavorassero al capezzale dei malati anche i laureati in Giurisprudenza che insegnano Storia della medicina o Medicina legale come la moglie e la figlia del potentissimo preside della Sapienza Luigi Frati.

I numeri dicono tutto. Sono «convenzionati» (cioè lavorano teoricamente anche in corsia, tra i malati) 8 docenti di Medicina su 10, pari quasi a un quinto di tutti i professori universitari italiani. Poco più della metà a Milano (56%), poco meno di tre quarti a Torino (73%), addirittura il 93% a Messina e il 99% a Napoli. Ma se solo 9 convenzionati su 10 prendono davvero 13 o 18.000 euro di indennità (pur concorrendo tutti insieme a sgretolare il tetto agli stipendi) quelli che la incassano sul serio cambiano da posto a posto. Alla romana Sapienza sono 6 e mezzo su 10, a Messina 9 e mezzo, alla Seconda Università di Napoli tutti ma proprio tutti fatta eccezione per un miserabile 0,56%.

Più curioso ancora è il confronto sui 12.055 tecnici e amministrativi convenzionati, che rappresentano quasi un quarto di tutto il personale non docente degli atenei. Direte: mica vanno in corsia, i bidelli e i bibliotecari! Invece sì. Sulla carta. Come fossero lì con lo stetoscopio ad assistere i malati. Cambia, però, da zona a zona. Abissalmente. I convenzionati a Verona sono il 9,3%, a Firenze il 6,2, a Pavia l'1,8, a Trieste lo 0,1. Zero virgola uno!

Ma alla Sapienza la quota di dattilografi e archivisti, impiegati e funzionari teoricamente impegnati in giro per i reparti, dicono i dati ufficiali del ministero, sale (dati ufficiali del ministero) al 52%. E alla famigerata Seconda Università di Napoli (dove già battono cassa come «ospedalieri» 57 professori su 100, compresi quelli di facoltà che non hanno nulla a che fare con la medicina) si impenna fino a uno sbalorditivo 83%. E, insomma, l'andazzo è tale che, tra medici e impiegati, le indennità per l'assistenza ospedaliera ci costa un miliardo di euro l'anno. Tondo tondo. Vi pare normale?

Ed è normale che si trovi in Sicilia un quarto di tutti gli ambulatori e i laboratori privati accreditati in Italia? Cifre alla mano: nell'isola ce n'è uno ogni 3553 abitanti. Il quintuplo che nel Veneto e in Lombardia, 13 volte più che in Piemonte. Sarà un caso che nell'isola i politici, spesso medici di professione come Giovanni Mercadante, finito in galera con l'accusa di essere «un punto di riferimento per la cura degli interessi di Bernardo Provenzano nel periodo della sua latitanza», hanno le mani sulle cliniche?

La risposta è nella storia della Villa Santa Teresa di Bagheria dell'ingegner Michele Aiello, già socio in un grosso laboratorio di analisi della dottoressa Giacoma Chiarelli, moglie di Totò Cuffaro. Nel 2000 fatturava 39 milioni di euro, l'anno dopo (insieme con le Alte tecnologie medicali) 49, quello successivo 56... E i soldi avrebbero continuato ad aumentare e aumentare se l'uomo non fosse stato arrestato.

Il tempo che ci mettesse le mani un amministratore giudiziario, Andrea Dara, e dopo una flessione iniziale la clinica riprendeva a pieno ritmo ma con un giro d'affari virtuosamente ridotto: 6 milioni e mezzo di euro. Miracolo! Come era potuto accadere? Semplice, spiegò il commissario al processo: «prima» la Regione pagava il conto a piè di lista, sulla base di delibere dell'Asl 6 di Palermo e di un budget assegnato anno per anno in conseguenza di un accordo, senza mai fare le pulci sulle somme pretese per questo o quell'esame.

Ma no, risponde Cuffaro nell'omonimo libro-intervista scritto da Francesco Foresta, «le case di cura siciliane non godono di alcun trattamento più generoso, ma al contrario mediamente più basso di quello di altre regioni italiane». E Villa Teresa allora? «Il caso di Villa Santa Teresa è spiegabile col fatto che questa struttura forniva prestazioni non codificate, ovvero con apparecchiature inesistenti da Roma in giù, e per questo le prestazioni non erano scientificamente valutabili. È naturale, quindi, che un'amministrazione giudiziaria, non dovendo perseguire né profitto, né rientro di investimenti, possa in breve tempo recuperare il 25% di spese.»

Venticinque per cento? Ma va! Il trattamento per il tumore alla prostata con «terapia conformazionale statica a sei campi» veniva pagato dalla Regione 136.439,95 euro. Sapete quanto costa in base al nuovo tariffario applicato dal commissario? Diciassette volte di meno: 8093 euro. La terapia tradizionale per il tumore alla mammella era arrivata a costare anche 46.480 euro contro i 3314 del tariffario piemontese e i 2324 di quello nuovo siciliano: venti volte di più. Per non dire di certi stipendi, come quello del radiologo Michele Oliveri: oggi guadagna «solo» un centinaio di migliaia di euro l'anno ma ai bei tempi, grazie a una percentuale del 7% di quanto riusciva a fatturare, aveva la busta paga di un centravanti di serie A: un milione e 200.000 euro.

Va da sé che, quando in Regione ipotizzarono di ridimensionare quelle cifre folli prima che ci mettesse le mani la magistratura, l'ingegnere Aiello si irritò assai. E forte com'era dei suoi appoggi, mafiosi e politici, arrivò addirittura a minacciare una serrata. Per questo, dice l'ex governatore siciliano condannato a cinque anni per favoreggiamento e rivelazione di segreto d'ufficio anche per questo episodio, decise di incontrare il padrone di Villa Santa Teresa: «Per comunicargli che la commissione stava lavorando e, quindi, invitarlo a non bloccare gli esami, cosa che avrebbe creato notevoli disagi ai pazienti». E una cosa così l'andava a discutere nel retrobottega di un negozio di abbigliamento di Bagheria? «Sono abituato a ottimizzare al massimo il mio tempo.» Come l'amico Aiello «ottimizzava» le convenzioni...

Ed ecco che lì torniamo: al nodo troppo stretto che c'è tra la sanità italiana e la politica. Un bubbone scoppiato da anni. Dalla notte di fine dicembre del '94 in cui Elisabetta Rosaspina del «Corriere» chiamò la presidenza della Regione Lombardia per avere notizie delle nomine alle Asl e un incauto partecipante alla riunione, dopo avere messo giù il telefono due o tre volte, premette per sbaglio il pulsante del «vivavoce». Consentendo alla giornalista di ascoltare in diretta tutta la spartizione.

«Una voce: "Noi vi lasciamo Magenta e ci portiamo a casa Vimercate". Un'altra: "Molla Cernusco e facciamo un discorso su Garbagnate". Una terza: "A Lecco mandate chi volete, ma non un pidiessino, sennò Cristofori ci resta di merda". Una quarta: "Se non mi date il Gaetano Pini, mi dimetto e fate la giunta con il Pds". (...) "Se Piazza va a Lecco, e Berger al posto di Crotti, mettiamo Arduini a Milano 2, ma Riboldi resta fuori." "A Cernusco sono d'accordo di mettere uno del Pds e Crotti su Milano 6." "Posso chiedere ai pidiessini di spostarsi da Cernusco a Garbagnate."»

E avanti così, per tre ore: «"Dunque, a Milano, su 17 Usl e 8 ospedali, il Ppi ha 5 Usl e 2 ospedali, mi pare ragionevole". "Voi chiudete con 2 ospedali, San Carlo e Fatebene, e 3 Usl, noi con 3 ospedali e 5 Usl, la Lega con un ospedale e 6 Usl, il Pds 2 più 2"».

«Ma come, partecipate al banchetto anche voi?», chiese il giorno dopo Venanzio Postiglione al capogruppo regionale leghista Stefano Galli. Risposta: «Diciamo che anche la Lega partecipa per non farselo mettere in quel posto. Scusate l'espressione, ma è proprio così: abbiamo visto che a fare i corretti non si andava lontano». Quanto al Pds che parlava di «cronaca vergognosa d'una lottizzazione da Prima Repubblica», Galli sbuffò: «La Quercia non era presente alla riunione ma la sua parte l'ha chiesta, eccome se l'ha chiesta, e alla fine l'ha pure ottenuta».

Altri tempi. Adesso nessuno cede più niente. Le Regioni di sinistra fatto bottino pieno a sinistra, quelle di destra bottino pieno a destra. Occupazione militare. Tutti della sinistra i direttori generali delle Asl dell'Emilia Romagna, delle Marche o della Toscana. Tutti di destra quelli della Lombardia, del Veneto o della Sicilia. Chi ha più giunte, controlla più aziende sanitarie. Il quadro generale, ricostruito nel gennaio del 2008 dal «Sole 24 Ore», era il seguente: 79 direttori generali diessini (e meno male che Veltroni in campagna elettorale ha detto che «bisogna sottrarre queste procedure all'arbitrio dei partiti»), 69 della Margherita, 61 di Forza Italia, 14 di An, 13 della Lega Nord, 10 socialisti, 8 di liste locali, 7 dell'Udc, 5 di Rifondazione e dell'Udeur, 3 tecnici (evviva: 3 su 276!) puri, un comunista dilibertiano e un democratico nominato dopo la nascita del nuovo partito.

Giancarlo Galan, governatore del Veneto, accusato dagli alleati destrorsi di aver deciso tutto lui con «un sistema feudale» risponde che va bene così, perché le scelte di politica sanitaria sono, lo dice la parola stessa, politiche: «Il sottoscritto non ha fatto null'altro che applicare quanto previsto dalla legge, che attribuisce al presidente l'onere e la responsabilità della scelta. In ogni caso non sono stato mai in nessun caso disponibile a dare ascolto ai lottizzatori, e questo sia ieri che oggi».

Anche Livia Turco, il ministro della Sanità del Prodi bis, risponde che va bene così: «Per i direttori generali è indubbio che la politica deve continuare ad avere un ruolo fondamentale, pur se vincolato da criteri limpidi nella selezione dei manager. Per i medici e gli altri dirigenti apicali della sanità il discorso è completamente diverso. Qui la politica non deve entrare in alcun modo nella partita delle nomine».

Ma questo è il nodo. Preso possesso dei direttori generali, i partiti hanno allungato le mani su tutto il resto: dirigenti sanitari, amministrativi, primari, capisala, infermieri... Anzi, c'è chi è arrivato a teorizzare il ruolo centrale, nella politica clientelare, dei paramedici. Come Armando Savarino che, fino al giorno in cui fu costretto a dimettersi, era l'autentico padrone dell'Asl di Agrigento e il grande procacciatore di voti della figlia Giusy, fino al 13 aprile deputato regionale dell'Udc. Dice in un'intercettazione: «Minchia, un infermiere un paese conosce... Io faccio un trasferimento di un infermiere, che so, da psicologia a chirurgia e mi arrivano cinquanta voti». Altro che i primari! «Ne devi fare cinque, primari, per cinquanta voti.»

Anche l'assunzione di sette barellieri era una questione politica. Scrivono i giudici: «Dall'inchiesta è emerso che i raccomandati che venivano assunti dovevano dare in cambio il loro voto e quello dei loro parenti in favore di Giusy Savarino, candidata all'Ars nel 2001 e nel 2006». Va da sé che don Armando non faceva lo schifiltoso sulla preparazione degli assunti. Tanto che pur di prendere un po' di gente compreso l'allora segretario Udc e futuro sindaco di Agrigento (prima di destra, poi di sinistra, poi di destra...) Marco Zambuto, arrivò a pilotare un concorso truccato: «È stata accertata la palese alterazione dei voti apposti sugli elaborati». È la politica, bellezza.

Succede al Sud, succede al Nord. Parola di un chirurgo famoso, Edoardo Berti Riboli, che alla fine del 2007, il giorno in cui lascia la presidenza della Società ligure di chirurgia, rompe l'atmosfera di ovattato formalismo per sparare: «Marco Bertolotto è diventato primario mentre era presidente della Provincia di Savona. Non ha nemmeno pensato di dimettersi o di andare in aspettativa. È diventato primario perché era politico o politico perché era medico?». È l'inizio di un atto di accusa violentissimo. Contro i colleghi: «Ci sono chirurghi che non hanno mai davvero esercitato e sono stati promossi grazie alla lunga e fedele militanza politica». Contro le «scorribande» delle lobby: «Il San Martino è terra di conquista per un intreccio tra politica e massoneria. C'è un chirurgo assunto grazie a by-pass massonici». Contro la politica: «Nel nostro ambiente si procede soltanto grazie al partito. Fra destra o sinistra non faccio differenze. Hanno la stessa voracità, solo che la sinistra è molto più strutturata». Contro il governatore democratico di sinistra Claudio Burlando: «Si comporta come un dittatorello sudamericano...». E via così. Risposte indignate. Polemiche. Querele.

Così fan tutti, denunciano molti medici liguri sul sito www.polis-savona.it animato dal dottor Giorgio Menardo. Il quale spiega che, cancellate le vecchie commissioni di concorso dove c'erano «un professore universitario estratto a sorte dagli elenchi nazionali, tre primari ospedalieri della materia anche loro sorteggiati e un medico dirigente del ministero della Salute con un rappresentante dell'amministrazione locale» l'esame vero e proprio non c'è più: «È solo una formalità che nella stragrande maggioranza dei casi si chiude con la dichiarazione che tutti i concorrenti sono idonei lasciando al direttore generale carta bianca nel scegliere chi vuole».

Risultato: a decidere spesso è la politica. «Non spesso, sempre», corregge secco Stefano Biasioli, segretario nazionale della Cimo, la Confederazione italiana medici ospedalieri, considerata vicina ai moderati. «Nelle Regioni di destra fanno carriera i medici di destra, nelle Regioni di sinistra i medici di sinistra. È un'intrusione massiccia. Pesantissima. Non solo nella scelta dei primari ma anche dei dottori, degli infermieri... Certo, il fenomeno in Campania, in Calabria o in Sicilia è terrificante. Ma riguarda, purtroppo, tutto il Paese. Tutto.»

Carlo Lusenti, a nome dell'Anaao, conferma: «Se non sempre, la politica ci mette il naso nove volte su dieci. Per carità, non c'è solo la politica. Ci sono le lobby universitarie, le cordate, i sindacati... Ma è certo che, se la politica non cambia il sistema delle nomine...».

Il controllo è così ferreo che nel 2003 Pino Petrella, deputato diessino e docente di Oncologia chirurgica, maltratta bruscamente il manager della Asl Napoli 2, Pierluigi Cerato, colpevole d'aver deciso la nomina di un direttore sanitario senza consultare prima lui. «Non è che ognuno di noi sta in un posto perché è stato voluto dal Signore!», gli ricorda calcando sui doveri di riconoscenza al partito: «Io sto in un posto perché mi sono state affidate determinate cose che debbo fare. Se ognuno di voi pensa di agire come vuole...».

L'intercettazione, diffusa dal deputato di An Marcello Taglialatela, è un documento osceno del malcostume imperante. Inutilmente Cerato spiega che l'uomo spinto dal partito «non ha titoli». Petrella non sente ragioni: «Se questo non aveva titoli ce ne doveva essere un altro». La nomina ormai è stata fatta e firmata? «Ti prego di prendere questa cosa e di stracciarla perché succede un casino.» Cerato: «Ma non posso stracciarla». Petrella: «Allora fai quello che vuoi, Piero. L'hai fatto? Tu ti assumi tutte le tue responsabilità. Per quanto riguarda me, fin quando sarò io il responsabile del partito, è chiusa la situazione. Ma proprio chiusa!».

Ottocento chilometri più a nord, due anni dopo, «la Repubblica» accusa il direttore generale dell'ospedale Niguarda di Milano Pasquale Cannatelli, «ciellino dichiarato», di scegliere «in larga maggioranza primari ciellini, di cui uno fa Gesu (Giovanni) perfino di cognome». «La Padania», in guerra con Bobo Formigoni sull'assessorato alla Sanità, rincara contro «lo strapotere di Comunione e liberazione negli ospedali lombardi». Nomi e cognomi, a partire da Alberto Bettinelli, primario di pediatria dell'Ospedale di Merate: «Ostenta la sua appartenenza a Cl. Fuori dalla porta del reparto campeggia un'immagine di don Luigi Giussani al posto di quella di Carlo Azeglio Ciampi. Bettinelli si è distinto per l'infaticabile campagna condotta contro i referendum sulla procreazione assistita e si è guadagnato una certa notorietà attribuendo guarigioni imprevedibili a interventi soprannaturali».

«Quelli non sanno distinguere tra un asino, un mulo e un cavallo», ribatte acido l'allora assessore regionale alla Famiglia Giancarlo Abelli. E l'ufficio stampa di Comunione e liberazione spedisce al quotidiano «lumbard» una lettera formale: «Desideriamo precisare che il Movimento non si occupa di ospedali né sceglie presidenti di fondazioni semplicemente perché non ne ha titolo in quanto movimento ecclesiale che ha ben altro da fare. La gestione di strutture ospedaliere e le conseguenti nomine sono responsabilità delle istituzioni civili».

Sarà. Resta incancellabile, però, la lettera mandata in quei mesi agli ex ricoverati, prima delle Regionali, dal professor Raffaele Pugliese, che dell'ospedale milanese era direttore del dipartimento dei trapianti: «Caro paziente, mi permetto di scriverLe in virtù dell'incontro che abbiamo avuto e del servizio che abbiamo potuto offrirLe in occasione della Sua degenza nel mio reparto. (...) Fatta salva la libertà elettorale di ciascuno e sperando di non recarLe disturbo o offesa, mi permetto di suggerirLe di sostenere la rielezione dell'attuale presidente Roberto Formigoni».

Due giorni dopo avere scovato e pubblicato la supplica elettorale, «La Padania» era schifata: «Non uno straccio di commentino da parte della direzione del Niguarda. Non uno straccio di commentino da parte del presidente della giunta nonché facente funzione di assessore alla Sanità, Roberto Formigoni...». E tutti i leghisti pedemontani in coro: che schifo!

«Non c'è nomina di primario o capo dipartimento che non sia filtrata dalla politica», si sfoga alla fine dell'estate 2007 il dottor Paolo Tenchini. E spiega a Giangiacomo Schiavi del «Corriere» perché se n'è andato in pensione lasciando il posto di primario chirurgo all'ospedale San Carlo di Milano e denunciando il direttore generale leghista: «"Nel 2003 mi venne chiesta la disponibilità per un ruolo di dirigente sanitario in una grande azienda ospedaliera lombarda." Quota Lega. "Con un patto chiaro: nel mio lavoro, niente intromissioni politiche." Dopo tre mesi un senatore si è presentato da lui e gli ha detto che doveva liberare il posto. "Un benservito con poche parole: non sei confacente alle direttive di partito"».

«A me servirebbero due cortesie: una in Neurochirurgia e una in Cardiologia», fa sapere l'«onorevola» Sandra Lonardo Mastella al direttore generale dell'Asl di Caserta. E Carlo Camilleri, che di Clemente è il consuocero, spiega in un'intercettazione che l'allora ministro è furente: «Continua a dire "non capisco se Gigi Annunziata è nostro o di un altro. Qualunque cosa chiediamo non ce la fa, viceversa, mò dice che ha dato l'incarico di primario a Ginecologia al fratello di Mino Izzo. Ma ti pare... Proprio il fratello di uno di Forza Italia che è di Benevento ed è contro di me... Ma non teniamo un altro ginecologo a cui dare questo incarico?».

Lui, lo «statista» sannita, smentisce: «Quelle non sono parole mie. Sono riferite. In una piccola provincia lontana da Napoli ho sempre detto che i primari devono essere i migliori. Se a Telese mettessi un primario cretino potrei fare il mio danno...».

I migliori, dice. Solo i migliori. Lui li premia, i «suoi» uomini migliori. Come fece nell'estate del 2007 in occasione dell'inaugurazione, a Ceppaloni, della casa-albergo per anziani «Pietro Lonardo», intitolata alla memoria di un fratello medico di Alessandrina, scomparso prematuramente nel 2004. Medaglie di qua, medaglie di là... La più commovente, fu la sviolinata a Bruno De Stefano, direttore generale dell'Asl di Benevento: «Per una vita dedicata alla Sanità nella Regione Campania nei diversi ruoli ricoperti in un "cursus honorem" che, di diritto, lo colloca fra i massimi esperti regionali e nazionali del settore. Per i risultati già conseguiti e che conseguirà nella direzione dell'azienda sanitaria Benevento nonostante le contingenti difficoltà generali: risultati che, siamo certi, saranno determinanti per il mantenimento dei livelli di assistenza di cui la popolazione sannita ha bisogno».

Il dirigente sanitario, indifferente allo strafalcione in latino («cursus honorum»: non «honorem») sorrideva compiaciuto. Qualche giorno dopo, a riprova di quanto il premio fosse meritato, la sua Asl fissava una visita specialistica odontoiatrica a una bambina per il 25 gennaio 2010.

Due anni e mezzo in lista d'attesa per un appuntamento? E cosa saranno mai...

16

E c'è chi vuole l'Albo degli imam

Gli Ordini non tengono ordine ma guai a chi li tocca

«Permetta che mi presenti: Mohammed Abdullah, dell'Albo professionale degli imam.» Il giorno che un califfo vi tenderà la mano così, Daniela Garnero (fu) Santanché avrà vinto la sua battaglia. Memore del Duce che nell'oasi di Bugàra levava al cielo la Spada dell'Islam avuta in dono quale difensore dell'Islam moderato, la camerata cuneese che alle elezioni del 2008 guidava La Destra, ha infatti avuto una pensata: non si possono chiudere le moschee? Seppelliamole sotto la burocrazia.

Ha così presentato un disegno di legge, firmato con Ignazio La Russa, per l'«Istituzione del registro pubblico delle moschee e dell'Albo nazionale degli imam». Secondo la signora (fu) Santanché, che al momento della separazione ottenne di conservare il cognome del marito chirurgo plastico che allora era più lanciato di lei nel jet-set della Costa Smeralda grazie anche a uno yacht chiamato *Bisturi*, questo Albo dovrebbe essere gestito dal ministero della Pubblica istruzione attraverso un'apposita commissione incaricata di esaminare il curriculum del candidato, che per ottenere l'iscrizione e poi l'abilitazione professionale necessaria a operare nelle moschee italiane dovrebbe frequentare corsi di formazione obbligatori nelle facoltà di Lettere e Filosofia, con specializzazione in Storia e Civiltà orientali. Unici delegati a fornire il diploma di guida spirituale.

C'è chi dirà che, a differenza del nostro sacerdote, l'imam (o califfo: è la stessa cosa) non è un pastore che sta un gradino più vicino a Dio ma può essere un semplice fedele esperto nei movimenti rituali della *salāt*. E che dunque il diplomino non avrebbe agli occhi di un islamico alcun valore.

Ma prima che la disputa buro-teologica entrasse nel vivo, la legislatura è finita. Addio.

Insieme con quella dei califfi sono evaporate nel nulla, di anno in anno, decine di altre proposte di albi, ordini e organismi vari del genere. L'Unione europea preme perché disboschiamo la selva di ordini che già abbiamo così da aprire il mercato ai giovani e alla concorrenza internazionale? I nostri politici, dell'una e dell'altra parte, continuano a proporne di nuovi. Tanto che a un certo punto la Fita (Federazione del terziario avanzato) ne contò in lista d'attesa la bellezza di 209: duecentonove! Tra i quali svettavano quelli dei «podologi» (specialisti dei piedi: callisti compresi?) e dei «pedologi» (specialisti, spiega il De Mauro, nello «studio sistematico dello sviluppo fisico, psicologico e sociale del fanciullo»), dei «risk manager» (i «gestori del rischio aziendale») e dei fotografi, dei venditori di fuochi artificiali e dei massaggiatori shiatsu.

È dal 1980 che questo o quel governo tenta di riformare gli ordini. Inutilmente. Guai a toccarli: graffiano come gatti selvatici. Il giorno che ci provò Giuliano Amato, per fare un solo esempio, l'allora presidente dell'Ordine dei dottori commercialisti (da non confondere con l'Ordine dei ragionieri commercialisti) Francesco Serao saltò su sventagliando mitragliate manco dovesse difendere delle orfanelle dall'assalto di un'orda di stupratori. E accusando il dottor Sottile di metodi autoritari e antidemocratici tuonò: «Ma i professionisti continueranno a lottare! Non ci saranno le foibe delle libere professioni!». Le foibe! Come possono venire in mente paragoni così insensati? È insensata la situazione.

Il presidente onorario dell'Arcigay Franco Grillini ha chiesto la nascita di un Albo dei sessuologi con tre sezioni: consulenti sessuali, esperti in educazione sessuale, sessuologi clinici. La nazional-alleata Angela Napoli ha invocato quello dei traduttori («la provincia del Québec non solo ha istituito da tempo l'Ordine professionale dei traduttori e interpreti ma addirittura riconosce e tutela la professione di terminologo») nonché quello dei docenti, con allegato il «riconoscimento della qualifica di lavoro usurante per l'attività svolta dai docenti delle istituzioni scolastiche pubbliche di ogni ordine e grado». Tutti i docenti, dalle maestre elementari ai professori di ginnastica negli istituti tecnici? Tutti: lavoro usurante.

Il diessino Vincenzo Siniscalchi voleva l'Albo degli stenotipisti «per rendere l'amministrazione della giustizia più operativa, celere e funzionale e permettere a circa centomila giovani di esercitare la libera professione di verbalizzatori in tempo reale con macchina computerizzata». Il forzista Giuseppe Massimo Ferro quello dei «consulenti giudiziari qualificati». Il suo collega Michele Saponara quello dei «consulenti tecnici d'ufficio». L'aennino Luciano Magnalbò quello dei «consulenti e periti giudiziari», il suo compagno di partito Gennaro Malgieri quello dei «professionisti di conservazione dei beni culturali», la verde Carla Rocchi quello dei «dottori naturalisti».

E via così, con albi degli «agenti di spettacolo» e dei «doppiatori cinematografici», degli «artisti» e dei «cuochi professionisti». Assolutamente indispensabile, secondo i promotori, per la salute dei clienti: «Le cronache, soprattutto estive, rimarcano con frequenza infortuni gastro-intestinali di cui sono vittime i consumatori e ciò è spesso dovuto a una scarsa preparazione professionale e igienico-sanitaria di cuochi improvvisati a cui ricorrono imprenditori scarsamente scrupolosi. I danni fisici in cui incorrono gli avventori si ripercuotono conseguentemente non solo sull'intero comparto della catena ristorativa, ma anche sul costo della sanità pubblica».

E il disagio esistenziale? Il mal di vivere non pesa quanto il mal di fegato? Detto fatto, la casiniana Erminia Mazzoni ha spiegato la necessità di riconoscere «le peculiari caratteristiche di professionalità della categoria» dando vita a un Albo dedicato a chi si occupa (articolo 1) «del disagio di vivere e operare attraverso l'uso della comunicazione, con strumenti di analisti e strategie di intervento, al fine di modificare l'atteggiamento interiore». Cioè l'«antropologo esistenziale». Articolo 2: «Per l'esercizio della professione di antropologo esistenziale è necessario essere iscritti all'Albo nazionale degli antropologi esistenziali». Elementare, Watson.

Il capolavoro, però, l'ha messo a segno il senatore di An

Euprepio Curto. Il quale, deciso a marcare il suo passaggio a Palazzo Madama con una legge eccentrica quanto il suo nome, nel bel mezzo delle polemiche sui costi della politica, ha impugnato schioppo e alabarda ergendosi a difesa della categoria: «Le ultime vicende hanno fatto emergere ulteriormente lo stato di delegittimazione a cui pare sia assurta la categoria dei parlamentari. Da una parte c'è chi individua le incongruenze e le inconcludenze della classe politica nell'elevatissimo numero degli eletti, così come vi è pure chi ritiene che il deputato o il senatore rappresentino la forma più evidente del lassismo e della totale indolenza».

Ah, mondo crudele! «Quante volte si è sentito dire: ma che cosa fanno questi parlamentari? Quante volte ci siamo trovati di fronte a feroci critiche relative agli emolumenti da essi percepiti quasi che a fronte di tale corrispettivo non ci fosse un impegno fisico e intellettuale totale e totalizzante? La figura del parlamentare viene intaccata e scalfita nel suo prestigio e nella sua dignità.» Ciononostante (qui arriva il bello) «il parlamentare continua a essere figura emblematica non solamente dal punto di vista politico e istituzionale ma anche professionale. La varietà dei temi e delle materie che egli trova di fronte a sé nel corso del mandato legislativo è tale da richiedere o comunque da costruire professionalità specifiche di altissimo livello. Sono poche le altre categorie professionali che possono vantare simili esperienze e un così alto livello di confronto. Sarebbe pertanto delittuoso disperdere tali professionalità».

Quindi? Urge costituire l'Albo degli ex parlamentari. Al quale dovrebbero essere iscritti d'ufficio gli ex senatori o ex deputati. E perché? La risposta è all'articolo 3: gli enti pubblici potrebbero prendere da lì i nomi giusti «per l'attribuzione degli incarichi che possono essere meglio svolti utilizzando le competenze professionali e le esperienze parlamentari già maturate». Ed ecco risolto il problema delle presidenze delle Asl, delle municipalizzate, delle società miste...

Ordine dei riciclati: ma non si vergogna? No. Del resto Euprepio non si vergognò neppure quando nel 2003 a Francavilla Fontana, il paesone in provincia di Brindisi dove lui ha il collegio elettorale, saltò fuori che dei 27 vincitori di un concorso per dipendenti comunali ben 22 erano parenti di politici e di questi due erano nipoti suoi. Intervistato da Antonello Caporale della «Repubblica», non fece una piega. E che sarà mai? «Solo due nipoti. Meno del dieci per cento...» Clientelismo, ma omeopatico.

Ordini, ordini, ordini. «Le barriere di accesso di molte professioni hanno in Italia un carattere medievale» denunciò qualche anno fa, dopo l'ennesimo fallimento di una riforma, il presidente dell'Antitrust Giuseppe Tesauro. Il suo successore Antonio Catricalà, nella relazione al Parlamento, conferma: «In Italia esiste una regolamentazione, in molti casi sproporzionata, che attribuisce ingiustificati privilegi ai professionisti». Insomma, «la riforma delle professioni, anche alla luce delle sollecitazioni degli organismi internazionali, è improcrastinabile».

Risposta: barricate. Ostruzionismo totale. Come se Tesauro e Catricalà non fossero dei sobri e moderati signori in là con gli anni ma giovani teppisti scalmanati decisi a spaccar tutto.

Cosa siano gli ordini lo dicono le date della loro istituzione: quelli degli architetti e degli ingegneri sono nati nel 1923, subito dopo la marcia su Roma. Quello dei chimici nel '28, quando i sovietici organizzarono contro le Olimpiadi le Spartachiadi. Quello dei geometri e dei periti industriali nel '29. Quello dei notai nel 1913 e quello dei medici, soppresso negli ultimi anni dal Duce e ripristinato nell'immediato dopoguerra, addirittura nel 1910, quando era ancora vivo Francesco Giuseppe.

La legge fondamentale, però, è quella fascistissima del 1938. L'anno delle leggi razziali. E il senso è tutto nei primi due articoli. 1) «Gli ingegneri, gli architetti, i chimici, i professionisti in materia di economia e commercio, gli agronomi, i ragionieri, i geometri, i periti agrari ed i periti industriali non possono esercitare la professione se non sono iscritti negli albi professionali delle rispettive categorie a termini delle disposizioni vigenti.» 2) «Coloro che non siano di specchiata condotta morale e politica non possono essere iscritti negli albi professionali e, se iscritti, debbono esserne cancellati, osservate per la cancellazione le norme stabilite per i procedimenti disciplinari.»

Cosa intendesse Mussolini per «specchiata condotta politica» lo potete immaginare: se non inneggiavi a lui, eri fuori. Depurato da questa zavorra fascista però, dicono i guardiani del sistema, l'impianto ha un suo valore: l'ordine è il garante dei propri iscritti. Cerchi un chirurgo, un avvocato o un ingegnere? Questi sono a posto, hanno studiato e sono probi, garantisce l'ordine. Il quale, a tutela dell'iscritto e del cliente, provvede a fissare un ventaglio di tariffe, dalla minima alla massima.

Messa in questo modo, la cosa non fa una piega. Ma è così? Indro Montanelli andava per le spicce, a partire dal proprio orticello: «L'Ordine dei giornalisti è da abolire. Non ha alcuna funzione, se non quella comune a tutti gli ordini professionali: difendere le mafie di interessi corporativi». Una posizione drastica. Radicale. Forse un po' forzata perfino agli occhi di chi, come noi, ha firmato da anni per l'abolizione. Ma chiara: che senso ha un Ordine che non tiene ordine? Che, come ha scritto Francesco Merlo, è arrivato a radiare colleghi quali Giampiero Mughini per uno spot pubblicitario di telefonini o Florence Odette Fabre per aver firmato una rivista pornografica, senza vedere che «la pornografia della quale si è macchiata è persino migliore della pornografia praticata da quegli altri giornalisti che hanno venduto intelligenza e competenze, forse non il corpo ma certamente l'anima a un leader politico»?

Dice il presidente Lorenzo De Boca, al pari di tutti i suoi colleghi delle altre categorie interessate, che l'Ordine dei giornalisti «deve essere tutelato, rafforzato e non distrutto» e che nessuno, se i treni arrivano in ritardo, propone di abolire le Ferrovie: «Allora, perché mai si dovrebbe abolire l'Ordine dei giornalisti? Ammesso – e non concesso! – che il suo funzionamento lasci a desiderare e che altrove sia meglio, perché chiudere bottega?». Facciamo rispondere Giorgio Bocca, il giorno che radiarono (per la pubblicazione-denuncia di una serie di foto pedofile, pubblicazione provocatoria e forse inopportuna ma certo non compiaciuta o ammiccante) un uomo che pure non ama come Vittorio Feltri.

Per essere un ordine rispettabile, scriveva Bocca, «bisognerebbe per cominciare che avesse un codice morale da difendere, ma questo codice l'Ordine dei giornalisti non se lo è mai dato perché l'Ordine e la professione che rappresenta mancano della autonomia necessaria per dare lezioni di comportamento. Questo ordine è una sorta di fantasma burocratico che si sveglia solo se c'è da fare una difesa corporativa, ma che ha lasciato passare senza risposta tutte le violazioni e i condizionamenti che l'economia pubblicitaria, il potere politico, le arroganze e lo strapotere della rivoluzione tecnica gli hanno imposto». E parliamo di un ordine che bene o male, a torto o a ragione, alcune scelte nette (rare) le ha fatte. Ma gli altri?

Prendiamo il tema dell'accesso alla professione facendo un passo indietro, al settembre del 2006. Il governo ha appena deciso la soppressione delle tariffe minime e del divieto agli iscritti agli ordini di fare pubblicità, due cose che potrebbero consentire ai giovani di rosicchiare un po' di spazio in un mondo recintato, quando il Consiglio nazionale forense spedisce a tutti gli interessati una circolare firmata dal presidente Guido Alpa il cui tema è: tenete duro.

Sia chiaro che nulla è perduto, spiega il documento: «La nuova disciplina dovrebbe avere natura transitoria». E perché? Perché bisogna vedere come andranno «le prossime pronunce della Corte di Giustizia riguardante la legittimità delle tariffe obbligatorie» e «la legittimità del divieto della libera negoziazione del compenso professionale forense» più «l'eventuale pronuncia della Corte costituzionale» più «l'esito del processo di riforma della disciplina forense, che si avvierà con la ripresa autunnale alle Camere». Insomma, battaglia.

Nel frattempo, prosegue la circolare costringendo per esempio l'avvocato Gianluca Meterangelo di Milano ad annullare una pubblicità già pagata sui giornali dove, sfruttando la Bersani, offriva la sua consulenza professionale proponendo «un incontro gratuito e senza impegno per conoscere i nostri servizi e le nostre tariffe», tutto deve restare più o meno come prima. A cominciare appunto dalle tariffe.

La nuova legge dice che «in conformità al principio comunitario di libera concorrenza e a quello di libertà di circolazione delle persone e dei servizi, nonché al fine di assicurare agli utenti un'effettiva facoltà di scelta» vengono «abrogate» (testuale: abrogate) tutte «le disposizioni legislative e regolamentari» che prevedono «l'obbligatorietà di tariffe fisse o minime ovvero il divieto di pattuire compensi parametrati al raggiungimento degli obiettivi perseguiti». Chiaro?

Un corno, dice l'«interpretazione» del Consiglio nazionale forense: «Nel caso in cui l'avvocato concluda patti che prevedano un compenso inferiore al minimo tariffario, pur essendo il patto legittimo civilisticamente, esso può risultare in contrasto» col codice deontologico perché «lede la dignità dell'avvocato». E chi deciderà quale tariffa non «lede la dignità dell'avvocato»? L'Ordine.

Ma ancora più interessante è la risposta all'abrogazione del divieto di fare pubblicità. Per il Consiglio nazionale forense, la nuova legge «non fa cenno né alla pubblicità comparativa (che pure si era affacciata in precedenti progetti di riforma delle professioni) né ai mezzi pubblicitari. Pertanto, restano confermate le disposizioni del codice deontologico che vietano la pubblicità comparativa e quelle che prevedono restrizioni in materia di mezzi utilizzati». Cioè? «Non è ammesso l'uso di mezzi disdicevoli» quali non solo «l'affissione di cartelli negli esercizi commerciali» ma anche «gli organi di stampa, la radio e la televisione»... Un capolavoro.

«Ci provino» ringhia bellicoso, in quei giorni, Pier Luigi Bersani. «Che ci provino, a non rispettare la legge. Le nuove regole sono chiare e inequivocabili. Uno deve poter dire: io curo una causa di divorzio per 3000 euro. È bravo? È scarso? Verrà giudicato. Ma deve poterlo dire. Ed è il codice deontologico che in una democrazia deve adeguarsi alla legge, non viceversa. Ci mancherebbe altro... Sulla faccenda dei giornali o delle tv che sarebbero "mezzi disdicevoli" non voglio neanche entrare. Mi affido al senso del ridicolo dei lettori.»

Come sia finito il braccio di ferro lo dice una dettagliatissima indagine dell'Antitrust. L'abolizione del divieto di pubblicità è stata «integrata» da un emendamento che dà agli ordini il compito di verificare la trasparenza e la veridicità delle inserzioni: un diritto di veto. Massicciamente sfruttato, stando alle denunce, da avvocati, medici, commercialisti... E le tariffe minime nei fatti sopravvivono ancora. Perché, con un emendamento, la loro abolizione è stata sostituita in Parlamento dall'abolizione dell'«inderogabilità» del tariffario. Non bastasse, alcuni ordini hanno praticamente ristabilito l'obbligo irrobustendo il concetto di «decoro».

Vale per gli avvocati, vale per tutti gli altri. La veterinaria torinese Laura Bertolazzi, che dirige un'associazione senza scopo di lucro dedita a curare gli animali delle persone anziane e meno abbienti applicando tariffe più che dimezzate rispetto a quelle minime dell'ordine, è già stata sospesa tre volte. Esasperata, ha denunciato tutto all'Antitrust. Sulla carta, alla fine, l'ha vinta. E l'ordine, sotto la pressione di Catricalà, si è impegnato a rinunciare alle tariffe minime, consentire la pubblicità e archiviare i procedimenti disciplinari. Peccato che la Commissione di Appello abbia confermato l'ultima sospensione già affibbiata. Non più, stavolta, per non aver rispettato le tariffe minime e aver fatto pubblicità, ma perché un figlio ha vicino all'ambulatorio della madre un negozio di prodotti per animali. Conflitto d'interessi: cara collega, così non si fa! Non sono tollerabili, in Italia, i conflitti d'interessi!

Ma quale mistero si nasconde dietro questa formidabile capacità degli ordini di resistere a ogni riforma? Macché mistero, rispondeva l'economista Francesco Giavazzi nell'agosto del 2004, è tutto semplicissimo: «I professionisti iscritti ad albi rappresentano il 31,4% dei parlamentari italiani, contro il 16,4% nel Parlamento di Londra. Tra i parlamentari della Casa delle Libertà essi rappresentano il 41%, contro il 15% dei parlamentari conservatori al tempo della signora Thatcher».

C'è da sorprendersi se va sempre tutto a monte? Affatto: «Il Parlamento è infestato dagli avvocati e non ha nessuna voglia di cambiare» accusa Ivone Cacciavillani, che di mestiere fa l'avvocato ma si rifiuta di difendere l'indifendibile: «In Italia tra ordini, collegi e albi siamo a quota 72, una cosa incredibile, da Medioevo. Sono corporazioni organizzate per salvaguardare gli iscritti e non certo i cittadini. Corporazioni dove vige il diritto dell'Arca di Noè». Cioè? «Si fa una fatica bestiale per entrarci, ma una volta dentro si naviga tranquilli: un iscritto se non mangia i bambini o non attenta all'integrità della Repubblica, resta iscritto a vita. Anche quando si trova in uno stato di palese analfabetismo di ritorno.»

Lo *Stupidario medico* di Antonio Di Stefano elencò qualche anno fa un po' di castronerie dei dottori. Dalle ricette che prescrivevano «aspirina in supposte effervescenti» agli inviti a compiere una visita specialistica per «coliche al ginocchio», dalle visite «all'ergologiche» ai referti su pazienti che avevano «vomitato le supposte due ore dopo l'assunzione». Fino alla diagnosi di una «gravidanza all'XI mese». Espulsioni? Radiazioni? Imposizioni tassative a tornare sui libri? Più rare dei trichechi sulle Alpi.

«Guai a chi li tocca» ha denunciato nell'omonima inchiesta Antonio Galdo, scosso dalla scoperta che in piazza Maggiore a Bologna c'è un palazzo che per sei secoli (sei secoli!) è stato sede della corporazione dei notai, che esiste un «Albo dei terapisti della riabilitazione non vedenti» (nel senso di fisioterapisti ciechi) e un altro delle guide alpine. Guai a chi li tocca perché gli interessi che ruotano intorno agli ordini sono tantissimi. E pesano.

Basti ricordare un convegno del 2004 a Napoli dove il Cup (Coordinamento unitario delle libere professioni) sbatté in faccia ai politici tentati dall'idea di qualche riforma un po' di numeri: «Rappresentiamo una massa di 3 milioni e 590.000 persone». Alias elettori, scrisse il «Corriere». Cioè 1.690.000 iscritti agli albi, 900.000 praticanti e un milione di dipendenti degli studi professionali. Avviso: chi ci tocca perde le elezioni.

Da allora questi numeri (i quali nel caso dei progettisti sono otto volte più alti che in Francia o in Gran Bretagna) sono addirittura cresciuti. Dice il rapporto Censis del 2007 che gli appartenenti agli ordini e ai collegi professionali, già raddoppiati tra il 1985 e il 2005, sono saliti a un milione e 90.000. Dei quali 377.000 medici e dentisti, 178.000 avvocati, 198.000 ingegneri, 128.000 architetti, 101.000 geometri... Ai quali vanno sommati i praticanti, i dipendenti, i familiari... E chi le vince, le elezioni, contro un tale esercito? Messaggio ricevuto, a leggere i programmi dei partiti per le elezioni della primavera 2008: non c'era una riga sugli ordini nelle promesse di Berlusconi, non c'era una riga sugli ordini nelle promesse di Veltroni.

Ogni passo della Camera e del Senato su questo fronte ha a che fare con un partito trasversale alla destra e alla sinistra. Che va dal post-fascista Ignazio La Russa, fautore dell'Albo degli imam, al neo-comunista Pino Sgobio, il quale dopo la caduta del governo Prodi si lagnava dei radicali, rei di essersi battuti per «le liberalizzazioni e l'abolizione degli ordini» ricordando che la cosa «non era prevista nel programma dell'Unione».

L'ex ministro della Giustizia Roberto Castelli, iscritto all'Ordine degli ingegneri, non ci provò neppure, quando la materia era di sua competenza, a rompere i lacci e lacciuoli per aprire il mercato: «La Commissione europea e l'Antitrust vorrebbero abolire gli ordini; noi invece siamo impegnati a difenderli perché pensiamo che gli ordini e tutto il ricco mondo delle professioni siano un patrimonio fondamentale della nostra società».

Quanto a Silvio Berlusconi, invocò «un'amministrazione pubblica liberale in politica e liberista in economia» fin dalla «discesa in campo». Lo ribadì più volte rievocando la Thatcher: «Forza Italia è un partito assolutamente liberista». Lo riaffermò alla vigilia delle Politiche del 2006: «Gli elettori devono scegliere tra liberismo e comunismo, liberismo e statalismo». Sugli ordini, però, è arrivato a lisciare il pelo ai protezionisti con una lettera d'appoggio: «Noi pensiamo che il sistema degli albi professionali regolato per legge sia molto meglio del sistema delle libere associazioni di professionisti presenti nei Paesi anglosassoni».

Risultato: «Per quanto sia ipocrita la politica italiana» ha scritto l'economista Geminello Alvi, «non c'è da decenni annuncio più ipocrita della riforma "prossima" degli ordini». Un rapporto dell'Unione europea colloca l'Italia con Lussemburgo, Belgio e Polonia fra i Paesi più refrattari alle riforme? I nostri, anziché arrossire, gongolano. E, volta per volta, trovano riparo nelle provvidenziali aggiustatine. Come un decreto che, appena quattordici giorni dopo la Bersani, ritocca la legge notarile del 1913. E svuotando di fatto parte delle nuove norme sulle liberalizzazioni dice che può essere censurato o sospeso fino a un anno, o perfino radiato, il notaio che «fa illecita concorrenza ad altro notaio, con riduzioni di onorari, diritti o compensi, ovvero servendosi dell'opera di procacciatori di clienti, di richiami o di pubblicità non consentiti dalle norme deontologiche».

Di più, introduce l'obbligo di indicare l'orario di stipula degli atti. Motivo ufficiale: impedire a qualche furbo di fare cinquanta atti in un'ora senza manco il tempo fisico di leggerli. Come faceva un notaio veneto sanzionato, caso unico, con tre mesi di sospensione. Ma c'è chi, maliziosamente, ci vede anche un'altra inconfessabile ragione: poter controllare che un notaio non lavori anche lecitamente troppo, magari a scapito di qualche suo collega.

Un notaio di Alassio, Elpidio Valentino, ha denunciato all'Antitrust strane ispezioni a causa dell'«eccesso quantitativo» delle sue prestazioni. Direte: ma non fa parte delle libertà costituzionali che una carrozzeria, un falegname o un'impresa edile cerchino di soffiare i clienti alla concorrenza facendo prezzi più bassi e lavorando bene ma più in fretta? Insomma: se comunque viene garantito il risultato finale (gli imbroglioni sono un altro paio di maniche), non dovrebbe venire prima il diritto dei cittadini-clienti? Certo, ma non se ci sono di mezzo gli ordini.

Perché i nostri notai abbiano così duramente contrastato la liberalizzazione, sia pure con qualche ragione (esempio: tra una cosa e l'altra il passaggio di proprietà di un'auto viene a costare non molto di meno e se la macchina è rubata o l'atto è fatto male non ne risponde certo l'ufficio che ha sbrigato la pratica) è evidente. La riforma in senso liberale della professione notarile in Olanda, iniziata nel 1999 e completata nel 2003, ha comportato sì un certo aumento dei prezzi dei servizi legali, ma soprattutto un calo sensibile dei costi per i trasferimenti di proprietà, facendo risparmiare mediamente ai clienti quasi un terzo delle spese. E gli altoatesini che, in base a un'intesa, vanno a registrare gli atti negli studi notarili di Innsbruck arrivano a guadagnarci, giurano, fino al 50%. A volte di più.

Non bastasse, pesa su tutta la nostra società la carenza a volte drammatica di notai. La pianta organica fissata dal ministero è oggi di 5312 posti. Pochi, se è vero che ne servirebbero almeno 6000. Ma quelli in attività sono ancora meno: 4645. Eppure, nonostante la falla, non solo i criteri della pianta organica non sono mai stati aggiornati dal 1966 (l'anno in cui fummo buttati fuori ai Mondiali da un gol del coreano Pak Doo Ik) ma il ricambio è un calvario. Le prove scritte dell'ultimo concorso, indetto nel settembre del 2004, si sono svolte nel novembre del 2005 e i risultati sono stati resi noti a metà marzo del 2007: un anno e mezzo per correggere i compiti di 1948 candidati e ammetterne agli orali 187, 13 meno del previsto. Con una coda: un'inchiesta della magistratura per la denuncia di irregolarità di vario tipo.

Va da sé che, sentendosi intoccabili, gli ordini si regolano come pare a loro. Al di sopra di tutto. Anche dell'opinione dei cittadini. Lo dice il rapporto 2008 sulla classe dirigente voluto dal direttore generale della Luiss Pier Luigi Celli. Un rapporto serio, con una tabella sulla «fiducia nelle istituzioni e in altre organizzazioni». Bene: se è vero che i politici stanno peggio perché solo 12 cittadini su 100 appartenenti all'élite credono nella moralità dei partiti, del «senso etico degli ordini professionali» si fidano appena 33 su 100. Addirittura 10 di meno di quanti prestano fede al «senso etico della pubblica amministrazione». Gli altri, a larghissima maggioranza, sono diffidenti. Come mai?

Qualcuno, forse, ha letto un'inchiesta del «Mondo». Dove si raccontava di come gli architetti abbiano un potere capillare a contatto con la pubblica amministrazione e certi appalti siano stati assegnati dopo gare internazionali nella cui giuria stavano commissari in società con qualche partecipante. Altri forse sono diffidenti per non aver mai saputo di un provvedimento dell'ordine nei confronti del notaio napoletano Vincenzo Pulcini, sul cui tavolo sarebbero stati firmati molti passaggi di proprietà delle 73 palazzine (totale: 450 appartamenti) tirate su a Casalnuovo dal costruttore Domenico Pelliccia senza una licenza edilizia, senza uno straccio di documento valido, senza due righe di studio sui rischi sismici. E senza fondamenta, come hanno scoperto i tecnici accorsi ad assistere le ruspe dell'esercito usate per le demolizioni.

Case di sabbia e farina, piloni appoggiati sul niente, muri di segatura. Case destinate a crollare al primo brontolio del Vesuvio. Ma vendute a decine di poveracci sulla base di domande di condono false, versamenti postali falsi e un'autocertificazione falsa del costruttore, il quale assicurava che il cantiere abusivo era stato portato al grezzo entro il novembre del 2004, data di scadenza dell'indecente proroga del condono edilizio varato dalle destre alla fine del 2003. E il notaio, che ha lo studio a poche centinaia di metri, non sapeva niente? Nooooooo...

Altri ancora saranno diffidenti dopo aver sentito lo sfogo del presidente dei piccoli industriali siciliani Marco Venturi contro le anime belle che si lagnano dei «professionisti dell'Antimafia»: «In Sicilia il problema non è l'Antimafia ma la mafia, che c'è e va combattuta. Anzi, mancano voci importanti che dovrebbero prendere posizione in modo schietto, penso agli ordini professionali».

Per carità, è vero che l'Ordine dei medici di Palermo, alle prese con una serie di arresti di camici bianchi, assicura di avere radiato tutti gli iscritti condannati in Cassazione a più di tre anni di carcere. Come Antonino Cinà che secondo Giovanni Brusca «dava consigli a Totò Riina» e «veniva sfruttato perché, essendo un medico, frequentava i salotti buoni di Palermo e aveva informazioni che servivano per valutare bene quel che bisognava fare». O i colleghi Giuseppe Guttadauro, boss di Brancaccio, e Salvatore Aragona. Ed è vero che ne ha sospeso altri come il già citato Giovanni Mercadante, deputato regionale forzista arrestato nel luglio del 2006 per associazione mafiosa e indicato dal boss Emanuele Brusca, fratello di Giovanni, come «una persona conosciuta e di cui mi sarei potuto fidare».

Ma l'ex assessore comunale dell'Udc Domenico Miceli, condannato a 8 anni di galera per concorso esterno in associazione mafiosa ai primi di dicembre del 2006, nella primavera del 2008 era ancora regolarmente al lavoro nel reparto di Chirurgia oncologica del Policlinico palermitano. Senza essere mai stato sospeso dall'ordine di Agrigento, al quale appartiene, se non per un breve periodo subito dopo l'arresto.

«E che potevo fare?» chiede Francesco Geraci, che dell'ordine girgentino è presidente ininterrottamente dal 1963. «Se poi lo assolvono in Cassazione e lui mi chiede i danni che faccio, mando il conto a voi?»

Per questo, dice, non ha neppure sospeso («non l'hanno mai arrestato») l'ex governatore e medico Totò Cuffaro condannato a 5 anni per favoreggiamento aggravato alla mafia e violazione di segreto d'ufficio: «Aspettiamo la Cassazione». Lo saprà ben lui come si fa, visto che è stato per anni e anni docente di Deontologia all'Università di Palermo!

E il dottor Alfonso Lo Zito, il radiologo della Margherita arrestato nel 2001 per voto di scambio mafioso e condannato anche in Cassazione?

«Condannato è?» si stupisce Geraci a fine marzo 2008.

«Sì, dal 10 maggio 2007: quasi un anno fa.»

«Ah...»

«Com'è che non l'avete ancora sospeso?»

«E noi che ne sappiamo, scusi? Mica ce l'hanno mai comunicato.»

«Ma è uscita a tutta pagina sul "Giornale di Sicilia".»

«Che cosa?»

«La notizia della condanna in Cassazione.»

«E allora? Queste cose non è che possiamo apprenderle dalla stampa, mi perdoni.»

«Cosa aspettate, che vi avverta la Suprema Corte?»

«E cosa dovremmo fare, chiederla noi?»

«Una volta letto il giornale...»

«No, guardi, i giornali locali io non li leggo.»

«Non li legge?»

«Non li leggo.»

«E nessuno le ha mai detto niente?»

«Nessuno.»

«Nonostante Lo Zito sia un radiologo in città conosciutissimo?»

«Nessuno.»

Nino Amadore, del «Sole 24 Ore», ha dedicato un libro a queste vicende. Si intitola *La zona grigia. Professionisti al servizio della mafia* e ricostruisce le ambiguità e i silenzi dei vari ordini nei confronti degli associati coinvolti in faccende di mafia, camorra, 'ndrangheta. Colletti bianchi che, a sentire il presidente di Cassazione Gaetano Nicastro, sono indispensabili ai criminali: «Cosa Nostra gode purtroppo di una vasta rete di fiancheggiatori nell'ambito di una certa borghesia mafiosa, fatta di tecnici, di professionisti, di imprenditori, di esponenti politici e della burocrazia».

Come potrebbero certi padrini potentissimi ma semianalfabeti investire nell'edilizia in Lussemburgo, nell'acquisto di un pacchetto azionario alle Cayman o nell'acquisto di 12 miliardi di metri cubi di gas dall'azienda ucraina Revne per «un valore di mercato di 3 miliardi di euro» senza «un'accorta analisi fatta da gente preparata, che conosce i mercati»? Come potrebbero appropriarsi degli appalti pubblici senza la complicità di architetti, ingegneri, commercialisti, funzionari regionali e comunali ben decisi a regolarsi sul loro lavoro come le tre scimmiette che non vedono, non sentono, non parlano?

Amadore ricorda, tra gli altri, il caso del tributarista coinvolto nell'«operazione Occidente» che vide l'arresto di 46 persone appartenenti in parte al giro di Salvatore Lo Piccolo. «Accusato di aver riciclato il denaro delle 10 famiglie mafiose si è difeso: "Ho solo fatto il mio lavoro di consulente, di certo non vado a chiedere la fedina penale di tutti i miei clienti".»

Tema: i suoi probiviri non hanno niente da dire? Sempre lì torniamo: «quando» un ordine può intervenire? Nel caso del processo per il riciclaggio del «tesoro» (stima: 150 milioni di euro) di Vito Ciancimino, l'ex sindaco del sacco di Palermo, i professionisti condannati sono stati due: il tributarista palermitano Gianni Lapis e l'avvocato internazionalista romano Giorgio Ghiron. Cinque anni e 4 mesi a testa. Ma se Lapis è stato subito sospeso dall'ordine di Palermo, Ghiron, un anno dopo la sentenza, alla fine di marzo del 2008, risultava ancora al suo posto. Negli elenchi degli avvocati romani. Come mai?

Il destino personale dell'uomo, va da sé, non c'entra: se è innocente lo dimostrerà. Auguri. Ma resta il tema: perché davanti alla stessa sentenza un ordine sospende e l'altro no? E se la sospensione, sia pure provvisoria, è automatica dopo l'arresto perché l'Ordine degli ingegneri ha aperto un'istruttoria su Michele Aiello, il proprietario della famigerata clinica Villa Santa Teresa di Bagheria condannato a 14 anni di carcere, solo alla fine di marzo del 2008 e cioè 4 anni e mezzo dopo le manette?

Sempre lì torniamo: se, come sostengono i vari presidenti, gli ordini devono attendere la sentenza in Cassazione per censurare o radiare un iscritto, che ce ne facciamo? Peggio: una sentenza della Corte costituzionale del '99, nel delirio ipergarantista di questi anni, ha stabilito che «le sanzioni destitutive, sia nel campo del pubblico impiego che in quello delle professioni inquadrate in ordini professionali, non siano disposte in modo automatico dalla legge, ma siano irrogate solo a seguito di un procedimento disciplinare che consenta di adeguare la sanzione al caso concreto». Traduzione: neppure una condanna definitiva può essere automaticamente riversata in una punizione. Gli ordini devono decidere volta per volta. Con un processo disciplinare loro.

Come decidono lo racconta, per gli avvocati, Ivone Cacciavillani: «L'ordine contesta l'addebito e dà un certo tempo al collega sotto accusa per controdedurre. Se non c'è materia, ciao. Sennò lo porta davanti al collegio dell'ordine. Che apre un "processo" e lo fissa un giorno, poi si rinvia, poi si sposta... E i processi durano quanto durano quelli veri. Poi se uno viene radiato può fare ricorso al Consiglio nazionale forense e il ricorso è automaticamente sospensivo. Insomma, è una litania interminabile. E ogni tribunalino ha il suo ordinino. L'ordine di Tolmezzo, per esempio, ha 43 iscritti che tutti i giorni si vedono, mangiano insieme, vanno al bar insieme, si scambiano le fotocopie... Ditemi voi: come fanno ad amministrare l'autodichia, cioè la giustizia interna, con serietà e serenità? E poi i tempi! I tempi!».

La prima condanna in Cassazione di Cesare Previti, per la corruzione del giudice Vittorio Metta nel caso Imi-Sir, è del 4 maggio del 2006. Eppure due anni dopo, nonostante fosse nel frattempo arrivata una seconda sentenza di condanna definitiva per il Lodo Mondadori, risultava ancora iscritto, miracolo, all'Ordine degli avvocati di Roma. Sospeso sì, per effetto della sentenza della pena accessoria decisa dai magistrati. Ma iscritto. Come mai? Dopo aver tirato in lungo il più possibile quello penale, era riuscito a rallentare più che poteva anche il processo disciplinare. «È stata un'istruttoria complessa, molto complessa» spiegava l'avvocato Livia Rossi, la relatrice. «È arrivato a chiederci di ascoltare centinaia di testimoni» sospirava Alessandro Cassiani, il presidente dell'ordine capitolino. Finché finalmente, alla fine di marzo del 2008, pareva essere arrivato il momento della decisione. Macché: nuovo rinvio. L'ultimo? Boh...

Ma niente paura: l'ordine sa anche essere severo. Lo dimostra la storia di Guariente Guarienti, un penalista di Verona protagonista di alcuni grandi processi ma affetto, agli occhi di certi colleghi, da un incorreggibile senso dell'umorismo. Per capirci, uno che come Oscar Wilde considera la seriosità la senilità della serietà. Capita così che un giorno, quando esplode la moda dei cellulari, il nostro compri un telefonino di plastica per bambini, lo piazzi sul manubrio del motorino e vada a dire in giro che lo ha addirittura assicurato al Lloyd Adriatico. Un fotografo lo vede e gli fa una foto, un giornalista scrive un pezzetto sull'«Arena».

E cosa fa l'ordine? Comincia a mandargli lettere di diffida a difesa del decoro di tutti gli avvocati di Verona, d'Italia, dell'emisfero settentrionale dell'orbe terracqueo, dell'intero sistema solare. E visto che l'altro non dà retta a queste stupidaggini, lo processa e lo condanna con una sentenza di 11 pagine (undici!) di inarrivabile spirito trombone. Dove si legge, oibò, che «la Corte di Cassazione, a sezioni unite, (sentenza 10.09.1996 n. 7401) ha stabilito che l'avvocato è un collaboratore di giustizia e la sua condotta deve in ogni caso conformarsi a criteri di correttezza, dignità e decoro, con riferimento a ogni aspetto della vita di relazione anche al di fuori dell'esercizio dell'attività professionale».

Di più: «Il singolo fatto in sé, ove astrattamente e isolatamente considerato, potrebbe forse essere oggetto di più benevola valutazione deontologica. Così, il mettere alla berlina l'uso (e soprattutto l'abuso) degli apparecchi radiomobili cellulari, installando, "una tantum" o comunque per un tempo ragionevolmente breve, un telefonino giocattolo sul proprio ciclomotore potrebbe essere considerato manifestazione della libertà di criticare un fatto di costume, e suscitare il sorriso anziché la riprovazione. Ma il farlo insistentemente e incessantemente per anni...». Poffarbacco: non si fa! Condannato. Per offesa «alla dignità e al decoro della professione forense».

Nove anni dopo l'apertura dell'inchiesta interna (nove anni!) e quattro dopo la condanna («avvertimento»), firmata dall'eccellentissimo presidente avv. Lamberto Lambertini, Guariente Guarienti finiva col suo ricorso davanti al Consiglio nazionale forense dove 14 avvocatoni (quattordici!) erano lì convenuti a discutere seriosissimamente di questo telefonino per bambini: «Mi trovai in un'aula enorme con davanti tutti questi giudici con la toga addosso seduti su scranni due metri più alti di dove mi trovavo io. Davanti a me il presidente, col relatore al fianco e il procuratore generale di lato. E il bello è che dopo aver ascoltato la lettura di una lunghissima relazione, il procuratore chiese la conferma della condanna. Alla fine venni assolto, e con che motivazione!».

Al culmine di nove pagine ricche di citazioni erudite e di sfoggio dottrinale in punto di diritto, è scritto che «il fatto che l'ordine veronese abbia avvertito la necessità di avvalersi della sanzione più lieve per richiamare l'avvocato ai suoi doveri istituzionali significa che l'ambiente professionale e i riflessi sui consociati delle sue singolari trovate non possono essere completamente ignorati né trascurati» e purtuttavia l'imputato «non era sanzionabile» in quanto i suoi comportamenti erano «quasi al limite della applicazione della sanzione». Invitava quindi il collega, graziato da quel «quasi al limite», ad «astenersi in futuro da ogni atteggiamento che potesse essere o apparire scomposto o eccessivo».

Guariente Guarienti, il pizzetto vibrante d'emozione, ringraziò con un inchino. Fu solo allora che qualcuno si accorse che, in omaggio all'autorevolezza etica e alla sapienza deontologica del consesso un po' distratto sul decoro macchiato da certi avvocati evasori, maneggioni o mafiosi ma attentissimo ai telefonini per bambini, si era messo una scarpa rossa e una blu.

17

Taglia taglia, hanno tagliato i tagli

Solo volenterose sforbiciatine agli sprechi della politica

«Un fantastilione di triliardi di sonanti dollaroni.» Ecco a parole cos'hanno tagliato, se vogliamo usare l'unità di misura di Paperon de' Paperoni, dei costi della politica. A parole, però. Solo a parole. Nella realtà è andata infatti molto diversamente. E si sono regolati come un anziano giornalista grafomane che stava anni fa al «Corriere della Sera» e scriveva ogni pezzo come dovesse comporre un tomo del mitico Marin Sanudo, il cronista veneziano che tra i 58 sterminati volumi dei *Diarii* e i 3 delle *Vite dei Dogi* e il *De origine* e tutto il resto, riuscì a riempire l'equivalente attuale di circa 150.000 pagine. Quando il vecchio barone telefonava in direzione per sapere della sua articolessa, il caporedattore sudava freddo: «Tutto bene il mio editoriale, caro?». «Scusi, maestro, dovrebbe tagliare 87 righe.» «Togliete gli asterischi.»

Questo hanno fatto, dal Quirinale alle circoscrizioni, nel divampare delle polemiche sulle spese eccessive dei nostri palazzi, palazzetti e palazzine del potere: hanno tolto gli asterischi. Sperando che bastasse spargere dello zucchero a velo per guadagnare un po' di tempo. Per tener duro finché l'ondata d'indignazione si fosse placata. Per toccare il meno possibile un sistema ormai così impastato di interessi trasversali alla destra e alla sinistra da essere diventato un blocco di granito. In linea con un antico adagio siciliano: «Calati juncu, ca passa 'a china». Piegati giunco, che passa la piena.

Ma ve li ricordate? Giorgio La Malfa, Pri: «Sui costi della politica non basta un'indagine conoscitiva ma serve una grande inchiesta parlamentare». Erminia Mazzoni, Udc: «L'etica si pratica, non si predica». Daniela Santanché, La Destra: «Va elimina-

253

to il partito unico dei privilegi». Michela Brambilla, Pdl: «Faremo una raccolta di firme da inviare ai presidenti della Camera e del Senato per chiedere un freno ai costi della politica. I cittadini non sopportano più di pagare i costi di un sistema di privilegi che non vuole riformarsi». Giulio Santagata, Pd: «Avvertiamo la necessità di agire con urgenza». Angelo Bonelli, dei verdi: «Dobbiamo arrivare a una rivisitazione dei benefit. Essere parlamentare è già una questione di privilegio, non si può abusarne».

E via così. Linda Lanzillotta, Pd: «I costi della politica non sono più eticamente accettabili, ridurli è una priorità del governo». Luigi Nicolais, Pd: «Dobbiamo fortemente ridurre i costi della politica». Alessandro Tesini, allora presidente del Consiglio regionale del Friuli-Venezia Giulia e della Conferenza delle assemblee regionali: «Noi siamo pronti, ma un governo di 103 componenti certo non può dare lezioni alle Regioni». Walter Veltroni, Pd: «Se dobbiamo tirare la cinghia bisogna farlo tutti assieme. Non va bene che in Italia ci siano i salari più bassi e gli stipendi più alti dei parlamentari d'Europa. Così come non va bene che con i soldi pubblici si finanzino 51 forze politiche, anche partiti con uno o due rappresentanti, e che si diano fondi a 31 giornali e organi di partito. Bisogna tornare a una politica di sobrietà».

Avanti ancora. Piero Fassino, Pd: «Non capisco perché un parlamentare quando va a vedere la partita non deve pagare il biglietto. Io quando vado allo stadio, ancorché parlamentare, il biglietto me lo pago». Roberto Calderoli, Lega Nord: «Che schifo, hanno ragione: la casta esiste veramente». Francesco Rutelli, Pd: «Dobbiamo ridurre il numero dei parlamentari. Ridurremo in questa legislatura anche il numero dei sottosegretari e dei ministri». Mario Baccini, Rosa Bianca: «I costi della politica, in un momento così difficile per il Paese appaiono tanto più odiosi, come odiosi sono gli sprechi». Giovanni Russo Spena, Rifondazione: «Mi auguro che a partire dalla prossima legislatura gli stipendi dei parlamentari siano legati al quinto livello del contratto dei metalmeccanici». Oliviero Diliberto, Sinistra arcobaleno: «Il Pdci proporrà una salutare cura da cavallo per abbattere i costi della politica».

Un diluvio. Promesse, impegni, moniti solenni. Ma concretamente? «Nel governo ci siamo diminuiti le retribuzioni del 30%. E questo prima che scoppiasse la polemica», rispondeva l'allora premier Romano Prodi, senza tuttavia precisare che il provvedimento riguardava solo ministri, viceministri e sottosegretari che erano contemporaneamente parlamentari con doppia busta paga, cioè 32 su 103.

«La Camera, sin da inizio legislatura, ha lavorato di lima per ridurre le spese. C'è uno stile di sobrietà che rivendichiamo», confermava l'allora presidente di Montecitorio Fausto Bertinotti, evidentemente convinto che non occorresse l'accetta o la sega ma bastasse levigare, spianare, smussare... «In materia di riduzione delle spese le Camere una scelta l'hanno già fatta e pesante tagliando i vitalizi dei parlamentari», ribadiva il suo collega di Palazzo Madama, Franco Marini: «Dalla prossima legislatura saranno attivati i vitalizi solo se il parlamentare termina la legislatura».

Pesante? Solo per le pensioni e solo dalla legislatura successiva sarebbe un taglio pesante? Per carità, meglio che niente. Era un insulto che solo nel 2011, cioè 16 anni dopo la riforma Dini (se la legislatura fosse terminata regolarmente), finisse il lusso concesso a chi aveva fatto anche solo due anni e mezzo sugli scranni delle Camere di versare i contributi mancanti recuperando tutta la legislatura. Tanto più che anche dopo il divampare delle polemiche, nella primavera del 2007, hanno continuato a sgocciolare sorprese irritanti.

Come il tentativo, nella primavera del 2008, mentre gli italiani erano distratti dalla campagna elettorale e convinti che il Parlamento fosse di fatto già chiuso, di infilare nel «milleproroghe» una sanatoria per la pensione di politici e sindacalisti. Una furbata sventata solo all'ultimo istante. Ripresentata di soppiatto e sventata una seconda e poi una terza volta. E abbandonata solo dopo la denuncia del «Corriere».

Per capirci occorre fare un passo indietro. Alla legge che, tanti anni fa, stabilì che chi era stato scelto per una carica elettiva (deputati, senatori, consiglieri regionali ma anche sindacalisti) avesse diritto non solo a conservare il posto di lavoro andando in aspettativa, talvolta perfino retribuita come nel caso dei magistrati e dei professori universitari, ma anche a non perdere un centesimo della pensione. E i contributi? Li pagava interamente la collettività, cioè le diverse mutue, facendoli figurare come fossero pagati dal dipendente momentaneamente impegnato in Parlamento o in qualche sindacato. Da qui il nome: contributi figurativi.

Esempi? I più noti sono due. Clemente Mastella (giornalista pensionato pur avendo fatto il cronista in tutta la sua vita per 397 giorni) e Vincenzo Scotti che, oltre al vitalizio da parlamentare (10.000 euro al mese) incassa la pensione di dirigente industriale, lavoro che può avere svolto pochino avendo fatto il parlamentare per 7 legislature.

Uno scandalo. Che per la prima parte, cioè il diritto al doppio stipendio, cessò nel 1992, per la seconda (parzialmente) nel 1999, quando fu deciso che questi eletti potessero sì continuare ad accumulare la pensione per il lavoro di prima, ma a patto che pagassero di tasca propria almeno una parte dei contributi. Cioè la quota che comunemente è a carico del dipendente: l'8%. Il resto sarebbe comunque rimasto sulle spalle della collettività.

Fatto sta che molti decisero di non pagare manco quell'obolo, convinti che un giorno o l'altro sarebbe arrivata un'aggiustatina. Aggiustatina di cui s'è fatto carico appunto, a Parlamento defunto, il nazional-alleato Vincenzo Nespoli. Autore di quell'emendamento di cui dicevamo al «milleproroghe» che, guardato con simpatia da destra e da sinistra, diceva che per quanti avevano «ricoperto funzioni pubbliche elettive o cariche sindacali» venivano riaperti fino al 31 marzo 2008 tutti i termini per presentare «la domanda di accredito della contribuzione figurativa per i periodi anteriori al 1° gennaio 2007». In pratica, dopo quella uguale già infilata di soppiatto nella Finanziaria 2004, una nuova sanatoria. Indecorosa. E bloccata solo dalla scelta di mettersi di traverso, rompendo il complice silenzio degli altri, del dipietrista Antonio Borghesi.

Ma come: ancora? Ancora.

Nelle stesse settimane ne saltava fuori un'altra. Una proposta di legge giacente alla Camera in attesa del momento giusto (un Natale, un Ferragosto, un attimo di distrazione dell'opinione pubblica...) per essere votata. O ripresentata nella legislatura a venire. Dice questa leggina che «male ha fatto il legislatore» a legare le indennità dei parlamentari allo stipendio dei presidenti di sezione di Cassazione. Non perché sia troppo alta: al contrario. Primo, perché «ogni volta che c'è un aumento, si scatena un finimondo». Secondo, perché «all'interno della retribuzione parlamentare vi sono da calcolare alcune voci, quali l'assegno di solidarietà e le quote per l'assistenza sanitaria, che incidono al punto da rendere il trattamento economico dei parlamentari inferiore» a quello dei giudici di riferimento. E allora? Allora bisognerebbe fare due cose. Primo, sostituire nella legge 1261 sul trattamento dei deputati e dei senatori la parola «lordo» con «netto», così che i deputati possano sgranocchiare, nel riferimento ai magistrati, altri spiccioli. Secondo: aggiungere un'altra parolina. Uno dei privilegi dei nostri bramini è l'articolo 5 che dice che «l'indennità mensile e la diaria non possono essere sequestrate o pignorate»? Bene: d'ora in avanti, chiede la nuova leggina, non potrà essere pignorato manco il vitalizio. Cioè la pensione.

E chi firma questa leggina premurosa verso quelli che Umberto Bossi ha marchiato mille volte come «i magna magna romani»? Matteo Brigandì, avvocato di Bossi, deputato della Lega, «procuratore generale della Padania». Nonché amministratore di Fingroup, la finanziaria del Carroccio, nonostante nel 2006 sia stato condannato in primo grado a due anni di carcere. Come assessore regionale piemontese, disse l'accusa, aveva sfruttato una legge a favore di chi aveva subìto due alluvioni (1994 e 2000) «inducendo in errore la Regione Piemonte» perché fosse data come risarcimento al concessionario d'auto Agostino Tocci «una somma pari a euro 2.824.700,5». Secondo firmatario della leggina che vorrebbe adeguare l'indennità dei parlamentari e proibire il pignoramento anche delle pensioni? Il leghista Matteo Garavaglia. Terzo? Il leghista Giovanni Fava. Il quarto? Il leghista Stefano Allasia. E via così...

Per non dire degli strascichi del passato. Come la scoperta, dovuta al direttore di «Italia Oggi» Franco Bechis, dei vitalizi guadagnati da 3 ex deputati radicali che hanno macchiato, con dispiacere di Marco Pannella («Non ne sapevo niente: lo giuro») l'immagine di specchiata coerenza che il partito aveva costruito in tanti anni sul fronte dei finanziamenti alla politica.

Luca Boneschi, storico avvocato della sinistra, fu deputato alla Camera dal 12 al 13 maggio 1982: un giorno. Ma, querelato dal capo della polizia che lui aveva accusato per l'uccisione della giovane Giorgiana Masi, si dimise per non avere l'immunità. «Un fatto così insolito da sfiorare l'incredibile», scrisse ammirata Camilla Cederna. Applausi. Non per il seguito, però: «Quando mi arrivò la lettera che mi prospettava il vitalizio ebbi la tentazione di stracciarla. Ma mi ero dimesso da deputato per correttezza. Nessuno mi aveva ringraziato, anzi mi consideravano un cretino. Allora pensai: ora basta, non passo per fesso due volte. E così ho accettato. Magari sbagliando, ora avrei la coscienza più a posto».

Intervistato dal «Corriere» sulla sua settimana da onorevole, dal 6 al 14 febbraio 1979, il fondatore del Fuori Angelo Pezzana ha fatto invece spallucce. E se anche il terzo «deputato passante» pensionato, Piero Craveri, nipote di Benedetto Croce, era imbarazzato («Un privilegio di casta? Certo che lo era e lo sapevo. Ma era anche un diritto previsto dalla legge. Che dovevo fare? Nessuno di noi è un santo») lui no. Anzi, se l'è presa con chi l'aveva scovato: «C'è troppo qualunquismo. Chissà cosa c'è nell'armadio dei grandi moralizzatori».

Dal 15 settembre 1990, giorno del suo cinquantesimo compleanno, Pezzana riceve ogni mese, in valuta attuale, 3108 euro lordi. Pari, fino al 15 aprile 2008, a 655.788 euro complessivi. Vale a dire che per ognuna delle cinque sedute celebrate in quei giorni a Montecitorio, senza averci mai messo piede e aver mai preso la parola, l'ex «deputato» Pezzana ha finora ricevuto 131.157 euro. Sia chiaro: era la legge a essere indecente e lui ne ha solo approfittato. Ma prendersela pure coi moralizzatori...

Anche Nichi Vendola, di Rifondazione comunista, dice di esserselo ritrovato, quello stipendio stratosferico che può arrivare con le diarie e i rimborsi a 18.885 euro netti al mese: «Hanno fatto tutto nell'altra legislatura, quando noi eravamo all'opposizione». Di più: «Il primo giorno del mio insediamento ho stracciato la vergogna prevista di una fondazione nella quale l'ex presidente del Consiglio regionale doveva prendere lo stesso stipendio di allora, avere un ufficio, una segreteria, un'automobile e così via». Di più ancora, rivendica d'avere mandato da tempo una lettera al presidente del Consiglio regionale pugliese, Pietro Pepe, per chiedere all'assemblea di tagliare: «Mi riferisco in modo particolare al numero dei consiglieri regionali, che andrebbe drasticamente ridotto. E altresì al trattamento previdenziale dei consiglieri, che appare ed è di assoluto privilegio anche comparandolo alle altre Regioni italiane».

Fatto sta che tutto è rimasto praticamente come prima. In Puglia come nelle altre regioni italiane. Un taglio riluttante alla voce indennità (poi ci sono le altre, spesso più polpose) dei consiglieri regionali così come deciso nella Finanziaria 2006, contestata dalla Campania perfino davanti alla Corte costituzionale. Qualche lettera di intenti. Un paio di proposte di riduzione dei «deputatini» depositate da qualche parte. Un po' di promesse rilanciate in campagna elettorale. Fine. «Calati juncu, ca passa 'a china.»

Unica vera novità, l'operazione trasparenza della Conferenza delle Regioni e delle Province autonome, guidata dal già citato Alessandro Tesini. Che dopo aver chiesto ai colleghi le informazioni complete sugli stipendi (netti, compresi i rimborsi forfettari per questo o quello che sono spesso lussuosi), li ha messi on-line. Facendo arrabbiare un sacco di gente. Dentro, perché non tutti hanno apprezzato che i conti pubblici fossero resi pubblici. Ma soprattutto fuori, perché i cittadini hanno potuto finalmente fare dei confronti.

Perché il presidente del Consiglio regionale pugliese guadagna quasi il triplo del suo collega umbro? E perché un consigliere marchigiano ha un pacchetto di diarie e rimborsi non tassato fino a tre volte più basso d'un pari grado piemontese? Perché, in rapporto agli abitanti, il «parlamentino» valdostano costa oltre 22 volte più di quello lombardo? Per quale ragione la pensione-base dei deputati regionali molisani, emiliani, liguri, veneti o marchigiani corrisponde al 65% dell'indennità parlamentare, quella dei pugliesi al 90% e quella dei siciliani o dei friulani al 100%?

E avanti così. Perché l'assemblea siciliana, coi suoi quasi 157 milioni di euro messi a bilancio deve costare quanto quelle di Abruzzo, Basilicata, Emilia Romagna, Liguria e Puglia messe insieme? Perché il costo di questi consigli è di 7,59 euro pro capite in Lombardia, di 57 in Sardegna e 169 in Valle d'Aosta? Hanno senso questi squilibri? C'entrano davvero con il diritto all'autonomia? E perché un consigliere abruzzese può arrivare a 10.925 euro netti e il suo collega dell'Umbria a poco più della metà?

C'è una ragione alla base dell'enorme differenza tra la mole di lavoro dell'aula piemontese, dove nel 2006 si sono tenute 97 sedute per un totale di 255 ore di lavoro parlamentare e quella dell'aula lucana, dove le sedute sono state 23 e le ore di sosta dei consiglieri al loro scranno soltanto 55, cioè un quinto? Boh... Misteri. Come misteriosi restano i motivi per i quali la Lombardia ha un consigliere regionale ogni 118.440 abitanti e la Valle d'Aosta ogni 3542. O perché la Toscana ha 10 gruppi consiliari e la Puglia 20, di cui 6 monogruppi.

Sono una pestilenza, i monogruppi. Nel settembre 2005 «Il Giornale», nonostante la Calabria li avesse virtuosamente aboliti, ne contò, nelle sole regioni a Statuto ordinario, 57. Su 191 gruppi consiliari. Quasi un terzo. Come mai? Soldi: «Per esempio, in Piemonte un monogruppo vale 248.000 euro di finanziamenti all'anno, più lo stipendio del consigliere». C'è da stupirsi se nella primavera del 2008 ce n'erano ancora 7 su 18 a Torino, 4 su 10 in Umbria e addirittura 8 su 15 a Milano, dai Cristiani federalisti dell'ex leghista Alessandro Cè al fantastico Misto 9103, misteriosa sigla scelta da Silvia Ferretto non per richiamarsi all'asteroide Komatsubara ma per ricordare i voti di preferenza che aveva avuto?

«Quando mi sono insediato ho trovato un'azienda di trasporti regionale che aveva un capitale sociale di 17 pullman e sa quanti consiglieri di amministrazione? Sette. Uno schifo», si è sfogato a settembre del 2007 con Fabrizio Roncone del «Corriere», il presidente della giunta abruzzese Ottaviano Del Turco. Ma se lì è riuscito faticosamente a tagliare, nulla ha potuto contro il dilagare dei gruppi saliti nel 2008, su 49 consiglieri, a 19. Di cui 10 in versione mono: «Scusi, lei che mestiere fa?». «Il capogruppo di me stesso.» Ottima premessa per varare, un giorno, un'associazione dei capigruppo ad honorem. Che sarebbe il cesello finale a un percorso già avviato, grazie a una leggina bipartisan, con l'istituzione di un nuovo titolo onorifico: «consigliere onorario della Regione Abruzzo». Con tanto di associazione, sede e segreteria: chi avrà mai il coraggio di negarla?

E dove i monogruppi non sono consentiti, come alla Regione Trentino-Alto Adige, sopravvissuta come un guscio vuoto per motivi solo burocratici alle due Province autonome? Niente paura: basta avere il pelo sullo stomaco. Avete presente il dibattito degli ultimi anni, compresa purtroppo, almeno in parte, anche l'ultima campagna elettorale? «Siete peggio di Goebbels!» « Siete peggio di Stalin!» «Fascisti!» «Comunisti!» «Mafiosi!» «Forcaioli!» Bene, lassù tra i monti, i bellicosissimi anticomunisti e i ferocissimi comunisti, per rosicchiare una manciata di migliaia di euro in più si sono messi insieme. Costituendo il gruppo consiliare Rifondazione/Trentino autonomista. Del quale fanno parte, udite udite, il comunista Agostino Catalano e l'autonomista Carlo Andreotti, l'uomo che le destre (neofascisti compresi) avevano candidato alla presidenza della Provincia.

Tema: eccita il qualunquismo raccontare storie così o costituire gruppi parlamentari con chi si addita come un nemico infame? Giovanni Guzzetta, il costituzionalista che con Mario Segni ha promosso il referendum per cambiare la legge elettorale, ride: «Siamo partiti a raccogliere le firme con manifesti che dicevano: "Mai più 22 partiti". Quando abbiamo finito, tra Camera e Senato, erano 27. Poi sono saliti fino a 34. E parlo solo di quelli che erano ufficialmente presenti in Parlamento». A contare quelli registrati (tra i quali spiccano il Patto cristiano esteso, il Movimento ultima speranza e Maschi al 100%) si sale oltre i 160. Chiederete: la cifra esatta? Lasciamo stare. Ci ha provato a contarli, nell'ottobre 2007, Amedeo La Mattina della «Stampa»:

155. Il giorno dopo gli telefonò un signore: «Dottor La Mattina! Ha dimenticato il mio!».

Un panorama insensato. Spazzato via il 13 aprile da un voto che col drastico taglio dei cespugli ha portato per esempio il nuovo Senato ad avere (sulla carta, almeno) solo quattro gruppi parlamentari. Piaccia o non piaccia ai teorici del «piccolo è bello», che per anni hanno dato un senso alla loro esistenza sventolando ciascuno la sua bandierina, i cittadini (a torto o a ragione lo dirà la storia) hanno detto basta. E scelto una semplificazione netta. A costo di escludere l'intera sinistra radicale, i socialisti o l'estrema destra.

Servirà? I segnali sono diversi. E dicono che, nonostante le piazze piene di Beppe Grillo, i blog intasati di cittadini furibondi, centinaia di titoli e commenti sui giornali, una campagna referendaria stoppata dal voto anticipato ma trionfale, le resistenze a cambiare davvero, su alcuni punti, sono forti. Fortissime.

E non solo a sinistra, dove Fausto Bertinotti non si è reso conto fino in fondo di quanto avessero minato la sua immagine i suoi «voli blu» e dove Massimo D'Alema, pensoso statista nei giorni pari e caustico battutista nei dispari, è passato dal denunciare il pericolo di una débâcle («rischiamo di essere travolti») al liquidare i costi della politica come «un'invenzione di giornalisti sfaccendati».

Le resistenze sono callose anche a destra. Tra i trionfatori delle elezioni della primavera 2008. Molti dei quali, davanti alla marea montante d'indignazione, si sono chiusi a riccio. Basti ricordare Umberto Bossi, che dopo essersi imposto come il più grande bombarolo verbale del dopoguerra (una per tutte: «Il Vaticano è il vero nemico che le camicie verdi affogheranno nel water della storia») arrivò a raccomandare a Grillo di «non esagerare». O il nazional-alleato Italo Bocchino: «Per evitare sia il qualunquismo sia la difesa del privilegio dei parlamentari, si potrebbero mettere a confronto le retribuzioni orarie dei deputati e dei senatori italiani non solo con quelle dei loro colleghi degli altri Parlamenti, ma anche con le normali categorie di lavoratori. Ritengo che la retribuzione di un parlamentare, per ore di lavoro e detratte le spese, non sia sproporzionata rispetto a quella, per esempio, di un insegnante». O ancora Sergio De Gregorio, il fondatore degli Italiani nel mondo (già società commerciale di ombrelli e pellami) che, indignato per «l'ondata di populismo», si spinse a proporre un «Vaffanculo Grillo day da parte di una politica solenne e di antico lignaggio, che non accetti un minuto di più di essere insultata in piazza da un fenomeno da baraccone».

E non parliamo del forzista Gabriele Boscetto, preoccupatissimo dall'ipotesi di «un'indagine conoscitiva sulle spese attinenti al funzionamento della Repubblica» poiché già questo gli faceva venire il timore «di un'iniziativa demagogica, preparatoria di interventi drastici e meramente propagandistici». Nessuna meraviglia: abituato com'è a un certo andazzo, durante l'ultima Finanziaria era arrivato a proporre l'abolizione del divieto, per coloro che hanno una carica in un ente locale, di «ricoprire incarichi e assumere consulenze professionali non solo presso gli enti in cui esercitano la loro carica, ma anche presso altri enti territoriali». Un'incompatibilità ovvia, varata per impedire a un sindaco di affidare incarichi al collega del paese accanto ricevendo in cambio lo stesso regalino. Gli pareva troppo: «Comporta una perdita economica e un impedimento ingiusto».

«Presidente, che cosa ha previsto per abbassare finalmente i costi folli della politica italiana?», ha chiesto a Silvio Berlusconi la signora Ines di Forte dei Marmi durante una chat-line al «Corriere» alla vigilia delle elezioni del 13 aprile. E lui, del tutto dimentico che con la «sua» maggioranza le spese del Senato erano cresciute del 38% in cinque anni oltre l'inflazione: «Diciamo che la prima cosa da fare è dimezzare il numero dei parlamentari, dei consiglieri regionali, dei consiglieri comunali. Non parlo delle Province, perché bisogna eliminarle».

Evviva! Ma il programma elettorale del Pdl non dice così. Anzi. Accenna genericamente, molto genericamente, a un «impegno» a ridurre il «costo della politica e dell'apparato burocratico (per esempio delle Province inutili)». Fine. Rileggiamo? «Province inutili»: quelle «utili» invece, evidentemente, restano. Esattamente come, sull'altro fronte, era ambiguo il programma del Pd. Una righina: «Nelle Aree metropolitane via le Province e unione/fusione dei comuni piccolissimi». Scommettiamo? Dopo la sconfitta di Renato Soru nella sua battaglia per dimezzare le 8 sarde, rischiamo di tenercele tutte. Tutte.

Accantonati solo per colpa delle elezioni anticipate, del resto, sono rimasti appesi in Parlamento almeno 30 progetti di nuove Province pronti a essere ripresentati, da destra e da sinistra, appena possibile. E c'è chi ha invocato la promozione di Melfi («Onorevoli senatori, già nel 1866 Melfi e il suo circondario...») e chi di Nola («importantissimo nodo di transito e centro di confluenza e di riferimento, già dall'antichità»), chi di Busto Arsizio e chi di Aversa, Pinerolo, Bassano del Grappa, Civitavecchia, Sibari, Sala Consilina. Chi ha chiesto la Provincia anfibia, terra-mare, dell'arcipelago toscano con capoluogo Portoferraio sull'Isola d'Elba. Chi quella a due piazze, come la Venezia orientale, con capoluoghi a Portogruaro e San Donà di Piave. Chi a tre piazze, come il Basso Lazio con capitali Cassino, Formia e Sora. Fino al capolavoro: la provincia a quattro piazze dell'Ufita-Baronia-Calore-Alta Irpinia, proposta dall'onorevole Lello Di Gioia per lo sfizio di poter sfoggiare la sua cultura geografica. «Scusi, onorevole, l'Ufita cos'è?» «Trattasi di un fiume lungo chilometri 49 che, nato dal monte Formicolo, affluisce nel fiume Calore Irpino che scorre tra l'Irpinia e il Sannio...»

Vi chiederete: ma cosa se ne fanno, di tutti questi carrozzoni? La risposta è in un'inchiesta sul «Corriere», nel gennaio 2008, di Alessandro Capponi. Il quale, scavando nei bilanci della Provincia di Roma, ha scoperto che sì, è vero che gli eletti non ricevono una busta paga vera e propria come i deputati nazionali o regionali. Ma solo sulla carta. Perché l'ente locale risarcisce i datori di lavoro dei consiglieri per il tempo che questi, a causa degli «impegni istituzionali», restano assenti e non possono guadagnarsi lo stipendio. E se questi datori di lavoro sono dei famigliari? Tutto rimane in famiglia.

L'ex sindaco socialista di Valmontone Angelo Miele, per dire, ha ricevuto per anni 6500 euro al mese dal negozio di Maria Laura Sale e Martina Miele: la moglie e la figlia. E il democratico Ruggero Ruggeri è risultato a lungo dipendente della "Fratelli Ruggeri": fratelli suoi. Prima di diventare consigliere, il suo compagno di partito Alessandro Coloni aveva un reddito annuale miserello: 2404 euro. Quattro anni dopo l'elezione ne dichiarava 124.000. Come dire: seggio nuovo, vita nuova.

Anche il camerata Massimo D'Avenia, oltre a cambiar partito da An a La Destra, ha cambiato vita: negli stessi anni, dalle Provinciali del 2003 al 2006, ha praticamente quadruplicato il reddito, passando da 49.000 euro a 181.000. Fino a incassare nel mese di febbraio del 2006 la «busta paga» più lussuosa della sua carriera «lavorativa»: 18.775 euro e 96 centesimi.

Insomma, scrive Capponi, anche «escludendo i casi come quello di Stefano Di Magno, consigliere provinciale di An arrestato a maggio 2006 perché, diceva l'accusa, nella sua attività politica favoriva l'azienda di Trasporti Atan dalla quale percepiva uno stipendio, rimborsato dalla Provincia, di 7824 euro al mese, si può sostenere che fare il consigliere provinciale conviene».

Totale dei soldi usciti in pochi anni dalle pubbliche casse per «rimborso permessi incarico pubblico» di 20 consiglieri dipendenti da privati, dato che per i dipendenti pubblici il giochino non vale: 3 milioni e mezzo di euro. Recordman, il già citato neofascista D'Avenia schierato alle ultime politiche con la «moralizzatrice» Daniela Santanché: 19.000 euro nel 2003, 88.000 nel 2004, 149.000 nel 2005, 183.000 nel 2006 e 173.000 nel 2007. Totale, 613.411,65. Imbarazzo? Zero. Alla prima seduta dopo lo scandalo, lo storaciano Alberto Pascucci strillava: «Stiamo assistendo a un attacco inverecondo da parte della stampa!». E il forzista Giuseppe Cangemi, furente coi cronisti: «Chiedo al presidente di provvedere ad allontanare dall'aula chiunque non abbia titolo a rimanere».

Uffa, le polemiche! Sempre polemiche! Per liberarsi di quelle sugli affitti pidocchiosi incassati per certe sue proprietà, la Regione Lombardia non è stata lì a perdere tempo. I cittadini si chiedevano come mai, stando al bilancio ufficiale pubblicato su internet, una tenuta agricola di 382 ettari a Valvestino, in provincia di Brescia fosse affittata a 32 euro e 98 centesimi l'anno e cioè a 2 euro e 75 centesimi al mese? Inutile spiegare perché e percome. E una misteriosa manina ha messo on-line un bilancio diverso, dove al posto della lista dettagliata di lotti, appezzamenti, malghe e immobili vari ora ci sono soltanto i dati complessivi. Tot proprietà immobiliari, tot soldi. E i dettagli? Ciao.

E le comunità montane? All'inizio, dopo lo scandalizzato stupore popolare per l'esistenza di eccentricità come quella della Murgia Tarantina dove nessuno dei nove municipi è montano e Palagiano sorge a 39 metri sul livello del mare (massimo dell'altezza comunale 86 metri, 12 meno del campanile di San Marco) pareva che almeno lì passasse una riflessione seria. E cioè che per salvare la montagna vera, che sta morendo dalla Carnia alla Sila, occorre spazzare via la montagna falsa.

D'ora in avanti, si disse, avrebbero potuto appartenere alle comunità montane solo paesi sopra i mille metri. No, meglio novecento. Forse ottocento. Ma no, non si può guardare solo l'altitudine: settecento. Non esageriamo: seicento. E mentre il taglio diventava un taglietto e poi una sforbiciatina (ultima puntata: delega alle Regioni e all'Osservatorio per l'applicazione della legge sulla montagna), la Calabria, fottendosene di tutto e tutti, allargava le sue comunità a paesi come Bova Marina (sul mare), Cassano allo Jonio (sul mare) o Monasterace, il cui territorio sale dalla spiaggia alla vertiginosa altezza di 177 metri, quanto la Mole Antonelliana. Risultato finale: un taglio a pioggia di 33,4 milioni di euro (destinati a raddoppiare nel 2009) con la conferma dei vecchi finanziamenti anche alla Sardegna (dove Soru è riuscito davvero a sopprimere le comunità, sia pure «con morti e feriti», in favore di nuove aggregazioni comunali) e alla Sicilia, dove gli enti montani non ci sono più da anni perché se ne occupano le Province.

Una schifezza. Che toglie sì dei soldi alle realtà montane di pianura assurde come la Murgia Tarantina, peraltro commissariata dal presidente dell'Uncem Enrico Borghi. Ma anche alle comunità «vere» delle Alpi e gli Appennini che non riescono ad arginare lo spopolamento e il degrado e dovrebbero avere maggiori stanziamenti. Il che conferma un'impressione netta. E cioè che l'obiettivo del sistema di potere politico non è quello di una profonda ristrutturazione dello Stato. Ma di buttare qualche boccone alla folla urlante, il più demagogico e qualunquista possibile, per placare la sua rabbia. «Calati juncu, ca passa 'a china.»

Lo vedi sulle Province, sulle comunità montane, sui Comuni. Ricordate cosa aveva detto Leonardo Domenici, il sindaco di Firenze presidente dell'Anci? «Per quanto ci riguarda, in un quadro di riforme generali, possiamo concordare un taglio del 25% dei consiglieri.» Grazie tante, hanno pensato a Roma, ma poi cosa diamo ai nostri uomini in periferia? Ed è finita, grazie a mille spinte da sinistra e da destra, con ritocchi. Nessun accorpamento tra i municipi, neppure quelli microscopici con 33 o 34 residenti, come Monterone o Pedesina: zero. Nessun taglio dei consiglieri comunali, neppure quello annunciato del 10%: zero. Solo una limatina ai gettoni di presenza, una spuntatina agli assessori (2 in meno nei comuni più grandi), una sforbiciatina alle circoscrizioni comunali che d'ora in avanti potranno esistere solo in città con più di centomila abitanti che in Italia sono 45, una raschiatina agli stipendi con abolizione di quelli dei consiglieri di quartiere.

Oooh, direte: finalmente cesserà la vergogna di quei presidenti circoscrizionali che a Palermo prendevano 4750 euro al mese! Sbagliato: la Sicilia è una regione autonoma, rivendica il diritto di fare come le pare («coi portafogli degli altri», ride amaro l'ex commissario dello Stato nell'Isola, Gianfranco Romagnoli) e anche la riduzione del 10% delle indennità dei sindaci è stata svuotata prima dall'adeguamento Istat dell'8,3% sull'inflazione poi da un nuovo aumento del 3,7% alla vigilia delle ultime elezioni.

Resta indimenticabile, per esempio, la precipitosa retromarcia della destra nell'agosto 2007, dopo il via libera a sorpresa, coi voti inaspettati di una parte della maggioranza, d'una leggina proposta dal democratico Antonello Cracolici che tagliava del 30% gli stipendi degli amministratori locali isolani, portandoli al livello del resto d'Italia. Come il resto d'Italia? E no! Rivolta corale. Totò Cuffaro: «Non è con gli inciuci e l'abuso del voto segreto che si risolve il nodo dei costi della politica». Gianfranco Micciché, presidente forzista dell'Assemblea regionale: «Dal punto di vista etico la riduzione degli emolumenti dei sindaci è un provvedimento vergognoso. I 500 euro in più o in meno dati ai primi cittadini non incidono significativamente sul bilancio». E chi si ritrovarono al fianco, tra gli altri, i due massimi rappresentanti locali della Casa delle Libertà? Il sindaco di Gela Rosario Crocetta. Comunista.

Guai a toccargli l'autonomia, agli autonomisti. Lo confermava qualche mese dopo Luis Durnwalder, il presidente provinciale sudtirolese, sbertucciato dai giornali e dal governatore veneto Giancarlo Galan («con quei soldi potrebbe finanziare iniziative dei ladini») per la scoperta che coi suoi 25.600 euro lordi al mese guadagna più non solo della maggior parte dei presidenti regionali italiani ma del cancelliere tedesco Angela Merkel (21.262 euro) o dell'allora premier Romano Prodi (18.878 euro).

«Me li merito tutti. Tutti. Assolutamente», tuonò ridendo davanti alle obiezioni: «Prendo molto meno di tanti dirigenti di aziende che hanno la metà delle mie responsabilità». E tanto si sentiva in pace con se stesso che, mentre montavano le polemiche su tutti gli stipendi degli amministratori locali altoatesini, che guadagnano il doppio dei pari grado trentini, ha proposto addirittura di dare un vitalizio non solo ai consiglieri provinciali, che già prendono oltre 5000 euro a testa al mese, ma anche ai sindaci. Stoppato dai colleghi di Trento, ha abbozzato: «Ho soltanto sondato il terreno». E la cosa è rimasta in sospeso.

Anche il contratto dei dipendenti del Senato, con l'aria che tira, è rimasto in sospeso. Colpa della fine della legislatura. Prima che cadesse, i questori avevano proposto ai sindacati interni un immenso sacrificio: tutti in pensione a 53 anni. Direte: è uno scherzo? Niente affatto. Mentre il Paese si lacera sulla quota alla quale alzare l'asticella, portata in Europa a 67 o 68 anni, i dipendenti di Palazzo Madama possono ancora ritirarsi (in gran parte) quando sono sulla cinquantina, belli e aitanti. Andando a prendere fino al 90% dell'ultima busta paga. E facendo marameo all'introduzione del sistema contributivo introdotto per tutti gli altri lavoratori italiani dal lontano 1995, quando il presidente francese era François Mitterrand e il portiere del Milan Sebastiano Rossi.

Il tema dell'innalzamento dell'età pensionabile, in realtà, è solo una delle questioni più spinose. E Dio sa se i senatori non preferirebbero evitare ogni possibile scontro, fosse pure vellutato, con quel personale che così ossequiosamente li accudisce. La situazione, però, si è fatta insostenibile: la spesa per i dipendenti, compresi quelli a tempo determinato, è salita nel 2007 a 158 milioni e 407.000 euro. Il doppio di dieci anni prima. Ci hanno ripetuto per anni che siamo in tempi di vacche magre e i cittadini devono stringere la cinghia? Bene: dal 1997 in qua gli addetti alla Camera alta hanno visto crescere la loro retribuzione netta del 46 e mezzo per cento in termini monetari e quasi del 22 in termini reali, tolta l'inflazione. Quasi il quadruplo dei ritocchi via via strappati dai lavoratori delle industrie private.

Lo scandalo intorno ai costi dei Palazzi non è servito ad arginare l'onda lunga. Ricordate l'irritazione alla scoperta che un dipendente medio prendeva nel 2006 la bellezza di 118.000 euro? Bene: nel 2007 ne ha presi 131.124: 13.000 in più. Con un aumento dell'11%. Sei volte e mezzo l'inflazione. Risultato: perfino i dati sparati dall'«Espresso» a luglio 2007, quelli che fecero strabuzzare gli occhi nel leggere che il segretario generale Antonio Malaschini (485.000 euro) prendeva più del doppio del capo dello Stato, che uno stenografo arrivava a guadagnarne 254.000 e un barbiere 133.000, cioè 36.000 più che il Lord Chamberlain della monarchia inglese, sono oggi vecchi. Da aggiornare in rialzo.

E il bello è che se i questori non avessero disdettato gli accordi entro la scadenza del 31 dicembre 2007, quegli stipendi avrebbero continuato a crescere, crescere, crescere. Sono le regole interne: senza disdetta, il contratto s'intende automaticamente rinnovato di tre anni in tre anni. E per capire come sia fatto, quel contratto d'oro zecchino, è sufficiente spiegare un dettaglio: 22 anni dopo il referendum del 9 giugno 1985 sull'abolizione della scala mobile per tutti gli altri italiani, i lavoratori di Palazzo Madama possono ancora contare su una scala mobile tutta loro. In base alla quale il loro stipendio cresce ogni anno dello 0,75% oltre al recupero dell'inflazione programmata. Era stata fissata al 2%? L'aumento è del 2,75%. Con un regalino ulteriore. Nel caso l'aumento del costo della vita sia superiore a quello programmato, viene recuperato tutto (inflazione reale al 3%? Aumento del 3,75) ma nel caso sia inferiore, invece, vale la quota programmata. Per capirci: l'inflazione vera si è rivelata all'1%? La busta paga cresce comunque del 2,75.

Chiamiamola col suo nome: un'indecenza. C'è poi da stupirsi se, con regole così, il personale costa oggi uno sproposito? Il suo peso sui costi complessivi di Palazzo Madama era dieci anni fa del 37%. Oggi è salito al 43. Per un totale di 236 milioni di euro. Compresi, come si diceva, i soldi ai pensionati. I quali sono 656, costano 77 milioni e mezzo e incassano mediamente 118.000 euro a testa perché ogni aumento dei dipendenti in servizio aggiorna in automatico anche i vitalizi. E quanto la cosa sia esplosiva lo dice il confronto col 1997: in 10 anni la spesa pensionistica, tolta l'inflazione, è cresciuta del 49 e mezzo per cento.

Un'impennata mostruosa. Che avrebbe costretto qualunque azienda al mondo a cambiare le regole: signori, così si va alla bancarotta. Qui no. Qui, come dicevamo, i dipendenti assunti dopo il '98 possono andare in pensione a 53 anni. Quelli entrati prima, sia pure con qualche sforbiciatina iniziale, addirittura a 50. L'età di donne stupende come Sharon Stone o Andie MacDowell. O se volete l'età in cui chi fa un lavoro usurante, dai minatori ai fuochisti che stanno agli altiforni, sa che deve aspettare ancora un bel po', prima di andarsene. Il tutto 13 anni dopo la riforma Dini. E col rischio concreto che tutto resti così com'è. Immutato e immutabile. Nei secoli dei secoli.

Pessimismo immotivato? No. Lo dicono mille episodi, anche minuscoli, che rivelano l'incapacità del mondo politico di capire quanto sia profondo il malessere del Paese. Come una ridicola agenzia AdnKronos dell'estate 2007 che parlava di Renato Schifani. Ricordate che qualche anno fa aveva fatto una scenata per entrare a Palermo al cinema Aurora («ho saputo poi che era un cinema di area centrosinistra») nonostante avesse la tessera scaduta? Bene, stavolta il senatore fece sapere che, avendo trovato in vacanza alle Eolie tutti i tavoli occupati al ristorante, si era messo in coda come i comuni mortali, rivelando «buona educazione e signorilità». Grazie eccellenza!

Per non dire di Fausto Bertinotti che, seccato dalle critiche alla scelta di usare i «voli blu» di cui dicevamo anche per andare in vacanza in Normandia, a una festa privata a Parigi o a far visita ai monaci ortodossi del monte Athos, chiese all'ufficio stampa di diffondere un dispaccio che diceva: «Il presidente della Camera Fausto Bertinotti cambia politica e dà un taglio netto ai voli di Stato, sul cui uso in passato qualcuno lo aveva chiamato in causa: a Praga il 24 novembre, in occasione del congresso della Sinistra europea, andrà per la prima volta con un volo di linea, tornando il giorno dopo sempre con un volo di linea». Grazie onorevole!

Ve l'immaginate se Angela Merkel avesse dato alle agenzie la notizia che era andata in vacanza a Ischia, come ha fatto, con un volo Lufthansa, che aveva preso un taxi da Capodichino al molo Beverello e si era fatta la coda per comprare il biglietto e aveva preso l'aliscafo di linea e all'arrivo era salita su un mototaxi a tre ruote? I tedeschi sarebbero saltati su: e ci mancherebbe altro!

Placare la bestia: ecco qual è apparso l'obiettivo di larga parte del mondo politico. Non cambiare: placare l'opinione pubblica. Lo dicono le dimissioni date e ben presto ritirate di Gustavo Selva, travolto dallo scandalo dell'ambulanza chiamata al posto del taxi un giorno che Roma era bloccata e lui doveva essere ospite a La7. Una furbata descritta dagli infermieri scandalizzati con dettagli irresistibili: arrivato nei pressi dello studio televisivo in via Novaro nel quartiere Prati, «si strappava i fili di monitoraggio, tentava di togliersi l'agocannula ed usciva frettolosamente dall'ambulanza inseguito dal personale medico» affermando che «il suo cardiologo lo stava raggiungendo lì».

Lo dice la presa in giro sui portaborse sottopagati in nero nonostante i parlamentari incassino ogni mese oltre 4000 euro per assumerne due. Ricordate che dopo le denunce avevano annunciato che nessuno avrebbe più avuto accesso ai Palazzi senza un contratto di assunzione? È finita all'italiana, con una deroga per coloro che «svolgano attività di tirocinio formativo».

Lo dice la distrazione dei legislatori che si sono dimenticati di rendere un po' più rigide le regole sulle «indennità di reinserimento nella vita sociale» (la liquidazione che spetta ai parlamentari) che hanno permesso di incassare 300.000 euro, con sacrosanto scandalo di «Famiglia Cristiana», anche a uno come Clemente Mastella che, avendo già la pensione da deputato e quella da giornalista più tutti i rimborsi elettorali del 2008, 2009, 2010 come se la XV legislatura non fosse finita, non farebbe la fame neppure se chiudesse davvero (figuratevi!) con la politica.

Lo dice la parallela distrazione dei deputati regionali siciliani che si sono scordati di cambiare le norme che hanno consentito all'ex segretario generale dell'Ars Gianliborio Mazzola, nonostante le casse vuote («Signori, non c'è un centesimo», rispondeva in quei mesi l'assessore al Bilancio e Finanze Guido Lo Porto a chi batteva cassa) di andare in pensione con una liquidazione di 1.770.000 (un milione e settecentosettantamila!) euro. Una somma così spropositata da spingere lo stesso presidente dell'Assemblea regionale, Gianfranco Miccichè, a sbottare coi giornalisti: «Mentre firmavo mi tremava la mano. Mi sono sentito un deficiente».

Lo dice l'aumento abnorme di gruppi parlamentari, che adesso dovrebbero calare senz'altro ma dopo un quinquennio delle destre e un biennio unionista, erano arrivati a costare il 67,4% in più rispetto al 2000 e a costringere la Camera a prendere in affitto nuovi uffici nonostante i deputati potessero già contare su 204.212 metri quadri pari alla superficie di 14 basiliche di San Pietro, 31 campi da calcio internazionali o 420 campi da basket, per un totale di 323 metri quadrati di spazio per ogni deputato.

Lo dicono i bilanci dei due rami del Parlamento che, nonostante le promesse, per responsabilità trasversali, costano oggi più di ieri. Alla faccia del trionfale comunicato che nel settembre 2007 iniziava così: «Alla Camera tira aria di risparmi. Taglia qui, taglia lì, alla fine nel 2006 si è riusciti a spendere 42,8 milioni di euro in meno rispetto ai 1023,10 inizialmente previsti nel bilancio. Un trend che si evince dal Conto consuntivo per il 2006, approvato oggi dall'Assemblea di Montecitorio. Una tendenza che dura ormai da alcuni anni...». Una sviolinata. «Costante razionalizzazione della spesa...» «Un bilancio virtuoso...» «Prosecuzione di una politica rigorosa...»

Ma dove? Quando mai? Certo, va dato atto a Gabriele Albonetti e agli altri due questori di avere invertito una tendenza: quella di spendere di più dell'aumento già previsto. Di avere abolito la schifezza del rimborso pronto cassa («Ho perso l'orologio d'oro.» «Prego, onorevole, ne compri un altro e ci porti lo scontrino.») delle cose smarrite o rubate. Di aver alzato i prezzi prima ridicoli fino all'indecenza del barbiere, della buvette e del ristorante, dove un pasto pagato 9 euro ne costava alle pubbliche casse 90. Ma di che tagli parliamo? Tagli sulle previsioni ancora più spendaccione?

Fatto sta che la macchina ormai è ingovernabile al punto che nel 2007, nonostante gli sforzi, la buona volontà dei singoli, i solenni impegni dei vertici, le spese dei Palazzi sarebbero aumentate di almeno 20 milioni. Due in più rispetto a quei 18 milioni che il governo ulivista diceva di essere riuscito a tagliare faticosamente con un giro di vite su convegni, pubblicità, enti e commissioni inutili, e qualche spesa dei ministeri.

Allora ti chiedi: se non ora, quando? Cosa deve accadere, perché il mondo della politica dia una sterzata vera? Devono esplodere il Vesuvio, rinsecchirsi il Po, allagarsi Venezia, crollare la Borsa, chiudere gli Uffizi, morire il Festival di Sanremo, andare in bancarotta la Ferrari?

Almeno una porcheria, i cittadini italiani si aspettavano che fosse spazzata via. Almeno quella. E cioè l'abissale differenza di trattamento riservata a chi regala soldi a un partito piuttosto che a un'organizzazione benefica senza fini di lucro. È mai possibile che una regalia al Popolo delle Libertà o al Partito democratico, a Enrico Boselli o a Francesco Storace abbia diritto a sconti fiscali fino a 51 volte (cinquantuno!) più alti di una donazione ai bambini leucemici o alle vittime delle carestie africane? Bene: quella leggina infame, che avrebbe dovuto indignare Romano Prodi e Silvio Berlusconi e avrebbe potuto essere cambiata con un tratto di penna, è ancora là. A dispetto delle denunce, dell'indignazione popolare, delle promesse e perfino di una proposta di legge, firmata a destra da Gianni Alemanno e a sinistra da Antonio Di Pietro. Proposta depositata in un cassetto della Camera e lasciata lì ad ammuffire.

Ma se non ora, quando?

Appendice

La competitività internazionale:
noi siamo sempre in fondo

Paesi	Classifica Wef*	Classifica Imd**
Stati Uniti	1	1
Svizzera	2	6
Germania	5	16
Finlandia	6	17
Gran Bretagna	9	20
Giappone	8	24
Francia	18	28
Spagna	29	30
Italia	46	42
Polonia	51	52

* World economic forum
** Institute for managerial development

Commercio mondiale:
come cala il peso dell'Italia

Area geografica	2006/2001
Unione europea	-11,8
Stati Uniti	-14,3
America Latina	16,0
Medio Oriente	-14,8
Asia centrale	-8,7
Asia orientale	-28,6
Africa settentrionale	-12,1
Resto dell'Africa	-18,9
Oceania	-14,8
Mondo	-12,8

Variazione della quota di mercato italiana negli
scambi con l'estero
Fonte: Ice

La produttività del lavoro: in Estonia cresce 40 volte di più

Paesi	Aumento in %
Estonia	40,2
Slovacchia	28,7
Ungheria	26,9
Repubblica Ceca	26,4
Corea	25,8
Grecia	22,2
Polonia	20,8
Islanda	20,2
Irlanda	17,0
Svezia	16,3
Finlandia	13,1
Norvegia	12,9
Stati Uniti	12,8
Giappone	12,2
Gran Bretagna	12,1
Israele	10,5
Australia	9,1
Lussemburgo	8,8
Francia	8,6
Germania	7,7
Svizzera	6,7
Austria	6,2
Danimarca	6,1
Canada	6,1
Nuova Zelanda	5,6
Spagna	5,2
Belgio	5,1
Olanda	4,4
Messico	3,5
Portogallo	3,3
Italia	**1,0**

Pil per ora lavorata 2001-2006
Fonte: Ocse

Quanto guadagnano i top manager

Nome	Retribuzione	Incarico principale dell'anno
Matteo Arpe	37.045.281	amministratore delegato Capitalia
Cesare Geronzi	24.023.266	presidente Capitalia
Riccardo Ruggiero	17.277.000	amministratore delegato Telecom
Carlo Buora	11.941.000	vicepresidente Telecom
Giovanni Bazoli	11.456.570	presidente ex Banca Intesa
Gabriele Galateri di Genola	11.028.000	presidente Mediobanca
Alessandro Profumo	9.427.000	amministratore delegato Unicredit
Luciano Gobbi	8.044.000	direttore generale Pirelli
Fausto Marchionni	7.180.000	amministratore delegato Sai-Fondiaria
Luca Cordero di Montezemolo	7.097.000	presidente Fiat e Ferrari
Sergio Marchionne	6.906.100	amministratore delegato Fiat
Marco Tronchetti Provera	6.146.000	presidente Pirelli
Carlo Puri Negri	6.126.000	amministratore delegato Pirelli Re
Giampiero Auletta Armenise	5.700.000	amministratore delegato Ubi banca
Antoine Bernheim	5.673.053	presidente Generali
Giampiero Pesenti	5.567.350	presidente Italcementi
Francesco Gaetano Caltagirone	5.155.000	presidente Cementir holding
Jonella Ligresti	5.046.000	presidente Sai-Fondiaria
Paolo Ligresti	4.610.000	presidente Immobiliare lombarda
Giulia Ligresti	4.520.000	presidente Premafin
Pier Francesco Guarguaglini	4.230.000	presidente Finmeccanica
Alberto Lina	3.761.000	amministratore delegato Impregilo
Giovanni Perissinotto	3.724.851	amministratore delegato Generali
Corrado Passera	3.522.000	amministratore delegato Intesa Sanpaolo
Pietro Modiano	3.505.000	direttore generale Intesa Sanpaolo
Giovanni Castellucci	3.440.140	amministratore delegato Atlantia
Fedele Confalonieri	3.305.000	presidente Mediaset
Fulvio Conti	3.102.852	amministratore delegato Enel
Paolo Scaroni	2.890.850	amministratore delegato Eni
Giorgio Zappa	2.751.000	direttore generale Finmeccanica

Compensi in euro onnicomprensivi corrisposti nel 2007
Fonte: «Il Sole 24 Ore»

Sempre più riciclati

Dove vanno i non rieletti	Centrosinistra		Centrodestra		TOTALE	
	1996	2006	1996	2006	1996	2006
Ripescati nella legislatura successiva	8	n.d.	38	n.d.	46	n.d.
Parlamento europeo	5	n.d.	2	n.d.	7	n.d.
Sottogoverno	19	18	3	0	22	18
Governi locali	40	155	61	143	101	298
Enti e società pubbliche nazionali	11	15	7	17	18	32
Enti e società pubbliche locali	12	42	13	21	25	63
TOTALE	**95**	**230**	**124**	**181**	**219**	**411**

Fonte: Luiss – Generare classe dirigente, rapporto 2008

La lottizzazione nelle Aziende sanitarie locali

Partiti	Direttori generali	% sul totale
Ds	79	26,6
Margherita	69	25,0
Forza Italia	61	22,1
An	14	5,1
Lega Nord	13	4,7
Sdi	10	3,6
Liste locali	8	2,9
Udc	7	2,5
Rifondazione	5	1,8
Udeur	5	1,8
Pdci	1	0,4

Fonte: «Il Sole 24 Ore» – gennaio 2008

La gerontocrazia della classe dirigente
(percentuale degli over 70 fra i leader europei)

Professione	Italia	Francia	Germania	Penisola iberica	Isole britanniche	Paesi scandinavi	Polonia
Libero professionista	63,0	49,6	50,0	28,2	50,6	71,9	43,4
Professore universitario	50,5	43,9	63,2	40,0	51,0	73,9	65,8
Scrittore	51,6	26,5	62,1	48,5	31,1	34,4	47,3
Artista, regista	58,6	51,0	47,4	42,8	36,2	29,1	55,5
Giornalista	59,0	24,0	31,8	16,7	28,3	7,2	58,3
Banchiere, finanziere	44,4	33,3	45,4	45,4	21,2	29,4	0,0
Esponente associazioni	54,5	50,3	45,6	18,2	33,3	50,0	0,0
Imprenditore	47,0	40,0	42,8	0,0	52,4	67,0	0,0
Manager privato	37,7	31,3	30,1	33,3	34,5	37,0	11,1
Dirigente pubblico	37,5	38,2	41,6	23,0	44,5	30,5	33,3
Politico, sindacalista	60,0	20,0	37,5	4,3	41,5	37,9	15,6
Cariche istituzionali	41,9	16,0	18,1	13,8	32,3	19,4	18,8
Parlamentare	45,0	38,0	22,5	15,7	18,8	17,3	11,1
Diplomatico	46,4	35,0	36,8	19,4	20,8	41,0	20,0
Ecclesiastico	93,3	66,7	94,4	90,9	79,2	0,0	59,1
TOTALE	**48,9**	**39,5**	**46,4**	**31,1**	**36,8**	**42,4**	**39,5**

Fonte: Luiss – Generare classe dirigente, rapporto 2008

Italiani in pensione da oltre 40 anni

	Che età avevano quando hanno lasciato il lavoro				
	30-39 anni	40-49 anni	50-59 anni	Invalidità e altro	TOTALE
Maschi	50.537	30.192	9.880	72.746	163.355
Femmine	88.144	83.082	55.050	48.630	274.906
TOTALE	**138.681**	**113.274**	**64.930**	**121.376**	**438.261**

Fonte: Inps – 2006

I pluripensionati dell'Inps

Numero di pensioni	Titolari
6 e più	3.672
5	29.087
4	187.622
3	1.020.805
2	3.841.483

Fonte: Inps – 2006

Quanto ci vuole ad aprire un'attività nel mondo

Paesi	Numero procedure	Giorni necessari	Costo in dollari Usa
Canada	2	2	396
Danimarca	3	3	2.857
Irlanda	3	16	3.503
Stati Uniti	4	4	167
Gran Bretagna	5	4	381
Svezia	6	13	664
Olanda	8	31	5.303
Germania	10	45	4.000
Giappone	11	26	3.043
Spagna	11	82	3.732
Portogallo	12	76	3.370
Francia	15	53	3.693
Grecia	15	36	10.219
Italia	**16**	**62**	**5.012**

Fonte: Banca Mondiale, Doing Business 2004, Understanding Regulation

Tutti i paletti per avviare un'impresa

Tipo di attività	Numero adempimenti	Uffici da contattare
Autoriparazione	76	18
Commercio di alimentari	58	18
Costruzioni edili	73	18
Centri estetici	68	19
Fabbricazione oggetti preziosi	53	18
Laboratori fotografici	78	22
Installazione/manutenzione impianti	65	15
Lavanderia	68	20
Raccolta e smaltimento rifiuti	78	24
Trasporto rifiuti	62	22
Ristorazione	71	20
MEDIA	**68**	**19**

Fonte: Cna ed elaborazioni Confindustria – 2006

Le scadenze per le aziende

Mesi	Adempimenti
Gennaio	30
Febbraio	21
Marzo	18
Aprile	22
Maggio	22
Giugno	18
Luglio	22
Agosto	18
Settembre	13
Ottobre	27
Novembre	20
Dicembre	2
TOTALE	**233**

Fonte: Censis – 2006

La classifica delle autostrade europee

Paesi	1970	1980	1990	2000	2004
Lussemburgo	11	4	1	1	1
Spagna	12	10	6	2	2
Austria	4	2	2	3	3
Francia	8	9	7	7	7
Germania	2	5	5	10	9
Italia	3	6	10	11	12
Gran Bretagna	10	11	11	14	14

Graduatoria sulla base dei chilometri di rete/milioni di abitanti
Fonte: Elaborazioni Confindustria

L'alta velocità ferroviaria in Europa

Paesi	Km ferrovie alta velocità
Francia	1.893
Spagna	1.552
Germania	1.300
Italia	562

Fonte: «Il Sole 24 Ore», 30 marzo 2008

Quanti container nei porti mondiali: a Singapore il triplo che in tutta Italia

Scalo	Container
Singapore	24.792.400
Hong Kong	23.234.000
Shanghai	21.710.000
Shenzhen	18.468.900
Pusan	12.030.000
Kaohsiung	9.774.670
Rotterdam	9.690.052
Dubai	8.923.465
Amburgo	8.861.804
Los Angeles	8.469.853
Algeciras	3.244.640
Tutti i 7 principali porti italiani insieme	7.818.974

Container movimentati nel 2006
Fonte: Porto di Amburgo e Confitarma

Durata media del processo
per un contratto non rispettato

Paesi	Giorni
Italia	**1.210**
Spagna	515
Portogallo	495
Olanda	408
Germania	394
Austria	342
Francia	331
Gran Bretagna	229
Finlandia	228
Irlanda	217
Svezia	208
Danimarca	190

Fonte: Libro verde sulla spesa pubblica
Ministero dell'Economia – 2007

Durata media delle esecuzioni
per un mutuo casa non pagato

Paesi	Mesi
Italia	**90**
Portogallo	27
Irlanda	22
Belgio	21
Francia	17
Austria	14
Spagna	11
Gran Bretagna	10
Germania	9
Olanda	7
Svezia	7
Danimarca	6

Fonte: European mortgage federation,
Istat, «Il Sole 24 Ore» – 2006

I migliori atenei del mondo

Università	Paese	Posizione
Harvard University	Stati Uniti	1
University of Cambridge	Gran Bretagna	2
University of Oxford	Gran Bretagna	2
Yale University	Stati Uniti	2
Imperial College of London	Gran Bretagna	5
Princeton University	Stati Uniti	6
California Institute of Technology	Stati Uniti	7
University of Chicago	Stati Uniti	7
University College of London	Gran Bretagna	9
Massachusetts Institute of Technology	Stati Uniti	10
Ecole Normale Supérieure, Paris	Francia	26
ETH Zurich	Svizzera	42
University of Amsterdam	Olanda	48
Heidelberg University	Germania	60
Uppsala University	Svezia	71
Università di Bologna	Italia	173
Università La Sapienza di Roma	Italia	183
Università di Padova	Italia	312
Università di Firenze	Italia	329
Università di Trieste	Italia	374
Università di Pavia	Italia	388
Università di Pisa	Italia	394
Università di Siena	Italia	394

Fonte: World university ranking 2007, «The Times»

Porte chiuse per i professori giovani

Anni di età	Ordinari	% sul totale	Associati	% sul totale	Ricercatori	% sul totale
meno di 35 anni	11	0,05	160	0,84	2.905	12,56
oltre 65 anni	4.818	24,25	1.514	7,98	172	0,74
TOTALE	19.864	100,00	18.981	100,00	23.128	100,00

Numero di docenti per fasce anagrafiche
Fonte: Ministero dell'Università – 2007

Sportelli pubblici via internet: dopo Cipro, Lituania e Lettonia

Paesi	2007
Danimarca	58
Olanda	55
Svezia	53
Finlandia	50
Germania	43
Francia	41
Gran Bretagna	38
Irlanda	32
Estonia	30
Slovenia	30
Austria	27
Spagna	26
Ungheria	25
Slovacchia	24
Belgio	23
Cipro	20
Portogallo	19
Lettonia	18
Lituania	18
Italia	**17**
Grecia	12

Percentuale di cittadini di età compresa fra i 16 e i 74 anni che usano internet nei rapporti con la pubblica amministrazione
Fonte: Eurostat

Donne al lavoro: ultimissimi

Paesi	1996		2006	
	Totale	Donne	Totale	Donne
Danimarca	73,8	67,4	77,4	73,4
Svizzera	77,0	67,1	77,9	71,1
Svezia	70,3	68,1	73,1	70,7
Olanda	66,3	55,8	74,3	67,7
Finlandia	62,4	59,4	69,3	67,3
Stati Uniti	72,9	66,3	72,0	66,1
Gran Bretagna	69,0	62,5	71,5	65,8
Estonia	n.d.	n.d.	68,1	65,3
Austria	67,8	58,4	70,2	63,5
Lettonia	n.d.	n.d.	66,3	62,4
Germania	64,1	55,3	67,5	62,2
Portogallo	64,1	54,9	67,9	62,0
Slovenia	61,6	57,1	66,6	61,8
Lituania	n.d.	n.d.	63,6	61,0
Cipro	n.d.	n.d.	69,6	60,3
Irlanda	55,4	43,2	68,6	59,3
Giappone	69,5	56,8	70,0	58,8
Francia	59,5	52,2	63,0	57,7
Repubblica Ceca	n.d.	n.d.	65,3	56,8
Lussemburgo	59,2	43,8	63,6	54,6
Bulgaria	n.d.	n.d.	58,6	54,6
Belgio	56,2	45,4	61,0	54,0
Spagna	47,9	33,1	64,8	53,2
Romania	65,4*	59,1*	58,5	53,0
Slovacchia	n.d.	n.d.	59,4	51,9
Ungheria	52,1	45,2	57,3	51,1
Polonia	58,9*	51,3*	54,5	48,2
Grecia	55,0	38,7	61,0	47,4
Italia	**51,2**	**36,0**	**58,4**	**46,3**

Tassi di occupazione in percentuale della popolazione di età compresa fra i 15 e i 64 anni
* 1997
Fonte: Eurostat

La ricchezza prodotta pro capite:
noi fermi, gli altri corrono

Paesi	1998	2008*
Belgio	20.800	31.600
Repubblica Ceca	12.000	21.500
Danimarca	22.400	31.900
Germania	20.800	29.200
Estonia	7.100	19.200
Irlanda	20.600	36.900
Grecia	14.100	25.500
Spagna	16.200	26.100
Francia	19.500	28.400
Italia	**20.300**	**26.100**
Cipro	14.700	24.900
Lettonia	6.000	16.400
Lussemburgo	36.900	73.900
Ungheria	8.900	16.800
Malta	13.700	19.600
Olanda	21.800	34.100
Austria	22.500	33.200
Polonia	8.100	14.600
Portogallo	13.000	18.800
Slovenia	13.000	24.000
Finlandia	19.400	30.600
Svezia	20.800	31.700
Gran Bretagna	19.700	30.500
Croazia	7.400	13.600
Svizzera	25.300	34.600
Stati Uniti	27.100	38.100
Giappone	20.500	28.800

* stime
Pil in euro a parità di potere d'acquisto
Fonte: Eurostat

I Paesi che attraggono più investimenti

Paesi	1988-1990	1998-2000	2005
Stati Uniti	1	1	1
Singapore	13	2	2
Gran Bretagna	3	3	3
Canada	2	5	4
Lussemburgo	n.d.	n.d.	5
Germania	4	6	6
Norvegia	5	4	7
Svezia	6	7	8
Qatar	22	21	9
Islanda	15	18	10
Francia	7	12	15
Italia	**18**	**25**	**29**

Fonte: Classifica internazionale elaborata da Confindustria
su dati Unctad

Soldi investiti in Italia: dall'estero niente al Sud

Regioni	% sul totale
Piemonte	11,36
Valle d'Aosta	0,00
Lombardia	68,21
Trentino-Alto Adige	0,49
Veneto	4,15
Friuli-Venezia Giulia	0,12
Liguria	0,70
Emilia Romagna	3,75
Toscana	1,90
Umbria	0,78
Marche	0,04
Lazio	7,84
Abruzzo	0,06
Molise	0,01
Campania	0,16
Puglia	0,16
Basilicata	0,16
Calabria	0,02
Sicilia	0,02
Sardegna	0,06
Centro-Nord	99,34
Sud	0,66

Fonte: Svimez su dati Uic – 2006

Dove c'è più libertà economica

Paesi	Graduatoria
Hong Kong	1
Irlanda	3
Stati Uniti	5
Regno Unito	9
Giappone	16
Germania	21
Spagna	29
Francia	44
Italia	**58**
India	99
Cina	107
Russia	114

Fonte: Elaborazioni Confindustria 2008
su dati Heritage Foundation

Crimini e sicurezza in Italia

Regioni	estorsioni	omicidi	rapine
Piemonte	85,93	6,66	791,81
Valle d'Aosta	24,19	0,00	193,54
Lombardia	67,26	7,22	727,39
Trentino-Alto Adige	52,31	2,01	149,89
Veneto	48,61	6,91	362,87
Friuli-Venezia Giulia	47,02	4,94	226,89
Liguria	57,87	7,46	543,24
Emilia Romagna	75,06	6,39	565,71
Toscana	83,28	6,87	422,48
Umbria	63,07	5,72	333,71
Marche	66,41	3,25	264,97
Lazio	68,08	8,37	743,49
Abruzzo	118,41	7,63	318,56
Molise	112,51	15,61	134,37
Campania	165,11	22,11	2728,49
Puglia	156,05	8,59	578,27
Basilicata	94,75	8,45	99,83
Calabria	175,67	34,53	384,38
Sicilia	133,17	13,95	774,12
Sardegna	59,07	14,46	279,68
ITALIA	**94,01**	**10,16**	**776,83**

Numero di reati per milione di abitanti denunciati nel 2005
Fonte: Svimez su dati Istat

Come la criminalità frena l'economia al Sud

Fattori di «distorsione»	2003	2006
Aumento improvviso di imprese concorrenti	36,30%	48,90%
Aumento dell'imposizione di manodopera	5,80%	15,10%
Aumento dell'imposizione di forniture	4,10%	13,20%
Appalti sempre più irregolari	20,00%	45,30%
Racket molto o abbastanza diffuso	25,60%	33,10%
Usura molto o abbastanza diffusa	14,50%	39,20%

Percezioni e opinioni tra gli imprenditori delle regioni meridionali
Fonte: Rapporto Censis 2007

Ringraziamenti

Grazie a Danilo Fullin e agli amici del Centro di Documentazione del «Corriere della Sera», da Cesare a Cristina, da Daniela a Paola, da Silvia a tutti gli altri che ci hanno aiutato nelle ricerche. Grazie agli archivi della Rizzoli, del «Giornale», del «Foglio», dell'«Espresso», della «Repubblica» per averci dato una mano su cose specifiche difficili da rintracciare. Grazie a Infocamere, Lelio Alfonso, Giuseppe Baldessarro, Fabrizio Barca, Alfonso Bugea, Simona Brandolini, Lino Buscemi, Filippo Ceccarelli, Pier Luigi Celli, Carlo Fenu, Luigi Ferrarella, Alberto Fiorillo, Enrico Franco, Giuseppe Galasso, Franco Gonzato, Egidio Guidolin, Peter Gomez, Aldo Grasso, Annalisa Guidotti, Emanuele Lauria, Stefano Marchetti, Enrico Marro, Serenella Martini, Giovanni Mollica, Andrea Montanino, Attilio Oliva, Oscar Piovesan, Mario Staderini, Luca Telese, Marco Travaglio, Giovanni Vinciguerra, Toni Visentini e quanti ancora, con la memoria di chi conosce bene il tema e l'affetto degli amici, ci hanno aiutato a ricordare un'infinità di episodi, curiosità e dettagli. Ma soprattutto grazie a Carlotta Petacco e Michela Cosili, che ci hanno seguito passo passo con intelligenza, affetto, pazienza.

Indice dei nomi

Marino, Ignazio, 206
Mariotti, Giovanni, 183
Marletta, Espedito, 94
Marmo, Diego, 121-123
Maroni, Roberto, 74
Marzotto, Pietro, 29
Masi, Giorgiana, 258
Masia, Antonello, 196-198
Massari (famiglia), 198
Mastella, Clemente, XXI, 123, 134, 181, 231, 256, 272
Mastelloni, Carlo, 49
Matisse, Henri, 30
Maurice (mago), 149
Mazzagatti (famiglia), 118
Mazzella, Luigi, 42
Mazzola, Gianliborio, 272
Mazzoni, Erminia, 235, 253
Melis, Giorgio, 71
Menardo, Giorgio, 229
Menduni, Enrico, 19, 20
Meneghin, Paolo, 161
Menichella, Donato, XIII, XIV, XVI
Menichella, Vincenzo, XIV
Mercadante, Giovanni, 224, 246
Merckx, Eddie, 164
Merkel, Angela, XVIII, 268, 271
Merlo, Francesco, 54, 238
Messina, Sebastiano, 33
Meterangelo, Gianluca, 239
Metta, Vittorio, 250
Miccichè, Gianfranco, 116, 176, 268, 272
Miceli, Domenico, 246
Michele I, re di Romania, 10
Michetti, Francesco Paolo, 214
Miele, Angelo, 264
Miele, Martina, 264
Milani, Lorenzo (don), 20
Minghetti, Marco, 31
Miozzi, Eugenio, 52

Mirani, Enrico, 82
Misson, Alessandro, 213
Mitterrand, François, 269
Mondin, Claudio, 125
Monsurrò, Natale, 111, 112
Montalcini, Rita Levi, 149
Montanaro, Salvatore, 108
Montanelli, Indro, 13, 82, 238
Montemarani, Giancarlo, 165
Montesquieu, Charles-Louis, 134
Monti, Mario, XI, XII, XVII
Moratti, Letizia, 75, 195, 197, 214
Mori, Mario, 106
Moro, Aldo, 24, 31, 181
Motta, Gaetano, 194-198
Motta, Giovanni, 194, 195
Motta, Sergio, 198
Mughini, Giampiero, 238
Muraro, Gilberto, 217
Musolino, Giuseppe, 165
Mussi, Fabio, 198, 202, 206, 209
Mussolini, Benito, 31, 34, 35, 55, 238

Napoleone Bonaparte, XVI, 122
Napoli, Angela, 234
Napolitano, Danilo, 106
Napolitano, Giorgio, XX, XXII, 30
Narduzzi, Edoardo, V
Nathan, Ernesto, 187
Natta, Alessandro, 12, 85
Navone, Carlo, 53
Nduonofit Chinyere, Edith, 131
Necci, Lorenzo, 103
Necco, Valentino, 16
Nesi, Nerio, 66
Nespoli, Vincenzo, 256
Newton, Isaac, 199
Nicastro, Gaetano, 129, 248
Nicolais, Luigi, 46, 171, 254
Nicolazzi, Franco, 54
Nitti, Francesco Saverio, 14

302

Indice

Finito di stampare
nel mese di maggio 2008 presso
Nuovo Istituto Italiano d'Arti Grafiche - Bergamo

Printed in Italy